Geoffrey Hartman

# Der längste Schatten

Geoffrey Hartman

# Der längste Schatten

## Erinnern und Vergessen nach dem Holocaust

*Aus dem Englischen*
*von Axel Henrici*

Aufbau-Verlag

Die Originalausgabe
*The Longest Shadow. In the Aftermath of the Holocaust*
erschien 1996 bei Indiana University Press,
Bloomington und Indianapolis.

*Für Renée und Hertha*

# Inhalt

Danksagung

Ich möchte zuallererst Alvin Rosenfeld dafür danken, daß er mich ermutigt hat, die Helen-und-Martin-Schwartz-Vorlesungen zu halten und dieses Buch zu veröffentlichen. Wem ich im einzelnen zu Dank verpflichtet bin, geht, wie ich hoffe, in angemessener Weise aus den jeweiligen Textstellen hervor. Wegen der intellektuellen und moralischen Unterstützung, die sie mir haben zukommen lassen, möchte ich dennoch die folgenden Personen hervorheben: Dori Laub, Larry Langer, Walter Reich, Saul Friedländer, Sidra Ezrahi, James Young, Richard Weisberg, Al Solnit, Miriam Hansen, Aleida und Jan Assmann, Margarete und Horst Meller, Yannis Thanasseikos, Annette Wieviorka, Larry Kritzman und Joanne Rudof.

*Einleitung*

# Über das Schließen von Debatten und Wunden

Der französische Philosoph Jean-François Lyotard argwöhnte einmal, daß die durch den Holocaust hervorgerufene Erschütterung so groß sei, daß sie die Instrumente, mit deren Hilfe sie hätte gemessen werden können, zerstört habe. Aber die Nachbeben *sind* meßbar; wir sind auf dem Weg, neue Instrumente zu entwickeln, die das Geschehene aufzeichnen und ausdrücken, schon weit fortgeschritten. Die Instrumente selbst, die Mittel des Ausdrucks, sind gleichsam aus dem Trauma geboren worden.

In jedem Fall mangelt es nicht an ernsthafter Aufmerksamkeit für die Shoah; nach einem langsamen Start, nach der ersten Betäubtheit sind Historiker, Philosophen, Psychoanalytiker und Künstler – angeblich – in eine Phase der Besessenheit eingetreten. Tatsächlich gibt es Stimmen, die – weil nunmehr fünfzig Jahre seit der Entdeckung der Todeslager vergangen sind – nach einem Schlußstrich verlangen. Die Ungeheuerlichkeit des Ereignisses, bekommen wir zu hören, blockiere das Denken und führe zu einem schwarzen Loch, das den gepeinigten Interpreten verschluckt. Fahrt fort, die historischen Tatsachen aufzuzeichnen, heißt es, aber bitte hört auf mit diesem Brüten, das aus Trauer längst Melancholie hat werden lassen. Durch die große Anzahl von Museen, Denkmälern und Gedenkveranstaltungen begebt ihr euch in die Gefahr, einen Fetisch zu produzieren oder einen Totenkult zu errichten. Bei dieser Gelegenheit wird dann oft Nietzsches Satz, daß ein Leben ohne Vergessen nicht möglich sei, zitiert. Und insbesondere die Juden werden ermahnt, sich ihrer gesamten Geschichte, ihrer mehr als zweitausendjährigen Kultur zu entsinnen und nicht nur dieses dunkelsten Moments ihres Opferseins.

Doch dieser Wunsch nach einem Schlußstrich ist aus

vielerlei Gründen irreführend. Der offensichtlichste ist, daß sich in fünfzig Jahren wenig verändert hat. »Hat die Welt irgend etwas daraus gelernt?« lautet die verzweifelte Frage, die wir immer wieder in den Zeugnissen der Überlebenden zu hören bekommen. An vielen Orten hat der Antisemitismus abgenommen oder sich getarnt; dann ist er im Gefolge rechter oder linker Politik wieder zurückgekehrt und scheint sich zum derzeitigen Zeitpunkt vollständig erholt zu haben – wenn wir zum Beispiel an die bösartige Untergrundpresse und das hohe Ausmaß offener Verleumdung in Rußland und Mitteleuropa denken, das an Vorkriegszeiten erinnert. Selbst in bestimmte Gegenden der USA, die von ethnischem Aufruhr und Konkurrenz erfaßt worden sind, ist eine Rhetorik des Hasses und der Verachtung zurückgekehrt.

Wir sind sensibler, aber auch zunehmend ohnmächtiger geworden angesichts des Konflikts in Bosnien und der Beispiele von Völkermord, mit denen wir auch weiterhin – siehe Kambodscha oder Ruanda – konfrontiert werden. Auch wenn es einen klaren Unterschied gibt zwischen der »Endlösung«, die die Vernichtung jedes einzelnen Juden zum Ziel hatte, und diesen »terroristischen Lösungen«, die ein klar umrissenes politisches Ziel verfolgen, so hat die Medienberichterstattung uns doch zu unfreiwilligen Zaungästen einer schamlosen »ethnischen Säuberung« werden lassen.

Die genannten Entwicklungen werfen Fragen über unser Menschsein auf, ob wir uns weiterhin einbilden dürfen, zur Gattung Mensch oder der »Menschenfamilie« zu gehören. Weniger dramatisch ausgedrückt: wir sinnieren über den dünnen Anstrich des Fortschritts, über die Kultur und die Erziehbarkeit des Menschen nach. Vermöge der bündelnden Kraft des Holocaust sehen wir gleichzeitig auf Vergangenheit wie Gegenwart – und was wir sehen, ist krank. Aber wie gehen wir damit um, wie machen wir das, was so klar vor unseren Augen liegt, zu einem wirksamen und nachdenklichen, anstatt einem emotionalen und belastenden Bestandteil unserer Erziehung?

Diese Frage, eine Parallele zu Adornos Sorge um die »Erziehung nach Auschwitz«, deutet bereits auf die Grenzen dieses Buches hin. Meine Essays leisten keine detaillierte Analyse der Ereignisse zwischen 1933 und 1945, gipfelnd im Holocaust; sie fragen auch nicht, ob unsere Untersuchungen nicht früher ansetzen sollten: mit dem Schock, den der Erste Weltkrieg auslöste, einem demütigenden Friedensvertrag und tiefverwurzelten sozio-ökonomischen Faktoren. Ich bin kein Historiker, und meine Kompetenz auf diesem Gebiet ist lediglich die eines gewissenhaften Lesers.

Worüber ich mir hier vorgenommen habe zu schreiben, sind die Nachwirkungen des Holocaust. »Die Katastrophe findet immer erst statt, nachdem sie stattgefunden hat«, hat Maurice Blanchot einmal gesagt. Ich diskutiere Antworten von Künstlern, Wissenschaftlern und Pädagogen und wie sie sich mit der Möglichkeit in Bezug setzen lassen, einen Schlußstrich zu ziehen; außerdem denke ich über die Frage nach, wie extreme Erfahrungen dargestellt und übermittelt werden, über den Zusammenhang zwischen Darstellungstechniken und ethischen Belangen sowie über Zeugenschaft in der ersten und zweiten Generation. Obgleich ich hier nicht den Versuch unternehme, den strengen, feinsinnigen und manchmal beschwerlichen Schritten von Denkern wie Blanchot und Adorno zu folgen, die nicht von der Frage abgelassen haben, was mit der Zivilisation schiefgelaufen ist, so hoffe ich doch, sie in einem weiteren Buch behandelt zu haben, das den Titel *The Fateful Question of Culture** trägt und in dem es unter anderem um die Idee der Kultur nach zwei Weltkriegen und der Shoah geht.

Dennoch möchte ich diese einleitenden Bemerkungen dafür nutzen, um zu zeigen, warum die Tatsache, daß der Holocaust im Brennpunkt des Interesses steht, nichts Obsessives an sich hat. Der Ruf nach Abschluß der Debatte – so verständlich er ist als ein Ausdruck von Hoffnung (daß

* Die deutsche Übersetzung von *The Fateful Question of Culture* wird voraussichtlich im Frühjahr 2000 beim Suhrkamp Verlag in Frankfurt am Main erscheinen.

eine tiefe Wunde endlich verheilt) – bleibt verfrüht. Wohin wir unsere Aufmerksamkeit auch immer wenden – auf eine potentiell mörderische Rassenpolitik, auf die Trauerarbeit oder auf das Bildungswesen (zu dem nunmehr auch die Medien und andere Multiplikatoren zu zählen sind): die Ereignisse von 1933 bis 1945 können nicht an die Vergangenheit zurückverwiesen werden. Sie sind nicht vorbei; jeder, der mit ihnen in Berührung kommt, wird von ihnen gepackt und empfindet es als schwierig, sich ihnen gegenüber gleichgültig zu zeigen. Sie geben uns warnende Beispiele, die von entscheidenderer Bedeutung sind als jenes, durch das Niniveh eine zweite Chance erhielt. Wenn das denjenigen, die wahrscheinlich diese Seiten lesen werden, als eine Binsenweisheit erscheinen mag, sollte ich vielleicht noch hinzufügen, daß wir gerade erst dabei sind, die Shoah verstehen zu lernen. Die letzten fünfzig Jahre waren eine Periode der Beweiserhebung und des Faktensammelns. Kein anderes Ereignis, so scheint es, ist so gründlich dokumentiert und studiert worden. Von daher rührt auch die Folgerung, daß wir illegitimerweise davon fasziniert sind. Aber das Verstehen kommt und geht – ohne daß es Fortschritte gemacht hätte. Vielleicht fällt es zu schwer, Jean Amérys nüchterne Behauptung geistig zu verarbeiten, daß es eine Diskontinuität gebe zwischen Auschwitz und allem anderen Leid, das die menschliche Seele auszuhalten hatte – und dem sie manchmal standgehalten hat. Améry schreibt, die Achsen der traditionellen Bezugsrahmen des Intellekts seien damals zerbrochen. Schönheit war eine Illusion. Wissen stellte sich als ein Spiel mit Ideen heraus.

Bestimmte grundsätzliche Fragen bedurften zudem einer Neuformulierung und Weiterentwicklung. Die Leidenschaft, mit der Adorno sein Verdikt von der Unmöglichkeit, nach Auschwitz noch Gedichte zu schreiben, zum Ausdruck brachte, wird zum Beispiel in einem Buch von Berel Lang wieder aufgenommen, das den »moralischen Raum figurativer Diskurse« untersucht. Und obwohl Langs Argumentation diesen Raum im Falle des Völkermords durch die Nazis einengt, schließt sie ihn nicht *ab*, sondern *er*schließt das Thema der literarischen Darstellung von neuem als einen Akt, der Verantwortung mit sich bringt: »Die Ungeheuerlichkeit des von den Nazis verübten Genozids berührt – und vergrößert – in seinem historischen oder nichtliterarischen Charakter notwendigerweise das Risiko, das man bei seiner literarischen Darstellung auf sich nimmt. (...) Die radikalste Alternative zu jeder speziellen Art der Darstellung des Nazi-Genozids besteht nicht darin, sich zu unterscheiden oder zu widersprechen – sondern von der Möglichkeit Gebrauch zu machen, gar nicht erst geschrieben zu haben; das heißt, in der Entscheidung des Schriftstellers zu schweigen.« Hier kehrt das Schweigen nicht als ein theologisches Dogma oder als Resultat einer intellektuellen Ausweglosigkeit zurück, sondern als ein Wert, dessen Verdrängung gerechtfertigt werden muß.[1]

Aber trifft diese Verantwortung nicht auf *jede* Art der Darstellung des Holocaust zu? Es gibt immer eine Entscheidung für oder gegen das Schweigen. In dieser Hinsicht unterscheidet sich die Ausarbeitung eines fiktionalen Textes in keiner Weise von Geschichtsschreibung oder anderen nicht-fiktionalen Formen der Beschreibung und des Kommentars. Tatsächlich ist es so, daß das Zerbrechen traditioneller Bezugsrahmen auch die Ähnlichkeit von Wörtern in Frage stellen kann, die zu *false friends* werden, wenn es darum geht, die Erfahrung der Todeslager zu charakterisieren. »Martyrium«, »Opfer«, »Leiden«, »Wahl«, »Widerstand« sind unzureichende Ausdrücke, auch wenn wir nicht umhinkönnen, sie zu verwenden, um einen Anschein von Normalität zu vermitteln und wiederherzustellen. Hier ist auch der Ansatzpunkt zu einem Argument für die Fiktion zu sehen, oder besser gesagt: für die Defamiliarisierung von Worten und Ereignissen, die in großer Dichtung – wie in derjenigen Celans und Pagis' – stattfindet. »Das Universum des Sterbens, das Auschwitz war«, schrieb Lawrence Langer, »schreit nach einer Sprache, die vom Makel der Normalität befreit ist.«[2]

Obgleich die neunziger Jahre auch weiterhin davon geprägt sind, daß zusätzliche Beweise zusammengetragen werden (die Öffnung der sowjetischen Archive stellt hier eine große Entwicklung dar), sind wir über die Jahre zunehmend auf ein Dilemma gestoßen worden. Den Holocaust in unser Bild von der menschlichen Natur zu integrieren, hieße sowohl an der Menschheit verzweifeln als auch an der Sprache. Aber zu der Schlußfolgerung zu gelangen, daß er nicht integriert werden kann, hieße ebenso zu verzweifeln – bedeutet es doch, die Hoffnung fahrenlassen zu müssen, daß man sich durch kollektives Handeln auf der Grundlage von Selbsterkenntnis und Tradition ein Heilmittel verfügbar machen könnte. Können wir im Lichte neuer Einzelheiten oder Perspektiven aus dem, was wir gelernt haben, irgendwelche praktischen Konsequenzen ziehen?

Zwei Generationen haben seit dem Ende des Zweiten Weltkriegs ihre eigenen Erfahrungen gemacht. Und doch kann man deshalb weder die Forschung noch die Interpretation einschränken. Vielleicht gilt das für jedes Untersuchungsgebiet. Lassen Sie mich versuchen zu erklären, warum es für die Holocaust-Studien *um so mehr* gilt.

Die Legitimation akademischer Forschungsgebiete beruht auf dem Versprechen ihrer Verstehbarkeit. Dieses Versprechen kann hier nicht so ohne weiteres gemacht werden. Obgleich es eine graduelle Verschiebung gegeben hat, weg von einem Zweifel an der Verstehbarkeit des Holocaust, von einem Pessimismus, daß daraus irgend etwas Erlösung oder Besserung bringendes gelernt werden könnte, gestehen diejenigen Forscher, die am tiefsten in der Materie stecken, häufig ein, daß es, obwohl sie fortfahren, erklärende Hypothesen aufzustellen, ein »Mehr« gibt, das dunkel und erschreckend bleibt. Wir können die Suche nach der Bedeutung natürlich zugunsten eines rein beschreibenden Ansatzes aufgeben oder auf die Tatsache verweisen, daß Forschungsgebiete sich aus Bereichen zusammensetzen, die bereits verstehbar geworden sind, und unserer Hoffnung Ausdruck verleihen, daß andere Bereiche nachfolgen werden. Irgend etwas im Zentrum – nicht nur an der Peripherie – dieses Ereignisses »Shoah« bleibt dennoch dunkel und führt zu Gedankengängen, die »theologischer« Natur zu sein scheinen. Emil Fackenheim hat bekanntlich eine Zäsur oder einen Bruch in der geschichtlichen Zeit postuliert, das Auftauchen eines *Novums*, das als solches erkannt werden will, selbst wenn es nicht verstanden werden kann.[3]

Ein Vergleich mit der Französischen Revolution ist nützlich. Die Sequenz *Französische Revolution: Aufklärung* findet in *Holocaust: Aufklärung* keine Entsprechung. Was sollte nach dem Doppelpunkt auch folgen? »Die Verfinsterung der Aufklärung« oder »Das Verschwinden Gottes«?

Im intellektuellen Bereich erwarten wir eigentlich auch gar keine Abschließbarkeit. Doch selbst im politischen und moralischen Bereich zeigte der durch Präsident Reagans Besuch des Soldatenfriedhofs in Bitburg hervorgerufene Skandal, wie verfrüht der Ruf nach einem Schlußstrich ist – und die Debatten sind noch nicht verstummt. Heute scheint die Auseinandersetzung über das Karmeliterinnen-Kloster in Auschwitz, die hohe Medienaufmerksamkeit erhielt, endgültig beigelegt. Aber die Feierlichkeiten in Polen anläßlich des fünfzigsten Jahrestags der Befreiung zeigten noch einmal, welche Empfindlichkeiten miteinander im Streit liegen, wenn es um den Symbol- und Erinnerungs-Charakter von Auschwitz geht. Darüber hinaus gibt es zunehmend Spannungen zwischen Juden und Schwarzen in Amerika, und man hört den Vorwurf, daß sich die Juden, indem sie den Holocaust zu etwas Einzigartigem machen, ein Monopol auf Leid sichern wollen.

Die Politik des Erinnerns bleibt weiterhin mühevoll. Politische Agitation, die sich um den Holocaust dreht, ist in Frankreich ein relativ neues Phänomen: 1993 gab es eine erfolgreiche Kampagne, Präsident Mitterrand zu einem offiziellen Gedenktag für die jüdischen Opfer in Frankreich zu bewegen – zusätzlich zu dem bereits vorhandenen Gedenktag für alle Deportierten. Die vollständige Aufdeckung der Politik, die das Vichy-Regime den Juden gegenüber betrieb, ist eine Geschichte für sich: und hätte es nicht Ophüls'

Film *Das Haus nebenan – Chronik einer französischen Stadt im Kriege*[4] gegeben sowie die Arbeit von zwei nicht-französischen Gelehrten, Paxton und Marrus, hätte sie sich vielleicht sogar noch länger verzögert. Die zeitliche Distanz zu einem katastrophalen Ereignis kann unter Umständen das öffentliche Gedächtnis eher erbittern und in Unruhe versetzen als besänftigen.

Tatsächlich wird nun das öffentliche Gedächtnis selbst zu einem Gegenstand des Nachdenkens. Wie wird dieses Gedächtnis geformt, wie ist sein Verhältnis zur Geschichtsforschung einerseits und zu fiktionalen und medialen Bearbeitungen andererseits? Durch die breite öffentliche Wirkung von Spielbergs *Schindlers Liste* ist die Debatte über die Frage, ob eine Fiktionalisierung der Shoah je angemessen sein kann, nur noch verschärft worden.

Solche Debatten – und selbst all jene Details, die nach wie vor enthüllt werden – mögen eine natürliche Ungeduld hervorrufen: »Was kann über den Holocaust noch mehr ausgesagt werden?« Lawrence Langer gibt eine Antwort auf diese Frage. »Jede zukünftige Generation wird von neuem herangeführt werden müssen, wenn es darum geht, sich mit jener historische Periode auseinanderzusetzen, die wir den Holocaust nennen.« Diejenigen, die sie studieren, müssen »ihre Vorstellung von Geschichte und Fortschritt völlig ändern und einen Weg finden, den kommenden Generationen wieder eine Vorstellung von Tiefe und Ausmaß der Katastrophe zu geben.«[5] Die Debatten mögen im einzelnen gelegentlich verwirrend erscheinen. Aber wenn wir Langers Mahnung als Grundsatz im Hinterkopf behalten, können wir nicht fehlgehen. Die Zeit ist nicht auf der Seite der Erinnerung.

Dem Wunsch nach einem Schlußstrich (und seinem Zwillingsbruder, dem Vergessen) zu widerstehen, heißt, daß wir genauer über das Wirken der Zeit nachdenken müssen. In dem Maße, in dem die Zeit in die Geschichte eingeht, wird die »Einzigartigkeit« dessen, was passiert ist, kontextualisiert. Viele sehen das als »Relativierung« an und erheben Einspruch dagegen. Trotzdem gibt es, wie erwähnt, eine

Tendenz, nicht mehr so sehr den zäsurhaften oder unerklärlichen Charakter der Shoah zu betonen, ihre bedrohliche Erhabenheit als eines *Tremendum*, als sich vielmehr dem zuzuwenden, was sich uns erschlossen hat und verstehbar geworden ist.[6] Bereits in ihren frühen Deutungsversuchen hatte Hannah Arendt die Idee eines dämonischen Bösen verworfen, die zwar unseren Horror zum Ausdruck bringe, aber verhindere, das Ereignis selbst zu verstehen.

Leider wurde Arendts sich daran anschließende These von der »Banalität des Bösen« (abgeleitet von einer Betrachtung zu Adolf Eichmann, dem prototypischen Nazi-Bürokraten), die abermals die Vorstellung von einem dämonischen Rätsel exorzieren wollte, gründlich mißverstanden. Sie nahm sich Eichmanns »Gedankenlosigkeit« zum Ziel (d. h. nicht eine ideologische Überzeugung, außergewöhnliche Verdorbenheit oder »satanische Größe«), eine negative Eigenschaft, die sich – zumindest im Falle des Schreibtisch-Täters – etwa mit der eines Drogen-Geldwäschers heutzutage vergleichen ließe, der darauf besteht, daß er kein Mörder ist, sondern lediglich jemand, der »Geldströme manipuliert« (*New York Times*, 1. Dezember 1994: B1). Das Bild, das Arendt von der Persönlichkeit des Bürokraten entwirft, durch und durch banal und in »aufgeblasenen Klischees« daherredend, entmystifiziert das Böse und lenkt den Blick auf einen gefährlichen Aspekt moderner Gesellschaften insgesamt.

Steven Katz' *The Holocaust in Historical Context* untersucht alle Fälle von Völkermord, die seit Beginn der Geschichtsschreibung bekannt geworden sind, und vergleicht die Shoah mit ihnen: ein Akt der Kontextualisierung (nicht der Relativierung), der das Ausmaß oder das Leid anderer Völkermorde nicht vermindert. Und Terrence des Pres' »neue Form des Wissens, die unseren Geist durchdringt«, bezieht sich auf die Art und Weise, in welcher der Holocaust uns sensibilisiert hat. Sie macht uns auf ein globales politisches Elend aufmerksam; und des Pres' Blick konzentriert sich eher darauf als auf die Außergewöhnlichkeit des Holocaust oder die Faszination durch das Böse.

Die Frage des Schlußstrichs, immer schon gegeben auf der Ebene des betroffenen Individuums und eines gemeinschaftlichen Bedürfnisses oder als eine Frage der Legitimität von Trost, dringt mit Hilfe der Kunst oder des Mythos in das Reich der Politik, der Soziologie und der Historiographie ein. In der Geschichtsschreibung verleiht sie der Problematik des Erzählens zusätzliche Schärfe: der Frage, ob das Erzählen mehr als ein Mittel der Darstellung ist, ob seine teleologische oder rhetorische Stoßrichtung vermieden werden sollte – oder gar nicht vermieden werden kann (wie Hayden Whites »Metahistory« zu veranschaulichen sucht). Und wie sich, wenn es denn unvermeidbar ist, historische von fiktionalen Handlungszusammenhängen in ihrer Darstellung unterscheiden. In der Soziologie provoziert die Schlußstrich-Debatte Fragen nach der Struktur dessen, was man mit Durkheim und Halbwachs gemeinhin das kollektive Gedächtnis nennt. Lyotard zum Beispiel bestreitet nicht, daß es ein kollektives Gedächtnis gibt, das durch politische Mythen und trostspendende Fiktionen gekennzeichnet ist, aber er definiert die *condition postmoderne* zu einem Teil als eine Folge des Abdankens der Legitimationskraft jener »großen Erzählung« (*grand récit*). In der Literaturwissenschaft wird die Infragestellung einer Abschließbarkeit oft von semiotischen oder dekonstruktivistischen Theorien veranlaßt, die sich mit falschen oder falsifizierten Schlüssen des Interpretationsaktes beschäftigen, was Adornos »erpreßter Versöhnung« in der sozialen oder politischen Sphäre entspricht.

Zu guter Letzt gibt es auch noch eine philosophische Dimension der Frage nach Abschließbarkeit – ich nenne sie philosophisch in Ermangelung eines besseren Wortes. Dieser Aspekt taucht in dem Maße auf, in dem wir uns zwei Dinge klarmachen: Erstens, daß es ein »nach Auschwitz« gibt, ohne daß Anzeichen dafür erkennbar wären, daß wir »über Auschwitz hinaus« gelangt wären, und zweitens: die andauernde Auswirkung der Technologie auf unsere Sinne.

Wir können eine technologische Fatalität erkennen, die sich in der Instrumentalisierung des Mordens durch die

Nazis widerspiegelt, in ihrer Fähigkeit, im Namen nationaler Politik und rassischer Metaphysik ein Projekt von derart großen und unmenschlichen Ausmaßen durchzuführen. Uns wird dabei ebenfalls bewußt, daß unser Sinn für das, was real ist, durch die Medien vermittelt ist, durch elektronische Phantome, die das Durcheinander von Realität und Propaganda noch vergrößern oder Ereignisse gleichsetzen. Am liebsten würden wir die Nazi-Herrschaft als eine außergewöhnliche Verirrung ansehen – aber kann man sie in der deutschen oder auch unserer eigenen Geschichte auf diese Weise völlig isolieren? Wie verhängnisvoll ist die administrative oder instrumentelle Vernunft in der Ära der Moderne geworden? Wird die Angst vor Realitätsverlust (daß Modernisierung und Medien eine »organische« Beziehung zwischen Personen und zwischen Personen und Orten zerstören) weiterhin dazu führen, daß Migranten – und vor allem Juden – als Sündenböcke herhalten müssen, die man als subversive Bedrohung von Blut und Boden charakterisiert, welche angeblich sowohl die nationale als auch die persönliche Identität garantieren?

Was das »nach Auschwitz« anbetrifft, das wenig Anzeichen erkennen läßt, zu einem »darüber hinaus« zu werden: viele Menschen begegnen dem Drang nach festgefügten Bedeutungen zunehmend mit Mißtrauen. Von diesem Standpunkt mag das Insistieren auf der Einzigartigkeit als eine Form des Abschließens erscheinen. Derrida hat darauf hingewiesen, daß wir für den Fall, daß wir nach einem moralischen Imperativ (einem *il faut*) suchen sollten, der den Holocaust mitberücksichtigt, das Unverbindbare werden verbinden müssen *(il faut enchaîner sur Auschwitz)*. Das trifft sogar zu, wenn man Auschwitz – in bezug auf Bedeutung oder Geschichte – als ein »Negativum« sieht, das durch keinerlei dialektische Bewegung integriert werden kann.

Verstärkt hat sich gleichermaßen die Einsicht in die rückwirkende Kraft, welche die Zukunft auf die Bedeutung der Ereignisse ausübt – durch die »Umkehr der Allianzen« im Lauf der Zeit und andere unvorhersehbare Veränderungen.

(Der Holocaust-Überlebende war nicht immer eine beinahe-heroische Figur: in einer überlebensgroßen, aber ambivalenten Beschreibung zeigt Edgar L. Wallants Roman, auf dem der Film *Der Pfandleiher* basiert, eine ebenso beschädigte wie gepeinigte Person.) Solche historische Veränderlichkeit erhöht den Einsatz im Bereich der Darstellung und unterläuft ihn zugleich. Wir registrieren zum einen eine reaktive Besorgtheit, welche die Bedeutung eines Ereignisses regeln und festlegen und den Kampf der Generationen über dessen Platz in der Geschichte gewinnen will, indem sie sich all unserer modernen, gewachsenen Veröffentlichungsmöglichkeiten bedient. Aber zum anderen herrscht auch Unsicherheit angesichts einer derart festgelegten Bedeutung und ihrer konstruierten – vermittelten – Natur – eine Unsicherheit, die sich zu einem skeptischen Opportunismus von jener Sorte auswachsen kann, wie ihn sich die Verfechter der Auschwitz-Lüge zunutze machen. Sehr zu Unrecht wird der bösartige ideologische Denkansatz, den die Leugner des Holocaust verfechten, manchmal mit dem Anliegen der Dekonstruktion verwechselt, voreilige oder erzwungene Schlüsse zu vermeiden – ein Anliegen, dem kein ideologisches Motiv zugrunde liegt, sondern das sich gegen eine Angst richtet, die mittels Abkürzungen zu Bedeutungen gelangt.

Sieht sich die Kunst also einem schweren Druck ausgesetzt, wenn es um die Darstellung des Holocaust geht – einem Druck, der fast an ein Verbot grenzt –, so fühlt sich auch die Geschichtswissenschaft einer besonderen Belastung unterworfen. In dem Maße, in dem wir – zusätzlich zu Romanen, Filmen, Denkmälern und Museen – historische Abhandlungen verbreiten, wird der Riß, der durch die Gedenk-Einrichtungen geht, größer und schwerer überbrückbar, wie Yosef Yerushalmi in *Zakhor* bemerkt. Yerushalmi beschreibt ihn als einen Bruch zwischen moderner Geschichtsschreibung – mit ihrer Unmenge an zusammengetragenen Fakten und ihrer technischen Sachkenntnis – und der Sehnsucht nach einem Schlußstrich durch offizielle Interpretation und gemeinschaftliche, ritualisierte Formen der Bedeutungsverleihung. »Erinnern« heißt für den Historiker etwas anderes als das »Erinnern«, von dem ein kollektives Gedächtnis beseelt wird, das durch Folklore, Gebetbuch und Bibel geprägt ist, und seit der politischen Emanzipation der Juden auch durch die Kunst.

Ein Grund für das immer weitere Auseinanderklaffen ist eine Generationenfrage: die Kinder und nun auch die Enkel der Überlebenden – genauso wie diejenigen, die wegen ihres Mitgefühls mit den Opfern zu Zeugen geworden sind, d. h. sich quasi in die Opferfamilien »hineinadoptiert« haben – suchen nach neuen Wegen, mit einem derart deprimierenden Ereignis umzugehen. Sie können nicht mit demselben Gefühl historischer Teilnehmerschaft Zeugnis ablegen, weil es nicht *ihnen* widerfahren ist. Das verringert aber keineswegs die moralische und psychische Belastung, der sie sich ausgesetzt sehen. Trotz fehlender persönlicher Erinnerung und obwohl »das Leid an die Stelle des Erbes tritt« (Nadine Fresco), sind sie auf der Suche nach einem Vermächtnis oder einer starken Identifikation mit dem, was geschehen ist.

Lassen Sie mich, um diese Suche zu illustrieren, den israelischen Film *Because of That War* anführen, der die Geschichte zweier Kinder von Überlebenden erzählt, die sich zusammentun, um Lieder über ihren eigenen Kampf und den ihrer Eltern zu schreiben. Und auch der erste Teil von David Grossmans Roman *Stichwort: Liebe* enthält einen bewegenden Bericht darüber, wie es sich anfühlt, bei Eltern aufzuwachsen, die versuchen, ihre Kinder vor einem schrecklichen Wissen zu bewahren, dieses aber dennoch nach und nach durchsickern lassen und die Kinder somit zwingen, sich ihre eigenen Holocaust-Szenarien auszumalen. Die Literatur aus der Generation der Überlebenden ist bekannt; aber ebenso beeindruckend sind die fiktionalen – zum Teil auch halbdokumentarischen – Texte von Zeugen der zweiten Generation aus den USA und anderen Ländern.

In der Tat sind die verblüffende Energie und Kreativität, die aus der Verwüstung erwachsen sind, ein wirkungsvolles

Mittel gegen die Verzweiflung. Die Suche nach »Hoffnung in der Vergangenheit« geht über die nach makabren Identitäts-Krücken hinaus.[7] Zusätzlich zu den klassischen Werken der Literatur von Überlebenden wie Primo Levi, Tadeusz Borowski, Arnost Lustig, Nelly Sachs, Paul Celan, Dan Pagis, Ida Fink, Aharon Appelfeld, Robert Antelme, Elie Wiesel, Jorge Semprun, Jean Améry, Charlotte Delbo und herausragenden Filmen wie – um nur einige wenige zu nennen – Sidney Lumets *Der Pfandleiher*, Kadars und Klos' *Das Geschäft in der Hauptstraße*, Louis Malles *Auf Wiedersehen, Kinder* und Claude Lanzmanns *Shoah*[8] haben die Söhne und Töchter der Opfer und diejenigen, die sich durch Adoption zu Zeugen gemacht haben, bedeutende Unterfangen beigesteuert, sei es in Israel, Europa oder Amerika.

Wenn einige von ihnen schwer zu klassifizieren sind, so liegt dies daran, daß sie häufig keine geschichtlichen oder fiktionalen Texte im konventionellen Sinne darstellen, sondern eine mündliche Tradition *ergänzen*, die in Gefahr ist auszusterben. Darüber hinaus hat der Historiker, wie Vidal-Naquet sagte, die »Verpflichtung, sowohl Wissenschaftler als auch Künstler zu sein«. Zumal die jüngere Generation bezieht in zunehmendem Maße die Reflexion darüber, wie dieses Schreiben auszusehen habe, in ihre Schriften über den Holocaust mit ein – durch die Entwicklung der Literaturtheorie seit 1960 zu dieser selbst-reflexiven Wende ermutigt.[9]

Selbst in nicht-fiktionaler und wissenschaftlicher Literatur gibt es also erste kreative Gehversuche. Jonathan Boyarin spielt auf bewegende und ungewöhnliche Weise einen Amerikaner in Paris – sein *Polish Jews in Paris: The Ethnography of Memory* plädiert dafür, daß »Gedenken Zugehörigkeit verlangt«, und erzählt die Geschichte, wie der Autor für eine Zeitlang zum fehlenden Glied in der Generationenkette einer Pariser *Landsmannschaft* wurde, als »soziologischer Sohn«, der ihre stark gemeinschaftsorientierten (und im Aussterben begriffenen) Gebräuche protokolliert. James Young, der sich in *The Texture of Memory* dem Studium von Holocaust-Denkmälern widmet, hat in ähnlicher Weise Anschluß gefunden. »Weil ich 1951, also gut sechs Jahre nach Ende des Zweiten Weltkriegs, geboren wurde, erinnere ich mich nicht an den Holocaust. Alles, woran ich mich erinnern kann, was ich weiß, ist das, was mir die Opfer in ihren Tagebüchern überliefert haben, woran sich die Überlebenden in ihren Memoiren für mich erinnert haben. Ich kann mich nicht an tatsächliche Ereignisse erinnern, sondern an die zahllosen Geschichten, Romane und Gedichte über den Holocaust, die ich gelesen habe, an die Stücke, Filme und Videozeugnisse, die ich über die Jahre hinweg angeschaut habe. Ich erinnere mich, wie ich lange Tage und Nächte in der Gesellschaft von Überlebenden verbracht und ihren qualvollen Erzählungen zugehört habe, bis ihre Leben, Lieben und Verluste unauslöschliche Spuren in meiner eigenen Lebensgeschichte hinterlassen hatten.« Das Resultat ist eine Autobiographie, die geschrieben ist als die Geschichte seiner Verarbeitung der Biographien zweier Überlebender: derjenigen Aharon Appelfelds, eines ursprünglich aus Czernowicz stammenden israelischen Romanciers, und der des tschechischen Historikers Tomas Brod. Diese Zusammenführung verschiedener Leben, wie auch von Geschichte und Literatur, scheint mir eher beispielhaft als sentimental zu sein. Etwas Ähnliches findet sich in der Weise, in der John Felstiner Paul Celans Werk übersetzt hat: der Akt des Übersetzens selbst wird hier dramatisiert, und zwar nicht um der Selbstverherrlichung willen, sondern als ein liebevoller und sorgfältiger Akt sowohl der persönlichen Verarbeitung als auch der kulturellen Überlieferung.[10]

Die neuen Formen von Ethnographie und Biographie, die ich hier zitiert habe, zeigen, daß der Riß zwischen Geschichte und (kollektivem) Gedächtnis nicht so hoffnungslos ist, wie Yerushalmi glauben macht – entstehen doch Darstellungsformen, die zwischen ihnen vermitteln. Gleichzeitig beginnt sich ein mehr theoretisches Verständnis von Geschichte und Literatur als Einrichtungen des Gedächtnisses durchzusetzen. Wenn, wie die französische soziologische Tradition behauptet, das Gedächtnis immer ein soziales

Gedächtnis ist, dann hat die Geschichtsschreibung ebenfalls einen sozialen Kontext. Saul Friedländer und Dominick La-Capra haben kürzlich betont, daß auch Historiker nicht frei von psychologischen Widerständen sind – die Versuchung, eine Debatte für beendet zu erklären (beziehungsweise »die offenkundige Vermeidung derjenigen Sachverhalte, die sich als unbestimmt, schwer faßbar oder unklar erweisen«), mit eingeschlossen. Im Falle des Holocaust, fügt Saul Friedländer hinzu, hätten wir uns trotz fünfzig Jahren des Fakten-Anhäufens »Bedeutungen im Überfluß oder völligem Unverständnis gegenübergesehen, ohne daß wir in interpretatorischer oder darstellender Hinsicht viel weiter gekommen wären«. Trotz dieses Bekenntnisses eines bedeutenden Historikers bleibe ich optimistisch. Auch wenn wir, wie Blanchot sagte, »Hüter einer abwesenden Bedeutung« sein müssen, heißt das meines Erachtens noch nicht, daß der Erinnerung oder dem kreativen Verstand durch diese negative Arbeit alle Wege verschlossen würden.

Weil die meisten Holocaust-Forscher gleichzeitig auch als Pädagogen tätig sind, möchte ich schließen, indem ich noch einmal die Tatsache in Erinnerung rufe, daß wir uns in einer Periode des Übergangs befinden. Die Zeit des unmittelbaren Wissens über den Holocaust und den Zweiten Weltkrieg nähert sich rapide ihrem Ende. Bald wird das Erziehungswesen die Augenzeugen-Berichte in ihrer Aufgabe, jene Erlebnisse zu überliefern, ablösen müssen. Dies ist unvermeidlich und so, wie es immer war. Doch es gibt distinktive Merkmale für diese Ära des Übergangs. Das erste davon ist, daß die Leugnung der Shoah nicht immer die Form eines krassen Negationismus annehmen muß. Leugnen ist, wie Freud gezeigt hat, immer noch eine Form der Anerkennung: durch das Leugnen bleibt die Tatsache im Blickfeld der Öffentlichkeit erhalten und fällt nicht der Vergessenheit oder Gleichgültigkeit anheim. Die Bitburg-Episode wies Symptome einer viel hinterhältigeren Art der Verneinung auf: einer Verneinung, die zum Gedächtnisschwund führt. Es kann nämlich zu genau jener Vereinfachung des Erinnerns kommen, wie sie sowohl die Geschichtsschreibung als auch jede Kunst von Bedeutung zu verhindern suchen, indem dieses durch etwas ersetzt wird, das man als *Gegen-Erinnerung* bezeichnen könnte – das äußerlich nach Erinnerung aussieht, wie die Gedenkfeier auf dem Soldatenfriedhof von Bitburg, gleichzeitig aber in Richtung jener Abgeschlossenheit in der Ritualisierung driftet, die dem Vergessen Vorschub leistet. Die grassierende Analogiebildung zwischen dem Holocaust und anderen Katastrophen oder umstrittenen Handlungen (wie etwa die Behauptung, daß Abtreibung auf einen »an Babies verübten Holocaust« hinauslaufe) schwächen gleichermaßen die Erinnerung und unser Wahrheitsempfinden. Als Pädagogen müssen wir darauf achten, daß unser Unterricht zur Shoah nicht jener Tendenz folgt – und nicht sentimental ist oder auf eine rein emotionale Weise belastend (denn dies erzeugt Widerstände, die wiederum das Vergessen befördern), sondern so hart und – in intellektueller wie moralischer Hinsicht – herausfordernd wie das, was Geschichte, Soziologie und Literatur uns zu bieten haben.

Der zweite Unterschied, den ich in dieser Periode des Übergangs sehe, ist die immense Energie, die in die wissenschaftliche Beschäftigung mit dem Holocaust gesteckt wird, selbst wenn es dieser immer noch an einer institutionalisierten Form mangelt. Außer in Yehuda Bauers Institut an der Hebräischen Universität in Jerusalem erhalten meines Wissens die wenigsten Lehrer eine formale Ausbildung; und in unseren Lehrplänen ist nur sehr wenig Raum für die Shoah. Die Regel ist: hier und da ein Kurs, angeboten von guten und interessierten, aber im Grunde nicht dafür ausgebildeten Lehrern. Die geschichtswissenschaftlichen Institute an den amerikanischen Universitäten betrachten den Holocaust immer noch als eine jüdische Angelegenheit und nicht als ein Ereignis, das ebenso eindeutig wie die Französische Revolution zur europäischen Geschichte gehört. (Die Situation in Frankreich ist ähnlich, wie Vidal-Naquet hervorhebt: »Es ist nicht unzutreffend zu sagen, daß die Vernichtung von Juden, Zigeunern und Geisteskranken im

Dritten Reich ein Thema ist, das von der französischen Geschichtsschreibung vernachlässigt worden ist. Diese Vernachlässigung war es, die einem Rechtsexperten wie Léon Poliakow, einem Biochemiker wie Georges Wellers oder – zu einem sehr späten Zeitpunkt – einem Spezialisten für Alte Geschichte wie mir selbst überhaupt erst die Gelegenheit gab, eine derartige Rolle in der Geschichsschreibung spielen zu können.«)[11]

Trotz dieser akademisch unbefriedigenden Situation blühen die künstlerischen und wissenschaftlichen Antworten – ein paar von ihnen habe ich bereits angedeutet. Ebenfalls erwähnt werden sollten an dieser Stelle die Erinnerung im Raum, d. h. die interessanten Denkmäler und Anti-Denkmäler, die überall aus dem Erdboden wachsen. In der Tat ist durch die vorzügliche Ideologiekritik, der die Ehrenmäler aus dem Ersten Weltkrieg (und früher) von George Mosse unterzogen wurden, ein völlig neues Gebiet innerhalb der Kulturgeschichte eröffnet worden, welches durch die Arbeiten von Robert-Jan van Pelt über die Architektur von Auschwitz ausgeweitet worden ist. Pierre Noras Untersuchungen zu Gedächtnisorten (*lieux de mémoire*) und eine Soziologie (manchmal auch Psychologie) die den Zusammenhang zwischen Gedenken und nationaler Identität beleuchtet, haben zudem das Ihrige dazu beigetragen, unsere Perspektive zu erweitern.

Nicht diskutiert habe ich das, was mir persönlich am nächsten liegt: das Entstehen einer Literatur, die Zeugnis ablegt. Dazu gehört insbesondere das Videozeugnis als eine (moderne) Form der Repräsentation von Erinnerung. Diejenigen, die Lawrence Langers *Holocaust Testimonies: The Ruins of Memory*[12] gelesen haben, vermögen die Bedeutung dieser Quelle zu ermessen. Während die traditionellen – aus dem Wissensschatz von Bibel, Midrash und Martyrologie schöpfenden – Paradigmen weiterhin starken Einfluß ausüben (vgl. die Arbeiten von David Roskies und Alan Mintz), sind diese Zeugnisse weniger rigide und lassen mehr Raum für Details und Anekdoten. Gerade diese lebendigen, menschlichen, direkten, unbotmäßigen Details gehen häufig nicht nur bei traditionellen Forschungsansätzen, sondern auch bei der üblichen *histoire événementielle* (Ereignisgeschichte) verloren. Sie treffen gerade deshalb so ins Schwarze, weil sie nicht bequem eingeordnet oder ausgeschlossen werden können. In ihrer Video-Dokumentation *At the Transit Bar* äußert Vera Frenkel die Vermutung, daß dieses Medium (durch seine Mobilität) auch dafür wichtig sein wird, die ständigen Wanderbewegungen und das Exilanten-Lebensgefühl der Nachkriegsgeneration in Europa festzuhalten.

Darüber hinaus berücksichtigt das Video-Format auch die Empfänglichkeit unserer meisten Schüler und Studenten für audiovisuelle Medien. Ich meine damit nicht, daß es diese ausbeutet, sondern vielmehr, daß es die Herausforderung annimmt, eine filmische Gegenform zu entwickeln, welche dem Gedächtnisschwund, der durch eben jenes Medium leicht hervorgerufen wird, mit Hilfe desselben Mediums die Erinnerung entgegensetzt. Das Videozeugnis ist eine Darstellungsform, die sowohl »zwischen« dokumentarischer Geschichte und mündlicher Überlieferung als auch »zwischen« Geschichte und künstlerischer Anverwandlung angesiedelt ist. Es hält uns das ursprüngliche Trauma weiter vor Augen, während es gleichzeitig den von Yerushalmi diagnostizierten Bruch abmildert.

Viele der Genres, die (auch in der Fotografie und Malerei) im Entstehen begriffen sind, bleiben kontroverse Mischformen, von der Technologie beeinflußt oder von der Überzeugung, daß die Verführung durch die Fiktion ihr Gegenmittel nunmehr mit sich tragen, daß der Schöpfung ein Kommentar beigefügt werden müsse. Ein Gebiet, auf dem die Theoriedebatte mit Leidenschaft geführt wird. Zumal dann, wenn diese Werke wirkungsvoll genug sind, ein großes Publikum zu erreichen und in die Populärkultur einzugehen – wie im Falle von Art Spiegelmans *Maus* oder Steven Spielbergs *Schindlers Liste* (die voneinander natürlich höchst verschieden sind).

Diese Öffnung hin zur Populärkultur ist zugleich ähnlich verhängnisvoll wie bei der Büchse der Pandora. Die Popularisierung sorgt für Verbreitung, aber auch für Trivialisierung. Gibt es einen Weg, diese Entwertung der Erinnerung zu verhindern? Hätte Elie Wiesel an der Oprah Winfrey Show teilnehmen sollen? Werden unsere Holocaust-Museen zu makaberen Themenparks verkommen? Wie kann sich das Zeugnis eines Überlebenden abgrenzen von einem Zeugenvideo, das einen Kult des Opfers betreibt? Was ist, wenn wir mittels einer Technologie, die uns ungehinderten Zugang ermöglicht, bald Tausende solcher Zeugenberichte über Video abrufen können? Ist es möglich, die *Qualität* des Wissens zu bewahren, in einem Zeitalter der Medien, wo das öffentliche Gedenken durch Information und Desinformation, durch Sensationsstories und die nicht enden wollende Nebeneinanderstellung von Banalitäten und extremen Erfahrungen in Bedrängnis geraten ist? Kein Wunder, daß Lanzmann einen »Feuerring«, der sich um den Holocaust legt, vor Augen hat, um seine Ausschlachtbarkeit – insbesondere durch Fiktionalisierungen – einzuschränken.

Was die Angelegenheit aus einem historischen Blickwinkel um so interessanter macht, ist, daß es die Vorkonditionierung durch die Populärkultur war, die die Verbreitung eines blutigen Antisemitismus ermöglicht hat – wie uns George Mosse in Erinnerung ruft. Es ist verblüffend, wie viele Intellektuelle, die auch journalistisch tätig waren, in den dreißiger Jahren antisemitische Vorstellungen verschiedener Art unterstützten. Die Verleumdung und Verachtung, die von jenen Intellektuellen ausging – von den »Professoren Hitlers«, wie sie Max Weinreich nannte –, bereitete den geistigen Boden für die Verfolgung. Auf diesem ideologischen Nährboden gedieh häufig genug eine Hetze, die flammender war als die angeblich im Volk züngelnde *völkische* Wut, welche dieselben Intellektuellen den Bauern und Ladenbesitzern, dem »kleinen Mann«, zuschrieben.

In einem Zeitalter, in dem die Medien eine solch entscheidende Rolle spielen, wäre es fatal, sich vollständig von den Übeln der Zeit zurückziehen zu wollen. Öffentliche Polemik allein ist freilich noch keine Lösung: wie gerecht auch immer das Anliegen sein mag, steter Lärmpegel stiftet

Verwirrung. Auch wenn wir fortfahren, gegen das Schweigen anzuschreiben, bleibt es doch ein »zwingender Urteilsmaßstab« (Berel Lang). In unserer Büchse der Pandora befindet sich, so vermuten wir, ganz unten eine Hoffnung, die uns beflügelt: daß die Kunst wesentlich auf der Seite der Liebe und nicht auf der des Todes steht. Wir sind auf der Suche nach einer Intelligenz, die uns Raum läßt für unabhängige Gedanken, für die Vielfältigkeit von Darstellungsformen und der es gelingt, die Zumutungen der Ideologie zu mäßigen und den Geist zu befreien, anstatt ihn zu verschließen.

*Eins*

# Der längste Schatten

In Erinnerung an Dorothy de Rothschild

Zusammen mit einem Dutzend Jungen sitze ich in einem Raum. Wie angeklebt sind wir alle um ein kleines, knisterndes Radio versammelt. An der Wand hängt eine Karte von Europa und Rußland. Anhand der neuesten Nachrichten verschieben wir bunte Stecknadeln, um das Vordringen der in Rußland eingefallenen deutschen Truppen anzuzeigen. Für uns spielt es keine Rolle, ob sich die Stecknadeln vorwärts oder rückwärts bewegen. Es ist einfach aufregend, eine Schlacht nach der anderen zu verfolgen.

Ich erinnere mich, wie ich zwei Postkarten von meiner Großmutter bekommen habe, die alleine in Frankfurt zurückgeblieben ist, nachdem meine Mutter im Dezember 1938 nach Amerika emigriert war und ich im März 1939 nach England gegangen bin. Sie ist fünfundsechzig Jahre alt, vielleicht auch etwas älter. Die Postkarten kommen aus einem Ort namens Theresienstadt, und die Briefmarken (ich bin ein eifriger Sammler) interessieren mich. In einer vom Roten Kreuz übermittelten Nachricht steht: Ich bin gesund; alles in Ordnung. Ich entwickle die Vorstellung, daß Theresienstadt ein Ort ist, an dem man Ferien macht oder wohin alte Menschen gehen, um sich versorgen zu lassen.

Meine Überfahrt nach England verläuft ohne Zwischenfälle. Aber während der langen Zugfahrt zum Hafen in Holland werden die Jungen unruhig, mit denen ich unterwegs bin (alle aus Frankfurt und mit der Hilfe von James de Rothschild im Rahmen eines Kindertransports evakuiert); sie spielen herum mit dem einzigen Familienerbstück, das ich mitnehmen konnte: eine Violine. Alle spielen wir darauf, oder besser gesagt, damit. Eine Saite reißt. Später, in Waddesdon, spielen wir noch ein bißchen mehr damit. Eine weitere Saite reißt. Irgendwann bricht auch der Korpus, und wir können im Inneren ein Etikett sehen. Es weist das unreparierbar gewordene Instrument als eine Stradivari aus.

Ich kann nicht sagen, daß ich besonders glücklich war in England, meinem Zufluchtsort, wo ich die Zeit zwischen meinem neunten und sechzehnten Lebensjahr verbrachte. Aber mein Unglücklichsein hatte keine Auswirkungen auf – ja stimulierte sogar – den Wissensdurst, von dem ich getrieben wurde und der sich auf so gut wie jedes Thema erstreckte. Ich verschlang Bücher über Flugzeuge und lernte, jede einzelne Silhouette zu unterscheiden; ich las Bücher über Bäume und lernte, diese anhand ihrer Umrisse und Blätter auseinanderzuhalten; ich las lateinische Grammatiken, Texte zur Botanik, *Penguin*-Rätselbücher, Enzyklopädien. Ich saß in der Nähe der Hauptstraße von Waddesdon nach Aylesbury und notierte Fahrzeugtyp und Kfz-Zeichen der vorbeifahrenden Autos. Ich sammelte Briefmarken und brütete über Einzelheiten zu den ausgebenden Ländern in den Katalogen; ich prägte mir Preise, Wasserzeichen und wertvolle Fehldrucke ein. In meinen Phantasien malte ich mir aus, wie ich Ihre Königliche Hoheit, die Tochter des Königs von England retten und dafür tausend, nein: hunderttausend Pfund Belohnung erhalten würde. Ich verbrachte dann Stunden damit, mir zu überlegen, welche Briefmarken ich von dem Geld kaufen würde.

Meine Entschlossenheit, alles wissen zu wollen, war wesentlicher Bestandteil meines Wunsches, dieses Wissen auch zu vermitteln. Die Belohnung lag im Lernen selbst; nichts, so dachte ich, konnte mehr Vergnügen bereiten, als anderen Leuten zu erzählen, was ich in mir aufgesogen hatte. Diese Freude daran, weiterzugeben, was mir Genuß bereitet hatte, erinnerte mich in späterer Zeit an das Kind in William Blakes *Liedern der Unschuld (Songs of Innocence)*, das aus der Kirche oder von der Schule weg schnurstracks auf die Felder geht, um die Tiere im Katechismus zu unterrichten.

> Kleines Lamm, wer schuf dich?
> Weißt du wohl, wer schuf dich?[1]

Ich war gut in der Schule; die Abwesenheit der Mutter (mein Vater, bereits geschieden, als ich noch ein kleines Kind war, war nach Südamerika ausgewandert), eine kindliche Rebellion gegen die mit der Leitung des Heims in Waddesdon betraute Familie und ambivalente Gefühle gegenüber vielen der »Cedar Boys« (nach zwei stattlichen Zedern benannt, die das große Haus einrahmten, in dem wir lebten) –, all das stachelte meinen Lerneifer nur noch mehr an.

Nur hier und da hat mich das Bewußtsein, ein jüdischer Flüchtling zu sein, so tief beunruhigt, daß ich mich noch an die betreffenden Momente erinnern kann. Auf einer anderen Ebene war ich mir der Tatsache natürlich immer bewußt. Die deutsche Erziehung, die auch bei den »Cedar Boys« anhielt, betonte Verpflichtungen und prägte uns ein, daß uns Essen, Kleidung und Bildung aus Wohltätigkeit gegeben wurden. Nicht, daß James de Rothschild jemals in dieser Richtung eingeschritten wäre. Wir bekamen ihn kaum zu Gesicht. An jüdischen Feiertagen erschien er manchmal in Begleitung seiner schönen jungen Frau. Er saß dann immer kerzengerade da, und sein ohnehin schon hageres Gesicht gewann durch ein aristokratisches Monokel, das er über seinem bei einem Polo-Unfall verlorenen Auge trug, noch hinzu. Dorothy de Rothschild pflegte, als wir zur Begutachtung an ihm vorbeimußten, neben ihm zu stehen und seine Strenge durch ihr Lächeln abzumildern. Ob mein Widerwillen gegenüber jeder Form von Abhängigkeit und meine intellektuelle Leidenschaft, die Welt aus eigener Kraft kennenzulernen, dieser Erfahrung, Dank zu schulden, bereits vorausgingen, vermag ich nicht zu sagen. Ohne Vater und Mutter aufgewachsen, ließ ich niemand anderen dieses Vakuum ausfüllen.

Und doch war ich mir stets einer größeren Schuld bewußt: der Schöpfung gegenüber. Das klingt mystisch, und vielleicht war es das auch. Die schlichte Freude darüber, am Leben zu sein, war so stark, daß ich es mit Unruhe zur Kenntnis nahm, als etwas von dieser Freude verblaßte – als ein Geburtstag oder ein Ferienaufenthalt oder das Gefühl, am frühen Morgen aufzuwachen und der einzige wache

Mensch auf der ganzen Welt zu sein, mein Herz froh machten, aber nicht mehr so wie vorher. Meine Unzufriedenheit mit meinem sozialen Umfeld hatte nichts zu tun mit einer Dankbarkeit, die sich an die Landschaft in Buckinghamshire mit ihren Weihern, offenen Feldern und herrlich alten Bäumen »verschwendete«. Die englische Natur lud einen geradezu zur Sünde ein: wir gingen Beeren sammeln oder jagen oder unternahmen lange Spaziergänge ohne Ziel und sprangen über Hecken und Steigen. Als ich zum ersten Mal Wordsworth las, fand ich sofort Zugang zu ihm.

Ich erinnere mich noch deutlich daran, wie ich über die Frage der Kontinuität nachbrütete. Was hielt die Materie zusammen? Warum löste sich der Tisch vor mir nicht einfach auf? (Später hatte ich dann keine Mühe, die berühmte Frage zu verstehen, warum die Welt überhaupt existiert und nicht vielmehr nicht existiert.) Wer oder was hielt mich am Leben und bei so angespanntem Bewußtsein von Augenblick zu Augenblick? Das einzige Fach in der Schule, bei dem ich durchfiel, war Geometrie. Die Vorstellung, einen Lehrsatz zu beweisen, indem man ein Dreieck erweitert, ergab für mich keinen Sinn. Ich mußte wissen, welche Gesetzmäßigkeit hinter dem Beweis steckte; bloße Erweiterung war mir schon in meinem eigenen Leben ein Rätsel.

Freilich gab es Vorfälle, die mir ins Bewußtsein riefen, daß ich Jude und Flüchtling war. Bei einem dieser Vorfälle offenbarte sich auch der Druck zur Assimilierung – ein Druck, der nicht das Resultat von Ermahnungen, sondern von Heimatlosigkeit war. Eines Tages war die Turnhalle von Waddesdon – der einzige Ort in diesem Zweitausend-Seelen-Dorf, der ausreichend Platz für Geselligkeit bot – brechend voll mit einer bunten Bande ungewaschener Menschen. Man sagte uns, daß sie ebenfalls Flüchtlinge seien, aber aus dem Osten, *Ostjuden*. Die Bewohner von Waddesdon, die kaum deutsche Flüchtlinge von deutschen Spitzeln unterscheiden konnten, sahen sich nun Menschen gegenüber, deren Lebensgewohnheiten sich aufs äußerste von den ihren oder unseren unterschieden. Den ganzen Tag gaben diese farbenfrohen Flüchtlinge unverständliches Gerede und Gesten von sich – und feilschten in den Läden! Ich erinnere mich, wie ich mich von ihnen lossagte: *Wir* (die deutschen Flüchtlinge) haben mit *denen* nichts zu tun.

Zufällig ging es in der Passage, die ich bei meiner Bar Mitzvah vorlas, um den Angriff der Amalekiten auf die Israeliten, während letztere durch die Wüste in Richtung Gelobtes Land ziehen. Der Bibelschreiber ist rachsüchtig und nimmt kein Blatt vor den Mund. Amalek muß zerstört werden, und zwar völlig. »Denke an den Amalekiten. Du sollst nicht vergessen.« Der gute Rabbi, der jede Woche von London aus anreiste, um uns eine Hebräisch-Stunde zu geben – vermischt mit moralischen Belehrungen oder einem *Schmus* über die Tugenden der Patriarchen –, und der über die Bar Mitzvah eines jeden »Cedar Boys« präsidierte, versäumte es nicht, daraus die Lehre zu ziehen, daß die Nazis die neuen Amalekiten seien. Ich wurde persönlich angewiesen, mich daran zu erinnern, und bekam eine Bibel überreicht, die mit diesem unheilvollen Spruch versehen war.

Rückblickend scheint es mir, als ob irgendein Gott schützend seinen Arm um mich gelegt und mich vorm Schlimmsten bewahrt hätte. Obwohl ich quasi eine Waise war, fühlte ich mich in der sanften Landschaft Buckinghamshires zu Hause – mein Leben irgendwie Bestandteil ihres Lebens – und durch ein aktives Gefühl der Zugehörigkeit geschützt. Dieses merkwürdige Vertrauen eher in das Leben als in Menschen mag schon viel früher dagewesen sein. Die Trennung von zu Hause, die im Alter von neun Jahren traumatisch hätte sein können, war es nicht. In Deutschland war ich gelegentlich von jugendlichen Nazis verprügelt worden, aber das war einfach ein Bestandteil des Lebens: von irgendeiner Gruppe Kinder wäre ich auch so verprügelt worden. Nur ein einziges Mal kehrte ich weinend nach Hause zurück, als ich nicht nur grob angefaßt, sondern auch noch absichtlich in Hundescheiße geschubst wurde. Wo war Gott, fragte ich bitter.

Nazi-Paraden waren eine aufregende Sache; der physische Hunger hielt sich in Grenzen. Weil ich nicht jüdisch aussah und mit liebenswerten Schlappohren gesegnet war, schickte mich meine Mutter immer los auf die Suche nach einem warmherzigen Lebensmittelhändler, der vielleicht geneigt sein könnte, mir ein Ei zu verkaufen. Jeden Samstag kam ich mit irgend etwas nach Hause. Vielleicht war es die damalige Tendenz, Kinder vor dem Wissen der Erwachsenen zu schützen, die mich sehr wenig von dem begreifen ließ, was meinen Verwandten widerfuhr: die »Kristallnacht« existiert lediglich als ein vages Gerücht in meinem Hinterkopf über ein paar Onkel, die für eine Weile von zu Hause weggehen mußten. Einen Monat später war meine Mutter in Amerika. Sie hatte kein Visum für mich bekommen, war aber trotzdem gefahren, nicht ohne sich jedoch vorher zu versichern, daß ich einen Platz in einem Kindertransport nach England erhalten würde. Als wir uns voneinander verabschiedeten, wußte keiner von uns beiden, daß es für sieben Jahre sein würde: als ich sie das nächste Mal wiedersah, war ich ein Jugendlicher und sie eine Fremde.

Mein Nachdenken über den Holocaust gewann erst nach Beendigung meines Militärdienstes 1955 an Stoßkraft. Ich war zwei Jahre zuvor eingezogen worden und hatte komische wie schmerzhafte sechzehn Wochen Grundausbildung in Fort Dix hinter mir. Während jener Periode methodischer Erniedrigung und physischer Erschöpfung entdeckte ich »grundlegende« Gefühle von einer ganz anderen Art wieder: ein Gefühl für die Erde, auf der dieses seltsame Training stattfand, für meine Abhängigkeit von Sonnenaufgang und -untergang. Die plötzliche Nähe zur Natur lehrte mich mehr über Kameradschaft als der erzwungene Korpsgeist in der simulierten Hölle der Armee. Nach dem üblichen militärischen Durcheinander landete ich schließlich in Heidelberg, Headquarters PID (*Public Information* – »Öffentlichkeitsarbeit«). Als Gegengift sowohl zum Armeeleben als auch zu jenem Land, das meine Verwandten ins Exil und in den Tod getrieben hatte, begann ich gemeinsam mit einem anderen Rekruten Hebräisch zu studieren. Dieser trat später ins Jüdische Theologische Seminar ein: ein *hozer betshuvah*, der von der Vision durchdrungen war, durch das Judentum die Weisheit des Ostens und des Westens vereinigen zu können.

Wir fanden einen Holocaust-Überlebenden in Heidelberg, mit dem wir zweimal die Woche das Buch Hiob lasen. Wenn wir an die Türe seiner schäbigen Wohnung klopften, spähte Herr Sprecher jedesmal mit einem ängstlichen Gesichtsausdruck durch den Türspalt, so als ob er damit rechnete, erneut verhaftet zu werden. Sein Lächeln, wenn er uns sah, war eine Erleichterung für uns. Als polnischer Jude hatte er die Lager durchgemacht, sprach aber selten darüber. Zu jener Zeit (1954) leistete die deutsche Regierung noch keine Schadensersatzzahlungen oder war noch nicht bei ihm angelangt. Obwohl er in tiefster Armut lebte, war er glücklich, am Leben zu sein: ein äußerst kleiner Mann mit einem geröteten, runden Gesicht, der übernatürlich sanft und alt wirkte. Nach Abschluß meines Militärdienstes – während meines ersten Jahrs in Yale – schrieb ich ein Stück, das einige der Geschichten enthielt, die er preisgegeben hatte. Wie viele andere, die weitaus Schlimmeres durchgemacht hatten, war ich aber hauptsächlich damit beschäftigt, mir ein Leben aufzubauen, und nicht so sehr damit, in die Vergangenheit zu schauen.

Mein großes wissenschaftliches Projekt in Yale war eine Geschichte der Interpretation, die der jüdischen Tradition des Kommentars im Kontext von Patristik, Allegorese (und so weiter) Gerechtigkeit widerfahren lassen würde. Zu dieser Zeit wußte ich noch nicht, daß mein Großvater David Hartmann, Religionslehrer in Frankfurt, eine Doktorarbeit über den Midrash und das Buch Ruth geschrieben hatte. Nichts von alledem hatte eine direkte Auswirkung auf meine Lehrverpflichtungen in Yale: der größte Teil meiner Energie floß in Veranstaltungen zu englischer Dichtung, wenngleich ich in diese hin und wieder biblische Texte hineinschmuggelte. Es war wohl so, daß ich – wie in der Armee – gegen meine Umwelt arbeitete.

T. S. Eliot als der geistige Erbe John Donnes war allgegenwärtig; auch ich war von seinen ironischen, liturgischen Rhythmen beeindruckt, doch störte mich der Gebrauch, der von seiner Dichtung gemacht wurde. Sie verstärkte eine vornehme Art des Christentums, die sich mit der unmißverständlich anglophilen Haltung jener älteren Kollegen traf, die über das 17. und 18. Jahrhundert arbeiteten. Dies waren die prestigeträchtigen Forschungsbereiche in Yale, die sowohl große Gönner als auch Gelehrte anzogen und die gerade heranwachsenden und immer noch leicht anrüchigen Romantiker in den Schatten stellten. Ich versuchte, mich für einen Jura-Studienplatz an der *law school* zu bewerben – aus Protest vermutlich und in der Hoffnung, daß es mein Interpretationsprojekt befördern würde. Allein, die *law school* wollte mich nicht als Teilzeitstudenten aufnehmen. Ich gab meine Geschichte der Interpretation auf – eine Arbeit, die vollen Einsatz erforderte. Immerhin war ich fünfundzwanzig Jahre später in der Lage, dazu beizutragen, daß an der Universität ein Studiengang für Judaistik eingerichtet wurde. Heute können jüdische und hebräische Texte entweder im Kontext anderer Literaturen oder im Kontext des Midrash gelernt werden, dessen exegetischer Erfindungsreichtum und alltagssprachliche Kraft in weltlichen Kreisen immer noch nicht ausreichend gewürdigt werden.

Die fünfziger und sechziger Jahre hindurch blieb ich weiterhin zukunftsorientiert. Doch dachte ich oft an die deutsch-jüdische Gemeinde, die zerstört worden war, und fragte mich, was für eine Art Intellektueller wohl aus mir geworden wäre, wenn ich im Schatten von Franz Rosenzweig, Martin Buber, Gershom Sholem, Ernst Simon, Abraham Heschel aufgewachsen wäre – ganz zu schweigen von der eigentlichen Frankfurter Schule: Theodor Adorno, Walter Benjamin, Erich Fromm und anderen. Ich habe den Verdacht, daß es auch ein tiefes Gefühl des Getrenntseins war, das Israel für mich wichtig werden ließ. Ein bewußter Zionist war ich nie, und ich habe auch keine der diversen Jugendbewegungen durchlaufen, die sich *ahavat Zion* zur Losung genommen haben. Aber bereits bei meinem ersten Besuch im Jahre 1952 erschien Israel mir wie die Verkörperung eines Traums. Das Zugehörigkeitsgefühl, das ich empfand – so als ob das Land mich gezeugt hätte, und nicht menschliche Eltern –, und vor allem ein nicht überlaufenes, ländliches, dem Himmel so nahes Jerusalem intensivierten Empfindungen in mir, die mich an die englische Landschaft gebunden hatten. Das hier war kahler, steiniger, ursprünglicher. Ich lief barfüßigen Geistes umher, ein spiritueller Vagabund ohne eine bestimmte Sorte jüdischen Bewußtseins, der an jeder Bewegung von Blick und Klang Gefallen fand: Ziegen und Olivenbäume in Jerusalem; Mea Shearim mit seinem Markt und seinen unzähligen *stuebele*; das Geheimnis der Altstadt, durch Mauern abgeschirmt und unzugänglich; das noch orientalischere Safad mit seinen Bettlern, Chassidim und winzigen Geschäften; Tel Aviv, die Stadt, die innerhalb der Gedächtnisspanne aller damals Lebenden von Grund auf erbaut wurde und wo ein junger Cousin von mir jedes neue Gebäude und sogar einzelne Bäume in der Nachbarschaft datieren konnte.

Eine organische Beziehung zu Orten war etwas, das mir fehlte und das ich nie wieder erlangen sollte. Ich empfinde selten starke Gefühle von Anhänglichkeit, weder Menschen gegenüber noch Land und Boden. Mit Israel war das etwas anderes. Der Boden, auf dem ich ging, fühlte sich sehr alt und gleichzeitig sehr neu an; unglaublich alt, und dennoch wartete er darauf, bepflanzt zu werden – auch von der Vorstellungskraft. Sogar die Menschen bewegten mich, angefangen von den Jekes (deutschen Juden) über die schwarzgewandeten Orthodoxen bis hin zu den aggressiv weltlichen Kibbuzniks in ihren offenen Hemden. Ich war froh über die Vermischung und sah keine Veranlassung, Partei zu ergreifen in einer unglaublich hart arbeitenden Gesellschaft, wo jede Gruppe ihren eigenen Rhythmus zu haben schien. Voller Enthusiasmus machte ich mit und erntete gleich an meinem ersten Tag im Kibbuz riesige Melonen – und einen Hitzschlag um die Mittagszeit.

Wir unterschätzen leicht, wie wichtig ein Gefühl für den Ort als physische Erinnerung ist. Es ist für die Liebe wichtig, die oft Personen und Orte miteinander verschmilzt. Aber in dem Maße, in dem *mystique* zu *politique* wird, kann es sich auch zu einer fanatischen Leidenschaft auswachsen: ein selbst-heiligender, ortsgebundener Nationalismus, der

Außenstehenden einen mörderischen Verdacht entgegenbringt. Die Juden in der Diaspora waren seine größten Opfer. Sie werden als Fremde gesehen, wie alteingesessen sie auch immer sein mögen. Auch diejenigen, die Zion die Treue halten, sind von der dunklen Seite jener heiligen Passion nicht ausgenommen. Sie müssen sich ihr nunmehr in ihrem Innersten stellen, in ihrem eigenen Heimatland und Zufluchtsort.

Es war gegen Ende der siebziger Jahre, als die Überlebenden der Lager – mittlerweile in Amerika vollends seßhaft geworden, ihre Kinder erwachsen und die Enkel nicht mehr weit – der Vergangenheit eine bewußtere, öffentliche Existenz zugestanden. Diejenigen, die auf dem Höhepunkt ihrer physischen und mentalen Widerstandskraft (sagen wir: zwischen vierzehn und vierzig) in die Lager (oder in extreme Umstände anderer Art) geraten waren, hatten eine bessere Chance, zu überleben. Diese Altersgruppe ging nun auf die Sechzig zu, und manche waren schon über Siebzig. Die meisten von ihnen hatten sich beinahe unverzüglich wieder eine Familie aufgebaut, ohne vorher ihre Ausbildung abzuschließen. Dadurch waren sie von einem Tag auf den anderen gezwungen, sich ihren Lebensunterhalt zu verdienen. Andere wurden angesehene Fachleute und nahmen häufig zu einem späteren Zeitpunkt noch einmal eine Ausbildung oder ein Studium auf. Nun waren es ihre Kinder – Mitglieder der Zweiten Generation – die begannen, sich auf die Suche nach ihrem Vermächtnis zu machen.

Die Eltern zu ehren hieß auch, deren Erlebnisse zu würdigen, wie grausam und belastend diese auch waren. Als Kinder hatten sie zuviel mitbekommen oder zuwenig. Eltern wie Kinder waren zudem geschockt über einen wachsenden »Revisionismus« – ein Phänomen, das mit den siebziger Jahren zunehmend aggressiver wurde. Seine Verfechter stritten die Tatsache ab, daß ein systematischer Völkermord stattgefunden hatte. Die Toten, die der Holocaust gefordert hatte, wurden von den Revisionisten den Kriegsumständen oder übertriebener jüdischer Propaganda zugeschrieben.

Derart bösartigem Leugnen konnte man nur mit verstärkter Zeugenschaft begegnen. Dieselbe Bewegung, die Menschen ermutigte, ihre ethnische Identität zu bejahen, half auch den Augenzeugen, ihre Stimme zu erheben.

Auch ich wurde zu jener Zeit unmittelbar involviert. Was mich – über den Holocaust hinaus – schon immer gequält hatte, war der Umstand, daß diesem von der örtlichen Bevölkerung kein nennenswerter Widerstand entgegengebracht worden war – ja, daß diese ihn oft sogar ausgenutzt hatte. Ich fühlte mich immer noch deutsch genug, um den deutschen Charakter nicht als solchen zu verdammen; andere Nationen hatten sich gleichgültig gezeigt oder das Verbrechen sogar aktiv unterstützt. Die Ausnahmen – zumeist von Mitleid erfaßte Einzelpersonen aus allen Schichten der Bevölkerung, gelegentlich auch ein ganzes Dorf wie Chambon oder eine Nation wie Dänemark – bestätigten nur die Regel. Und dann gab es da noch das Rätsel der Zuschauer wie auch das der Täter. Und unter den Zuschauern waren zahlreiche hochgebildete Personen (»Hitlers Professoren«, wie sie Max Weinreich nannte), die eine Rassentheorie billigten – oder sogar für deren Verbreitung sorgten –, welche den Ausschluß der Juden aus dem öffentlichen Leben guthieß.

Das Verhalten dieser Intellektuellen war besonders unfaßbar. Aber das traf auf alles andere auch zu; und ich fand weder für Forschung noch für Aktivismus einen Ansatzpunkt. Doch hatte ich wirklich versucht, einen zu finden? Oder hatte ich mich vor einer allzu starken Verpflichtung geschützt, indem ich die Rätselhaftigkeit überbewertete und so tat, als sei den Tatsachen durch Denken nicht beizukommen? Daß ich um mich herum viele Menschen sah, die die *Shoah* zur Stärkung ihrer religiösen oder politischen Identität benötigten, war da auch keine Hilfe.

An diesem Punkt spielte meine Frau Renée eine entscheidende Rolle. Ihre Geschichte sollte als eine der ersten im Rahmen des *Holocaust Survivors Film Project* aufgenommen werden, das 1979 mit Unterstützung von Überlebenden aus New Haven gegründet wurde, die öffentlich

Zeugnis ablegen wollten. In der Tschechoslowakei geboren, waren Renée und ihre ein Jahr jüngere taube Schwester auf einem Bauernhof nahe der mährischen Grenze versteckt gehalten worden, bis ihre Eltern Anfang 1944 nach Auschwitz deportiert wurden. Die Unterhaltszahlungen für die Kinder hörten auf, und sie waren gezwungen, nach Bratislava (Preßburg) zurückzukehren. Als die Schwestern, neun und zehn Jahre alt, dort ankamen, fanden sie niemanden, der sie in seine Obhut hätte nehmen können – offiziell waren keine Juden zurückgeblieben. Nach ein paar Wochen gingen sie zur Polizei und baten darum, mit ihren Eltern zusammengeführt zu werden. Sie wurden nach Bergen-Belsen geschickt.

Das eine Jahr im Lager hätte sie beinahe das Leben gekostet. Als sie im April 1945 befreit wurden, war Renée ernsthaft an Typhus erkrankt: bis heute bedauert sie, sich nicht an den genauen Tag der Befreiung erinnern zu können. 1948 gelangte sie aus Schweden, wohin die UNRRA und das Rote Kreuz die beiden Schwestern evakuiert hatten, nach Amerika.

Durch Renées Teilnahme am *Survivors Film Project* wurde mein eigenes Interesse geweckt. Ich fand heraus, daß der unmittelbare Anlaß für dieses Projekt in der Fernsehserie *Holocaust* lag. Dieser in Westdeutschland so erfolgreiche Film kam den Überlebenden vor wie eine beschönigte und verzerrte Version dessen, was sie durchlitten hatten. Der Schwur, den sie abgelegt hatten, nicht zu vergessen – die Welt nicht vergessen zu lassen –, holte sie wieder ein. Der *Farband*, eine zionistische Gruppierung, die der Arbeiterpartei nahestand und sich in der Hauptsache aus osteuropäischen Immigranten zusammensetzte, tat sich mit einem Psychiater aus New Haven (der selbst ein Überlebender war) und einem in jüdischen Angelegenheiten aktiven Fernseh-Interviewer zusammen. Mit der Hilfe von William Rosenberg, dem Vorsitzenden des *Farband*, und vielen anderen Bürgern New Havens begannen Dori Laub und Laurel Vlock die Mittel zusammenzutragen, um die Zeugen des Holocaust auf Video aufnehmen zu können.

Wozu ist ein Professor für Englische Literatur schon gut, wenn nicht dafür, einen Antrag auf Fördermittel zu stellen? Auf diese Weise wurde ich mit hineingezogen; aber der wahre Grund für meine zunehmende Beteiligung an dieser »Graswurzel«-Bewegung war der, daß ich sah, wie wichtig sie für die Bildung sein konnte. Sie gab mir meinen Ansatzpunkt. Ich dachte: selbst die Überlebenden sind sterblich. Wie viele von ihnen werden in zehn oder zwanzig Jahren noch übrig sein? In der Zwischenzeit können wir sie zwar bitten, ihre Geschichte persönlich zu erzählen – aber wer wird für sie sprechen, wenn sie nicht länger unter uns weilen? Die Historiker sind für das Gesamtbild zuständig. Während sie sich jeder einzelnen Tatsache vergewissern, interessieren sie sich selten dafür, Geschichten weiterzugeben – wie eindrucksvoll letztere im Hinblick auf die Offenbarung von Persönlichkeit (oft gerade im psychologischen und strukturellen Detail) auch sein mögen.

Was ich wollte, war Restitution: die Überlebenden sollten sich nicht nur an das erinnern, was ihnen damals widerfahren war, sondern auch an ihre Gedanken: an die von *heute* genau wie an jene von *damals*. Die ganze Person sollte zur Darstellung kommen – oder soviel, wie sich eben in einem Zeitraum von ungefähr zwei Stunden aufnehmen läßt. Claude Lanzmanns großartiger Film *Shoah* hat, was raffiniertes und unnachgiebiges Nachfragen betrifft, hier den Standard gesetzt – aber die mit offenem Ende und ohne Vorgaben durchgeführten Interviews der New Havener Gruppe sind ganz anders angelegt. Der Interviewer ist, wie Dori Laub einmal gesagt hat, Zuhörer und Gefährte; er oder sie stellt nur ein Minimum an Fragen, in der Hoffnung, daß Erinnerungen aus einer tieferen, spontaneren Ebene auftauchen werden.

Außerdem war dies auch eine Art Kompensation für die Tatsache, daß die meisten visuellen Dokumente aus jener Zeit aus Nazi-Quellen stammen. Unsere Holocaust-Museen sind voll von Fotos, die den Bilderbüchern der Mörder entnommen sind – Geist und Seele werden Bildern ausgesetzt, die die Nazis verherrlichen, während sie ihre Opfer degradieren. Die Zeugenberichte sind ein Blick von der anderen Seite: sie stellen jene Sympathie und Menschlichkeit wieder her, die das Bildmaterial der Nazis systematisch verweigert. Und selbst wenn sie, nach so vielen Jahren aufgenommen, nicht in jeder Hinsicht zuverlässig sind, so läßt das Vergehen der Zeit doch auch die Erinnerung reifen. Das Video-Projekt greift nicht in das Gebiet der Historiker ein, die Quellen sichten und vergleichen, sondern versucht, Herz und Verstand von Schülern wie Erwachsenen zu öffnen, indem diese das Zeugnis einer denkenden und fühlenden Person und nicht eines Opfers zu sehen bekommen.

Es war während des Eichmann-Prozesses 1960/61, als ich zum ersten Mal die Macht des persönlichen Zeugnisses begriff. Zu jener Zeit verfaßte ich ein Gedicht mit dem Titel »Ahasuerus«, das den Zeugenbericht eines Sonderkommando-Mitglieds mit dem Archetyp dieses legendären Wanderers verschmolz, der verdammt war zu überleben und alles im Bewußtsein behalten muß. Er wäre lieber gestorben; aber seine Angst, daß er der letzte und einzige Zeuge sein könnte, schloß (in meiner Version) den Tod als Ausweg aus. Wenn auch in vielen Zeugnissen eine mythische Dimension zum Vorschein kam, die sich der Tradition des jüdischen Geschichtenerzählens verdankte, und ich oftmals eine Art Poesie des Realismus aufblitzen sah, die man als eine natürliche Reaktion auf ein ebenso unerträgliches wie sinnloses Leiden betrachten kann, so erkannte ich doch gleichzeitig auch, daß sie als Darstellungen so authentisch waren wie nur möglich in einer audiovisuellen Ära – wo Ausbeutung unvermeidlich ist. Ein »Archiv des Gewissens« war vonnöten – sowohl für pädagogische Zwecke als auch um der Medien willen.

1981 wurden die Zeugnisse in die Obhut der Yale University übergeben. Die Revson-Stiftung machte es der Universität möglich, in ihrer Zentralbibliothek ein Videoarchiv einzurichten. Wir waren zu Zeugen der Zeugen geworden. Was als »Graswurzel«-Unterfangen begonnen hatte, konnte sich nun zu einer *oral history* nationalen Ausmaßes entwickeln. (Es gibt darüber hinaus auch noch Sammlungen wichtiger Tonband-Aufnahmen, »Stimmen aus dem Holocaust«, die ebenfalls systematisch erfaßt und so für Erziehung und Forschung zugänglich gemacht werden sollten.) Nun, da die »Kristallnacht« schon mehr als sechzig Jahre zurückliegt, ist unser Archivbestand auf knapp viertausend Berichte angewachsen, und das Video-Zeugen-Projekt von Yale wurde mittlerweile nach Europa ausgedehnt.

Doch wer vermag das Funktionieren der Erinnerung wiederzugeben? Ein Proust vielleicht, wäre er in einer tragischeren Zeit geboren worden und hätte er die Verwüstungen miterleben müssen. Bei allem, was wir tun, scheint es manchmal so, als sei es unangemessen und äußerlich. Das Interview kann holprig verlaufen; es gibt schlechte Tage; sowohl Zeugen als auch Interviewer müssen Widerstände überwinden. In solchen Augenblicken des Zweifels tröste ich mich dann mit Schriftstellern wie Primo Levi, Jean Améry und Aharon Appelfeld, die uns von Schwäche, aber auch von Mut erzählen, von der Verdrängung, die im Überlebenden selbst stattfand, von der überlebenswichtigen Notwendigkeit zu vergessen und dem Kampf gegen das, was sich in die Seele eingegraben hat. Es ist wahr, aber nicht die ganze Wahrheit, daß man die Überlebenden vernachlässigt hat oder daß die Leute es nicht ertragen konnten, ihnen zuzuhören. Schweigen bietet Schutz; sogar die bekenntnishafteste Form des Schreibens teilt sich auf stille Weise, in ihrem eigenen Raum mit. Es gab einen Punkt, an dem die Überlebenden nicht sprechen wollten. Diese Zeit ist vorbei, wenn sie auch nie ganz vorbei ist. Es bedurfte der »Bestechung« durch das Leben – das heißt: ihrer Kinder und auch der Angst, daß der Holocaust nicht so sehr in Vergessenheit geraten, aber geleugnet oder verzerrt werden würde –, um die Überlebenden wieder an ihre Verpflichtung zu erinnern: Du sollst erzählen.

Hesekiel war es verboten, den Verlust des Tempels öffentlich zu betrauern. Über viele Jahre hinweg schien es nach dem Holocaust unmöglich, eine adäquate Form des öffentlichen Gedenkens zu finden. Nun ist es möglich, aber immer noch eine prekäre Angelegenheit. In Polen finden sich Totenmale, die aus zerstörten Grabsteinen zusammengesetzt wurden: Gedenkstätten für die Gedenkstätten. Auf einem tschechoslowakischen Friedhof hat man die Kuppel einer niedergebrannten Synagoge aufgestellt wie einen Grabstein. In Worms kann man die rekonstruierte mittelalterliche Synagoge bewundern und den Raum, wo Rashi seine Yeshiva abhielt. Aber das sind Ehrenmäler. In der Abwesenheit einer lebendigen Gemeinde erinnern die restaurierten Gebäude und verwaisten Monumente schmerzhaft an Hitlers »Museum einer verschwundenen Rasse«.

Das empfindlichste Thema ist aber – sowohl dort, wo es Juden gibt, als auch, wo es keine gibt – die Frage, wie man jungen Menschen vermittelt, was passiert ist. Wo Schrecken gesät wird, oder Schrecken und Schuld, können entsetzliche Phantasien die Folge sein – oder aber Gefühle von Hilflosigkeit. Wie unterrichtet man eine traumatische Geschichte, ohne unangebrachte psychologische Abwehrmechanismen zu verstärken? Dieser pädagogischen Frage muß man sich stellen, gerade in einer Zeit, in der Museen und Bildungsprogramme nur so aus dem Boden schießen.

Wie oft habe ich den Kinderreim

Ring around the rosies,
A pocket full of posies,
Ashes, ashes,
All fall down!

(Auf deutsch etwa:
Ringel-ringel Röschen,
Tasche voller Sträußchen,
Asche, Asche,
Alle fallen hin!)

gehört, ohne mir über seine dunkle Seite bewußt zu sein, seinen möglichen Ursprung in der Pestepidemie des 17. Jahrhunderts. Das *Oxford Dictionary of Nursery Rhymes*, das diese Hypothese erwähnt, liefert dafür keinen Beweis. Die leicht zu merkenden Worten speichern dieser Hypothese zufolge jene vergessene Katastrophe: ein roter Hautausschlag, der auf die Krankheit verweist; Blumensträuße, um den Geruch des Todes und vielleicht den Tod selbst abzuwehren; die Verbrennung verseuchter Materialien und Leichen; und der rasante und makabre Verlauf der Pest. Nicht, daß wir solchen Spekulationen trauen würden, aber sie sind Ausdruck unserer Hoffnung, daß tödliches Wissen von einer traumatischen in eine erträgliche Form der Wahrheit überführt werden kann.

Unsere Kultur muß über den Holocaust hinaus schauen. Doch das kann sie nur, wenn sie sich des Rituals ebenso bedient wie des Realismus. In ferner Zukunft werden wir den erfolgreichsten Umbildungen möglicherweise genauso gegenüberstehen wie bestimmten traditionellen Inszenierungsformen: es wird Feierlichkeiten, Gebete, Popsongs, sogar Verse ohne einen offensichtlichen Bezug zu der Tragödie geben. Wir brauchen Formen der Darstellung, die nicht unter ihrer Realitätslast zusammenbrechen, die mehr als nur Bilder von Opfern vermitteln. Zu dieser Suche nach authentischen Darstellungsformen können die Zeugnisse, wie ich glaube, ihren Teil beitragen. Sie sind grundlegend und archetypisch – Geschichten, die durch ihr Erzähltwerden zu Handlungen des Sich-Stellens werden. Ein kollektives Porträt entsteht, und die Alltagssprache überlebt die Last der Erinnerung.

Es gibt einen Moment in diesen Zeugnissen, wo die Einsamkeit durchdringt: bis in jenes Zuhause, das mit soviel Feuereifer und Hingabe wiederaufgebaut wurde. So kann es bei Familienfeiern, wie zum Beispiel der Bar Mitzvah des Sohnes, geschehen, daß dem Überlebenden aufgeht, daß inmitten all der Gäste die Familie, aus der er stammt – all jene Tanten, Onkel und Cousins –, nur noch durch ihn vertreten ist. Der stechende Schmerz, den diese Einsamkeit verursacht, hält vor – und kann zu mehr als einem Schmerz werden, nämlich zu einem Kampf mit dem Todesengel, der die Errungenschaft einer ganzen Generation zunichte zu machen droht, deren Väter und Mütter fast ganz von vorne anfangen mußten, wie damals die Patriarchen. Es ist, als gehörten sie – die Überlebenden – am Ende doch zu den Toten.

Gegen Ende des israelischen Films *Because of That War* besucht Halina das Todeslager Treblinka und durchleidet eine halluzinatorische Phase, in der sie den Kampf mit dem Engel austrägt. Als sie zurückkehrt, fühlt sie sich eher leer als erhoben beziehungsweise über die Familie hinaus erhoben. Sie begreift, wieviel von ihrer Lebenskraft in einer Geschichte verschwunden ist, die sie nur wiedergeben oder wiederholen, aber nicht in ihr normales Leben integrieren kann.

Ich mußte keine derart tödliche Vergangenheit überwinden. Aber manchmal, mitten in einer Bar Mitzvah, wenn mir wieder einmal klar wird, wieviel an gemeinsamer Erfahrung in diesen Gebeten steckt, packt mich die Wut, und ich gehe mit mir selbst ins Gericht: Wie kannst du just in einem derart glücklichen Augenblick so traurig sein, so rachsüchtig und voller Zorn? Ich denke dann daran, wie so eine Familie oder eine Gemeinde wie diejenige, mit der ich zusammen bete, plötzlich und erbarmungslos aus ihrer verwurzelten und friedlichen Existenz gerissen wird, um eine Nacktheit zu erleiden, welche entsetzlicher ist als diejenige Hiobs und die – wenn sie überhaupt etwas ähnelt – den Darstellungen der Hölle in der christlichen Malerei gleicht. In diese von Menschen geschaffene Hölle verfrachtet man sie, entkleidet sie, trampelt auf ihnen herum, massakriert sie. Es ist nicht so sehr das Bild des Todes, das von mir Besitz ergreift, alle Schranken durchbricht und die Vorstellungskraft dazu zwingt, sich jenen letzten Übergang anzusehen. Es ist diese Plötzlichkeit, die schlimmer ist als der Tod, eine Verneinung des Lebens, die so vollkommen ist, daß es schwerfällt, mit etwas Bejahendem dagegen anzukommen und – trotzdem einem die Schändlichkeiten und Schändungen nicht aus dem Kopf gehen – daran festzuhalten, daß das Leben sich lohnt.

Meine bitteren Gefühle inmitten einer fröhlichen Gemeinschaft konzentrieren sich auf die Mörder, die versucht haben, ein ganzes Volk auszurotten, nachdem sie es für unwert befunden haben, am Leben zu bleiben. Ein Volk, das zu den ältesten auf dieser Erde gehört, nicht nur hinsichtlich seines Alters, sondern auch seines Fortbestehens; nicht nur in Hinblick auf sein Fortbestehen, sondern auch auf seinen Wissensschatz; und nicht nur, was das Wissen, sondern auch was eine moralische Weisheit angeht, in deren Mittelpunkt die Bewahrung des Lebens, *pikuah nefesh*, steht. Ihre Moralität hat die Menschen dieses Volkes – trotz messianisch-vulkanischer Ausbrüche – an das Leben auf dieser Erde gebunden, ein praktisches Leben, durchdrungen von zweitausend Jahren Bibellektüre und –interpretation.

Was geschehen ist, kann nicht mit Intoleranz erklärt werden, auch nicht mit Verachtung für den Aussätzigen oder mit der Notwendigkeit, dem Opfer die Schuld zu geben und es zu eliminieren. Tatsächlich war es das gewalttätige Böse, das sich gegen ein pedantisches moralisches Wissen und ein Ahasver-haftes Gewissen erhob.

Ich bin weit davon entfernt zu sagen, daß die Juden – die genauso halsstarrig, streitsüchtig und unzugänglich wie jede andere Gruppe sein können – die Weisheit gepachtet hätten. Auch sie haben ihre Verrückten, Bigotten, Extremisten und Ausbeuter. Und der Holocaust hat sie hart gemacht: es gibt Anzeichen dafür, vor allem in Israel, daß die Bibel als Waffe gegen eine Welt benutzt wird, die sogar noch als feindseliger empfunden wird als »in jenen Tagen«, *beyamim hahem*.

Und doch ist das Problem nicht, daß die Opfer Eigenschaften der Täter annehmen, wie es die populäre Psychologie ungnädiger Beobachter will. Israel ist ein Staat wie jeder andere und muß sich verteidigen. In der Folge des Holocaust machten die Kriege von 1967 und 1973 den Bürgern eindringlich die Möglichkeit bewußt, daß es zur Zerstörung des Dritten Tempels, *hurban habayit hashlishi*, kommen könnte. Wo findet man sonst noch – im Kontext einer solchen Gefahr – eine Streitkultur und eine Wertordnung aufrechterhalten, die das Studium derart hoch schätzt und nicht der Meinung ist, daß dem Glauben der Intellekt geopfert werden müsse?

Ich denke an ein jiddisches Lied wie »Yankele« oder an den Gottesdienst am Sabbat, wenn die – wie eine Regalie behandelte – Thora-Rolle geöffnet und allen vorgelesen wird und dann in die Gemeinschaft der Gläubigen hineingetragen wird, um zu zeigen, daß es sich um einen gemeinsamen Besitz handelt. Es war der textuelle, nicht der territoriale Ehrgeiz, der die Juden vereinigt hat: ihre Weigerung, den Buchstaben zu töten und den Vertrag ihrer Väter und Mütter mit Gott für nichtig zu erklären. Und doch wurde gerade dieses Volk von seinem Ort vertrieben und – *raus, raus* – an jenen letztmöglichen *Umschlagplatz*, in die Todeslager gebracht – eine Sache von Tagen oder Stunden. Wir waren wie ein großer Baum, der Jahrhunderte überdauert hat und dann innerhalb eines Tages entwurzelt, verstümmelt und den Flammen überantwortet wird. Jede Gemeinde in der Diaspora war ein solcher Baum. Für diese Gemeinden kann es keinen Ersatz geben, obgleich in Israel neue Zentren entstanden sind und mit ihnen eine Verpflanzung von neuem Wissen, neuem Leben, neuen Problemen stattgefunden hat. Aber der Schatten der Vernichtung kann weder durch die Freude am Neugeborenen noch durch die Freude über das, was überlebt hat, aufgehellt werden.

*Zwei*

# Das Gewicht des Geschehenen[1]

Der bekannte Mythenforscher Mircea Eliade hat einmal darüber spekuliert, daß hohe religiöse Feiertage nicht nur dem Gedenken dienen (indem ein vergangenes Ereignis gefeiert wird), sondern auch einer belasteten Erinnerung Linderung verschaffen. Sie tilgen eine Schuld durch eine Art feierliche Orgie; und sie heben – insbesondere in der jüdisch-christlichen Tradition – eine Vergangenheit auf, die schwer auf denen liegt, die die Geschichte ernst nehmen und sie nicht als rein zufällig, als bedeutungslose, katastrophische Anhäufung ansehen. Wie Nietzsche in seiner Betrachtung über *Nutzen und Nachteil der Historie für das Leben* sagte: »Es ist möglich, fast ohne Erinnerung zu leben (...) aber ganz und gar unmöglich, ohne Vergessen überhaupt zu leben.«[2] Der moderne Sinn für die Historie, so fügt er hinzu, verhindert dieses Vergessenkönnen und beeinträchtigt unsere Lebensfähigkeit, indem er einen Zustand andauernder Wachheit erzwingt.

Man könnte den jüdischen Versöhnungstag als Beleg für diese Einsicht nehmen. Wir erinnern uns all unserer Verpflichtungen Gott gegenüber, all der Sünden, die wir begangen haben, auch durch Unterlassung – jedoch nur, um von ihnen gereinigt zu werden, damit das Neue Jahr auch in jedem einzelnen beginnen kann. Diese paradoxe Entlastung der Erinnerung durch eine rituelle Wiedererinnerung kommt auch auf kryptische Weise zum Ausdruck in Baal Shem Tovs berühmtem Spruch »Erinnerung ist Erlösung«, der sich nun als Inschrift im Jerusalemer Museum Yad Vashem wiederfindet, das Zeugnis ablegt von der zerstörerischsten Epoche in der Geschichte des Judentums. In Yad Vashem wird der Holocaust aus dem Blickwinkel eines Satzes dokumentiert, der von grundsätzlicher Bedeutung ist für jeden Versuch, eine Katastrophe zu begreifen, die uns alle zu Wiedergängern von Nietzsches schlaflosem Philosophen zu machen droht.

Um den Holocaust zu »verstehen«, benutzen wir zum ersten Mal alle Quellen und Hilfsmittel, die der modernen Geschichtsschreibung zur Verfügung stehen. Was in Zeiten früherer Pogrome, Massaker und Vertreibungen hauptsächlich dadurch in Erinnerung gehalten wurde, daß es in eine Wiederholung oder Erweiterung bereits existierender Gebete mündete – in jene Art kollektiven Trauerns –, ist nun viel schwerer mittels Ritualen zu fassen: erstens wegen der Ungeheuerlichkeit des Ereignisses – viele finden keine wirkliche Analogie; und darüber hinaus, weil durch eine Umkehr traditioneller Prozeduren der Aufruf zur Erinnerung (*zakhor*) nicht länger durch Gedenktage alleine befriedigt werden kann, sondern nach einem Schreiben strebt, das so furchterregend detailliert ist, daß es nie mehr aus dem Gewissen der Völker getilgt werden kann.

Diese moderne Wende hin zur Geschichtsschreibung wird unter Umständen einschneidende Konsequenzen haben. Yosef Hayim Yerushalmi argumentiert, daß nie gerade dabei ist, den ersten richtigen Bruch zwischen jüdischer Erinnerung und jüdischer Geschichte hervorzurufen. Denn etwas gewissenhaft und unaufhörlich zu dokumentieren kann nicht die Erleichterung verschaffen, die aus der Befolgung eines Rituals kommt, welches »nicht die Historizität des Vergangenen betont, sondern seine immerwährende Aktualität«. Das kollektive Gedächtnis, das innerhalb des von der Bibel, dem Talmud und ähnlichen Texten gesteckten Rahmens mit den Mitteln von Ritual und mündlichem Vortrag arbeitet, bleibt erlöserisch oder integrativ. Und doch können viele heute nicht dem »Mythos« den Vorzug vor der »Geschichte« geben – eine Möglichkeit, die sogar nach der Vertreibung der Juden aus Spanien noch bestand, wo es zwar Ansätze zu moderner Geschichtsschreibung, in der Hauptsache aber einen sich stetig ausbreitenden Mystizismus gab. Noch hilft der Zionismus dabei, das Gleichgewicht zwischen ritueller Erinnerung und Geschichtsschreibung herzustellen: er schwächt durch seine Revolte gegen

Diaspora-Kontinuitäten die jüdische Erinnerung, gleichzeitig aber auch die Geschichtsschreibung, indem er die historische Zeit aufhebt, die zwischen Masada und der Gründung Israels liegt.

Yerushalmi hegt die Befürchtung, daß der Sinn für das Geschichtliche, der bei den modernen jüdischen Schriftstellern selbst nachleuchtet und den sie beharrlich kultivieren, den Verfall jüdischer Erinnerung beschleunigen wird. Die Aufgabe des Historikers kann deshalb »nicht länger auf das Finden von Kontinuitäten in der jüdischen Geschichte beschränkt werden, nicht einmal von ›dialektischen‹. Vielleicht ist es an der Zeit, einen genaueren Blick auf die Brüche und Unterbrechungen zu werfen und diese exakter zu bestimmen, um zu sehen, wie Juden sie überstanden haben«. Aber er garantiert diesem Unterfangen keinen Erfolg: er weigert sich, an die Stelle der historischen Mythen einen Mythos vom Historiker zu setzen. Ein »Arzt für das Gedächtnis« zu sein ist in der Tat die richtige Berufung. Aber da bei den Juden das Gedächtnis nicht an erster Stelle von Historikern abhing (die »kollektiven Erinnerungen des jüdischen Volkes«, schreibt er, »waren eine Funktion des gemeinsamen Glaubens, des Zusammenhalts und des Willens in der Gruppe selbst, die ihre Vergangenheit durch einen ganzen Komplex von miteinander verschränkten sozialen und religiösen Institutionen überlieferte und wiedererschuf, welche organisch funktionierten, um dies zu erreichen«), scheint der Historiker, wie er traurig anmerkt, nicht so sehr ein Arzt, als vielmehr bestenfalls ein Pathologe zu sein.

Es ist nicht einfach, das kollektive Gedächtnis zu definieren. Im Prinzip sollte es möglich sein, anhand einer konkreten Lebenspraxis und einer Reihe von Symbolen, die eine Vielzahl von Erklärungen nach sich gezogen haben – manche in der Form von Geschichten –, herauszufinden, was das Jüdische (oder irgendeine andere dauerhafte Gruppenidentität) ausmacht. Auf solche Fragen wie »Was bedeuten diese Steine?« oder »Was wollt ihr mit diesen Zeremonien ausdrücken?« gibt es verschiedene Antworten – nicht alle konvergent, nicht alle offizieller Natur. Sehr lange hat die jüdische Tradition sie nicht kodifiziert, sondern vielmehr aufbewahrt und weiterhin erforscht; sie erwartete von ihren Gelehrten, daß diese sich alles einprägten und inmitten der religiösen Autoritäten ihren eigenen Weg fanden. Jeder Gelehrte war in seine Arbeit vertieft, die aus dem Lesen, der Überlieferung und der Einordnung der Vergangenheit bestand; das überließ man niemandem, der sich Historiker nannte. Dies ist heute ganz offensichtlich weniger der Fall, und in diesem Sinne kann man durchaus von einem Verfall des kollektiven Gedächtnisses sprechen. Geschichten und Geschichte gehen verschiedene Wege. Doch dies befreit auch die Geschichten, läßt sie in ihrem eigenen Licht stehen, ihren eigenen Charakter offenbaren. Wir haben gelernt, daß man Geschichten nicht mittels einer intellektuellen Methode abkürzen oder aufgrund einer später erlangten geistigen Erkenntnis für obsolet erklären kann. Die christliche Typologie aber, die die Hebräische Bibel in ein »Altes« Testament verwandelt und dadurch eine »Neue« Wahrheit präfiguriert, leidet, was ihre Einbildungskraft angeht, unter einer solchen interpretatorischen Festlegung, obschon sich die christlichen Geschichten natürlich ihre eigenen Parabeln schaffen – Episoden, die rätselhaft genug sind, um den Leser gleichermaßen in Beschlag zu nehmen und zu leiten. Angefangen von Judah Halevis *Kuzari* – einer theologischen Abhandlung aus dem 12. Jahrhundert, die dem Geschichtenerzählen gegenüber der philosophischen Auseinandersetzung den Vorzug gibt – bis hin zu Walter Benjamins Essay darüber, wie das Geschichtenerzählen zu einer aussterbenden Kunst wird, weil wir zuviel erklärendes Material beifügen, findet sich immer wieder ein Bewußtsein, daß es so etwas wie ein kollektives Gedächtnis gibt. Im Gegensatz zu Halevi wußte Benjamin, daß das kollektive Gedächtnis als ein ununterbrochener und sich selbst aufrechterhaltender Prozeß der Überlieferung nun in Gefahr schien und daß zeitgenössische Ideologien wie die der Nazis in die entstandene Lücke stießen, indem sie für eine Politik eintraten, die eine gewaltsame Rückkehr zu einem ursprünglichen Zustand der Reinheit versprach, was im wesentlichen eine Auflösung jeglicher Art von Geschichte und Geschichten bedeutete.

Es ist nicht die mündliche Überlieferung als solche, die von entscheidender Bedeutung ist, sondern vielmehr die Tatsache, daß Ritual und mündlicher Vortrag auf wirkungsvolle Weise zusammenspielen, um einprägsame Geschichten zu erschaffen, die auch dann noch überleben, wenn andere Kommunikationskanäle ausfallen. Ob wir nun voll und ganz verstehen, wie dieses kollektive Gedächtnis funktioniert, oder nicht – wir wissen, daß in der jüdischen Tradition Lehre und Legende sich eher gegenseitig verstärkt als unterlaufen haben. Wir wissen ebenfalls, daß der Historizismus in seiner frühesten Phase die mündliche Tradition anderer Völker wiederentdeckt hat und daß die Hauptanstrengung der Philologie des neunzehnten Jahrhunderts der Analyse von Ballade, Bibel und Epos als Ausdruck eines Gemeinsinns galt. Zur selben Zeit, als sich der Individualismus durchzusetzen zu begann, wurden gemeinschaftliche Formen der Vergessenheit entrissen. Oft bemächtigte sich jedoch ein bösartiger Nationalismus dieser Forschungen und politisierte sie, so daß Begriffe wie »Volk« oder »völkisch« sowie Vorstellungen kollektiven anstatt individuellen Ausdrucks dazu benutzt wurden, nonkonformistische Tendenzen zu zensieren und zu unterdrücken.

Jeglichem Gerede über ein »kollektives Gedächtnis« muß also mit Vorsicht begegnet werden. Der einem solchen Gedächtnis zugeschriebene Charakter ist möglicherweise selbst das Ergebnis historischer Ängste. Die Vermutung, daß es einst ein kollektives Gedächtnis gegeben habe, das nun durch die moderne Entwicklung gefährdet würde, ist eine voreilige. Sicher scheint nur, daß der zeitgenössische Historiker ein Selbstbild von seiner Disziplin besitzt, das einen Gegensatz aufstellt: »eine jüdische Geschichtsschreibung, die vom kollektiven Gedächtnis der Juden losgelöst ist und in wesentlichen Aspekten mit ihr im Streit liegt«.

Müssen wir Yerushalmis starren Kontrast zwischen diesen zwei Quellen von Wissen und Identität akzeptieren? Es ist sicherlich wichtig, auf einem Unterschied zu bestehen, der nicht genügend untersucht wurde; dennoch gibt es eine Tendenz – die man ebenso in der Literaturwissenschaft findet (Yerushalmi gibt zu, daß seine Unterscheidung »eine immer mehr zunehmende Neigung zur Dichotomie in der Moderne« widerspiegelt) –, den organischen, idealen oder einheitlichen Charakter einer früheren Form des Gedächtnisses zu übertreiben, so als ob das unbewußte Festhalten an einer Art zu leben von größerer Echtheit zeugen würde als ein unterbrochenes oder wiederentstandenes Muster. Die Brüche und Unterbrechungen, die Yerushalmi genauer identifizieren möchte, und die Ausdauer, die den Juden geholfen hat, sie zu überstehen, hat es möglicherweise immer schon gegeben. Aber nun leben wir mit der – eher prophetischen als realistischen – Angst, daß ein zunehmend um sich greifender Sinn für Geschichte der Untergang für ein kollektives Gedächtnis sein könnte, das man zu leichtfertig mit Kontinuität und autoritativer Überlieferung in Verbindung bringt.

Dies ist also der Zeitpunkt, an dem wir uns fragen sollten, welche vermittelnden Begriffe oder wichtigen Verbindungen sich zwischen jüdischer Geschichtsschreibung und jüdischem Gedächtnis finden lassen – Verbindungen, die sich von neuem stärken ließen. Daß es solche Verbindungen gibt, deutet Yerushalmi in bestimmten seiner Kommentare zum Holocaust selbst an. Er bemerkt, daß – obwohl die Shoah mehr historische Forschung nach sich gezogen hat als jedes andere Ereignis der jüdischen Geschichte – er »gar keinen Zweifel habe, daß deren Bild nicht durch den Amboß des Historikers, sondern durch den Schmelztiegel des Romanciers geprägt wird«. Der Roman, sagt er, zeige auf, daß die Juden, obgleich sie die Last der Geschichte nicht kurzerhand zurückwiesen, gleichwohl erwarteten, von ihr mit Hilfe eines neuen metahistorischen Mythos befreit zu werden – wie jene sephardischen Juden, die es vorzogen, die Katastrophe der Vertreibung aus Spanien aus einer mystischen anstatt einer historischen Anschauung heraus zu erklären.

Ich für meinen Teil bin mir weniger sicher, ob die Literatur die Rolle spielen kann, die ihr dieser ausgezeichnete Historiker zuweisen will, aus dem Weltgewandtheit, aber auch eine Bitternis des Herzens spricht. Er empfindet die Notwendigkeit, den Aufstieg einer Sache zu würdigen, die, wie die Literatur, von Natur aus profan und profanierend wirkt, welche aber in früherer Zeit innerhalb der Grenzen von Ritual und mündlichem Vortrag gehalten wurde. Fiktionale Literatur heutzutage ist ohne Zweifel eine Bildermacherin und damit für populären Mißbrauch – vor allem in der Form fernsehgerechter Vereinfachung – offen. Aber das ist überhaupt erst der Grund dafür, warum wir eine zunehmend komplexere Literaturwissenschaft haben, eine Pflege der Lesekultur mit bilderstürmerischen Untertönen. Wie der Historiker wirft der Literaturwissenschaftler »einen genaueren Blick auf die Brüche und Unterbrechungen«, nicht um die Tradition noch mehr zunichte zu machen, sondern um die eher heteronomische als hegemonische Struktur eines jeden bedeutungsvollen Diskursmodus aufzuzeigen, ob dieser nun geistlich oder weltlich ist. Aber genauso wichtig sind Genres des Gedenkens, die auch heute noch das kollektive Gedächtnis in einer nicht-fiktionalen, aber sehr einfallsreichen Weise fortbestehen lassen.

Zu diesen Genres gehören auch die Video-Memoiren, die zum Beispiel in den Film *Bilder aus der Erinnerung* der YIVO[3] über das jüdische Leben im Vorkriegs-Polen eingebaut worden sind, oder die Bänder vom Yale-Video-Archiv für Holocaust-Zeugnisse. Diese neue Form der *oral history* hat ihren Platz noch nicht gefunden: dem positivistischen Historiker scheint sie verdächtig – dennoch sollte sie nicht ganz den Literaturkritikern und ihrer Neigung, alles in Narrativik aufzulösen, überlassen werden. Eine zweite Verbindung zum kollektiven Gedächtnis wird durch eine weitere von der YIVO inspirierte Arbeit repräsentiert: *From a Ruined Garden* – eine Auswahl aus den »Gedenkbüchern« des polnischen Judentums, die für am Holocaust und an seinen Überlebenden interessierte Historiker unverzichtbar ist.

Wie uns die Herausgeber in ihrer hervorragenden Einleitung mitteilen, sind die meisten Gedenkbücher (oder *yizker-bikher*) in jiddischer Sprache verfaßt und beschreiben die wichtigsten Aspekte des Lebens sowohl kleinerer als auch sehr großer jüdischer Gemeinden in Polen. Allein für das polnische Judentum existieren mindestens 600 solcher Bücher. Manche sind auf hebräisch oder englisch geschrieben oder welche Sprache die Überlebenden auch immer sprachen. Mit sparsamsten Mitteln zusammengestellt, sind sie ein ungewöhnliches Beispiel kollektiver Autorschaft – Alltägliches wird hier in Büchern ausgebreitet, die versammeln, was auch immer die Überlebenden an Dokumenten retten konnten. Dazu gehören auch jene Aufzeichnungen, die in den Gemeinden als *pinkes* bekannt sind: historische Erzählungen, die auf allen möglichen Arten von Quellen beruhen – angefangen von Lexikon-Artikeln bis hin zu Augenzeugenberichten. Dazwischen finden sich immer wieder persönliche Skizzen und Betrachtungen, lebhafte Beschreibungen führender oder auch bloß exzentrischer Persönlichkeiten sowie gelehrte Zusammenfassungen über Brauchtum und sprachliche Besonderheiten. Manche Gedenkbücher enthalten auch Landkarten und Fotografien. Die frühesten modernen Bücher dieser Art entstanden nach dem Ersten Weltkrieg und den Pogromen in der Ukraine. Die meisten *yizker*-Bücher wurden jedoch als Reaktion auf den Holocaust zusammengestellt. Sie sind das Gegenstück in Worten zu den Gemeinde-Grabmälern, die von den »Landsmannschaften« (in denen sich Emigranten und Überlebende zusammenschlossen) auf ihren Heimatfriedhöfen errichtet wurden. »Keine Gräber sind übriggeblieben von all jenen, die getötet wurden«, lesen wir in einem dieser Bücher. »Geliebte und kostbare Märtyrer von Koriv, wir tragen euch heute zu Grabe! In einem *yizker-bukh*, einem Gedenkband! Heute haben wir ein Grabmal errichtet, um an euch zu erinnern!« Das Projekt, in Yad Vashem ein »Tal der zerstörten Gemeinden« zu bauen, führt diese Trauerarbeit fort. Es hat nicht nur einzelne Menschen zu erfassen, sondern ganze Gemeinden, in denen die Juden zu den Alteingesessenen gehörten. Von drei Millionen Menschen haben in Polen nur zehn Prozent überlebt.

Lassen Sie mich an dieser Stelle sagen, wie schwer und verstörend, wie bewegend und notwendig es ist, mit einer solchen Sammlung Bekanntschaft zu machen. Jede in ihr enthaltene Geschichte, jedes Zeugnis ist anders und doch nicht anders als all die übrigen. Ob wohl jemals eine solche Fülle des Leids veröffentlicht worden ist? Wer hätte nicht jene Botschaften an die Jungfrau Maria gesehen, jene hoffnungsvollen Gedenktafeln und Inschriften in jeder nur erdenklichen Form und Größe, mit denen in bestimmten katholischen Kirchen Europas die Wände übersät sind? Auf mich wirkte es, als wäre ich auf eine endlose Mauer gestoßen, voll mit solchen Tafeln, die sich über die Zeit hinweg erstrecken – bedeutungsschwere Worte, einer Unterwelt privater und gemeinschaftlicher Tragödien entrissen. Die Toten können nicht sprechen; hier sprechen die Überlebenden sowohl für die Toten als auch für sich selbst. Oder sie sprechen, wie Esther-Khaye, die *Zogerin* (»Sprecherin«), für diejenigen, die nicht lesen und schreiben können, und die, denen es vor Leid die Sprache verschlagen hat:

> Vor hohen Feiertagen kann man bei Tagesanbruch folgendes Bild sehen: eine große Anzahl von Frauen auf dem Weg zum Friedhof, geführt von Esther-Khaye, in der Hand ihr Buch mit Bittgebeten. Der Weg zum Friedhof ist nicht weit, und sobald Esther-Khaye beginnt, fühlt sie sich zu Hause, unter Leuten, die sie kennt. »Guten Morgen, Gott«, hebt sie in einer tragischen Melodie zu singen an. »Deine Dienerin Esther-Khaye ist gekommen.« Und während sie auf das Grab zutritt, blickt sie hinüber zu der Frau, in deren Namen sie ihre Bittgebete spricht, und die Worte sprudeln aus ihrem Mund wie aus einer Quelle.
>
> Zuerst ruft sie den Namen des Verstorbenen, schlägt dreimal mit ihrer Hand auf den Grabstein und spricht so wie zu einer lebenden Person: »Guten Morgen, Rive-

Mindl, Tochter des Hankev-Tsvi, deine Tochter Sore-Rivke ist gekommen, um dich zu sehen und ihr bitteres Herz vor dir auszugießen. Sieh, was aus deiner Tochter geworden ist, wenn du dich jetzt erheben würdest und sehen könntest, was aus deiner Tochter geworden ist, würdest du ins Grab zurückkehren. Rive-Mindl, erbitte ein gutes Jahr für deine Tochter, ein kosheres Jahr, verwende dich für sie, auf daß sie kein Leid kennen möge. Warum bist du so stumm? Warum flehst du nicht den Herrn der Welten an?«

Diese Geschichte aus dem Zabludower *yizker*-Buch, 1961 in Buenos Aires veröffentlicht, hat – wie viele andere – keinen direkten Bezug zum Holocaust. Dennoch wird sie in Erinnerung gerufen, zusammen mit den grausamen und anschaulichen Schilderungen der Vernichtung, weil diese Bände ein erloschenes Leben in seiner Kraft und Blüte im Gedächtnis bewahren. Man findet Beschreibungen von Märkten, besonderen Festen, Mädchen-Klassenzimmern, anarchistischen und anderen politischen Demonstrationen und Todesfällen, örtlichen Streitigkeiten, Juden, die im spanischen Bürgerkrieg mitkämpften. Dazu Erinnerungen an das wirkliche Chelm (in der Legende für seine naive Stadtbevölkerung bekannt), Sprüche, die dem Dubner Magid zugeschrieben werden, und ein grotesker *fait divers* aus den Lagern: »Wie ich einem Hauptmann der SS jiddische Literatur vorlas«. Die Abschnitte, die sich spezifisch mit dem Holocaust und seinen Nachwirkungen beschäftigen, machen nur ein Drittel des Buches aus. Die Betonung liegt auf der bunten, oft fröhlichen Kultur der polnischen Juden – auf all dem, was existierte, bevor der Garten zerstört wurde.

Es muß eine anstrengende Aufgabe gewesen sein, die Anthologie zusammenzustellen. Die Herausgeber, von Beruf Anthropologen, haben ausgewählt, was sie für am zwingendsten hielten: humoristische oder tragische Geschichten, die das Alltagsleben schildern und die Spannungen, denen es unterworfen war. Selbst wenn sie wichtige Dinge ausgelassen haben – die Hauptsache ist, daß nun begonnen wurde, diese Fundgrube auszuschöpfen. Im Anhang findet sich zudem eine »Bibliographie osteuropäischer Gedenkbücher«. Auch deutsch-jüdische Gedenkbücher warten darauf, entdeckt zu werden, obgleich sie mehr in Richtung gelehrter Monographien tendieren. Zu finden sind sie im Leo-Baeck-Institut.

Können wir über die in dieser Sammlung offenbarte Kunst Urteile fällen? Die Vignette, in der Esther-Khaye vorgestellt wird, besitzt die Vertrautheit des Jiddischen, und wir können solche Provinz-Geschichten nicht als »groß« oder »heroisch« bezeichnen, so wie wir es von der westlichen Literatur gewöhnt sind. Und doch werden durch die intimen Details typische Charaktere und Szenen aufgebaut. Eine Schärfung der Sinne stellt sich ein für die Bedeutung des Sprechens – vom fröhlichen Scherzen bis zur Zeugenschaft – in einem Universum des Todes. Esther-Khaye steht rückblickend für die Schwierigkeit zu trauern und für die zunehmende Anstrengung, die dies nach dem Holocaust bedeutet, wenn es an den nötigen Stimmen mangelt. Selbst die vertrautesten Gebete überleben kaum. Aber auch wenn die Wirkung hier alles andere als heroisch ist, so gibt es doch eine Kategorie des Denkwürdigen, die »über-heroisch« ist und allem imaginativen Schreiben im Innersten zugrunde liegt, indem es die Farben und Figuren einer Kultur wiederbelebt, die nicht dadurch ein zweites Mal sterben soll, daß sie zu einer nostalgischen, erstarrten Erinnerung wird. Was an Esther-Khaye so entzückt, ist gerade ihr spontaner und kreativer Umgang mit einer traditionellen Zeremonie und deren Formeln. Alles wirkt vertraut, doch nichts davon ist starr.

*From a Ruined Garden* ist ein unverzichtbares Quellenwerk, das aufzeigt, wie das jüdische Gedächtnis mit der Geschichte in Wechselwirkung tritt – und damit ein Genre wiederbelebt, dessen Wurzeln bis ins 14. Jahrhundert zurückreichen. Yerushalmi weist auf das berühmte *Memorbuch* von Nürnberg hin, das die in Frankreich und Deutschland vom ersten Kreuzzug 1096 an bis hin zum Schwarzen Tod 1349 stattfindende Verfolgung zusammenfaßt. Ohne diese Bücher in modernisierter Form würden wir nur über die Aufzeichnungen der Täter verfügen: Tagesbefehle, Aufnahmelisten, auf Nummern reduzierte Menschenleben, endlose Namen- und Zahlenkolonnen. Vermöge der poetischen Gerechtigkeit der *yizker-bikher* gibt es eine *gilgul* oder eine Seelenwanderung der – zu Orten, Personen oder Gebräuchen gehörenden – Namen, die wie in einem Trauer-Kaddisch ausgebreitet sind, wenngleich hier mit den Mitteln der Erzählung und des Zeugnisses.

Ist es der Literaturwissenschaftler in mir, der so stark auf diese vor der Auslöschung bewahrten Namen reagiert, als seien sie Wiedergänger, denen man erneut ein Leben schenkt, von dem sie zuvor abgeschnitten wurden – wenn auch nur im Körper dieser Memoiren? Trotz Yerushalmis Warnung, daß, »obwohl *Memorbücher* wichtige historische Informationen enthalten mögen, man sie nicht als Geschichtsschreibung ansehen kann«, betrachte ich sie als eine Form der Geschichte mit einer ganz eigenen Form und Berechtigung, als ein populäres und restitutives Genre. Dieses Genre ist eher historisch als historiographisch: durchzogen von Kontingenz, von der Tatsache, daß jene überlebt haben und diese nicht, aber auch von einer aufrührerischen Tradition des Gedenkens, die in einer eher spontanen und vielfältigen als rituell-einheitlichen Weise die Fülle dieser Namen versammelt und aufzeichnet. Auf der einen Seite der unaussprechlich heilige Name Gottes, *haShem*, »der Name«; auf der anderen Seite buntgescheckte Silben, die oft mehr nach Spitznamen klingen, manchmal kurz sind (Yosl, Schloyme Healer) und manchmal an rabbinische Würde erinnern (Rabbi Reb Yoshuah Yankev).

Wie das *Sefer Kalushin*, das Gedenkbuch der Stadt Kalushin, über eine Tragödie im letzten Jahrhundert schreibt, als eine Synagoge niedergebrannt wurde: »Der Platz war leer; nur der Schrecken und die Legenden waren geblieben.« Das trifft auch hier immer noch zu. Die Namen kehren zurück; Bruchstücke des gewöhnlichen Lebens werden geborgen, die Landsmannschaften stückeln Embleme und Synekdochen ihrer früheren Existenz zusammen. Und doch läßt sich nichts wieder auffüllen. Teilweise gelingt es, diesem Schrecken eine Gestalt zu geben und sich von ihm zu reinigen. Aber man kann nicht sagen, daß diese Erinnerungen Erleichterung verschaffen, selbst wenn sie an die Stelle von Tränen treten. Genausowenig treiben sie in Richtung eines neuen Mythos. Erleichterung tritt vielleicht nur dann ein, wenn man einen Blick auf ein Leben erhascht, das uns immer noch vertraut ist, dem wir noch nicht entfremdet sind. Was wir sehen, ist keine Phantasie, sondern Wirklichkeit – eine Wirklichkeit, die sich der Phantasie »jahrein, jahraus, jedesmal mit demselben vertrauten Muster« zu bedienen weiß, wie über Esther-Khayes Darbietung geschrieben steht.

Aber noch gibt es keine solche »Ruhe«, wie sie Yehuda Amichais Gedicht über Jerusalem bietet, indem es eine rhythmische Bewegung von der Beschäftigung der Erinnerung hin zu einem natürlichen Vergessen vollzieht:

> Alles hier ist beschäftigt mit Erinnerung,
> die Ruine erinnert sich, der Garten erinnert sich,
> die Zisterne erinnert sich ihres Wassers, und
> auf einer marmornen Tafel erinnert sich
> der Hain des Gedenkens an einen entfernten
>   Holocaust (...)
>
> Aber Namen sind nicht wichtig in diesen Hügeln,
> wie im Kino, wenn die Credits auf der Leinwand
> vor dem Film noch nicht interessieren und
> nach dem Film nicht mehr. Die Lichter gehen an,
> die Buchstaben verschwimmen,
> die Vorhänge senken sich in kleinen Wellen,
> die Türen sind offen, und draußen ist die Nacht.[4]

## *Drei*
# Sichtbare Dunkelheit

No light, but rather darkness visible
John Milton, *Paradise Lost*

Nicht Energie, nicht Nachrichten, nicht
Partikel, nicht Licht.
Das Licht selbst fällt wieder herab, von seinem
eigenen Gewicht zerbrochen.
Primo Levi, »Die schwarzen Sterne«

Wenn wir von Erinnerung sprechen, denken wir an etwas, das die Ruinen der Zeit als Rückstand in unserer Seele hinterlassen haben und das in der Lage ist, die Vergangenheit dem Vergessen zu entreißen, ja sogar sie wiederherzustellen. Die große Metapher der Moderne für ein Wiederfinden dieser Art wird uns durch Schliemanns Ausgrabungen am Ende des letzten Jahrhunderts geliefert. Als Schliemann auf der Suche nach dem Troja Homers bei einer seiner Grabungen eine goldene Gesichtsmaske fand, brüstete er sich: »Heute habe ich die Lippen Agamemnons geküßt.«

Freuds Vergleich der Psychoanalyse mit einer archäologischen Ausgrabung wie derjenigen Schliemanns brachte die Metapher in direkte Verbindung mit der Wiedererlangung von Erinnerung als einer gleichermaßen hochemotionalen wie exakt wissenschaftlichen Form von Feldforschung. Die Psychoanalyse trug die Ablagerungen auf der Seele Schicht für Schicht ab, um auf diese Weise ein vergrabenes Objekt der Begierde zu finden. Es gibt ein Jenseits der Erinnerung in diesem Szenario: der Mythos wird Fleisch, wird Geschichte – in eben jenem Moment, als Schliemann die Maske küßt. Die Vorstellungskraft springt unvermittelt aus der Fiktion ins Leben. Jener legendäre griechische Feldherr existierte wirklich; die großartige Maske muß folglich seine

Persona sein. Die Tyrannei, die Griechenland über den deutschen Geist ausübte, konnte nicht anschaulicher zum Ausdruck gebracht werden. Und die Tyrannei einer Vorstellungskraft, die der Embleme aus einer heroischen Vergangenheit bedarf, sich nicht deutlicher entlarven.

Die Arbeit, aus jenem Vernichtungswerk, das wir mit dem Namen Holocaust bezeichnen, Formen der Erinnerung zu bergen, hat mit Schliemanns erfolgreicher Suche so wenig zu tun, daß sie eher wie eine schreckliche Coda dasteht. Können wir für jene so ganz andere, überwiegend grauenhafte und stets belastete Aufgabe der Wiedererlangung von Erinnerung überhaupt ein Leitbild finden? Die Juden in Europa wurden durch den von den Nazis verübten Völkermord beinahe vollständig eliminiert und verloren so ihre Identität als Gemeinschaft. In Deutschland und Osteuropa zog dieser Verlust an Gemeinschaft entscheidende und unumkehrbare Auswirkungen nach sich; in anderen Teilen Europas, wie zum Beispiel Frankreich oder Italien, oder auch in Israel und Amerika sind neue Gemeinden entstanden – wenngleich diese sich ihrer vielleicht tödlichen Verstümmelung bewußt und zwischen einer morbiden und einer notwendigen Art des Erinnerns gefangen sind. Die Asche, unter der jüdische Menschenleben buchstäblich begraben waren und aus der wir immer wieder lebendige, ergreifende Momentaufnahmen retten oder Kunst- und Kultgegenstände, welche von einer Zivilisation künden, die mindestens so alt ist wie die griechische, diese Asche hat eine giftigere Wirkung als jene, unter der vielleicht das tausendjährige Troja oder das durch eine Naturkatastrophe erstarrte Pompeji begraben worden sind.

Bei dem Unterfangen, diese jüngste und verheerendste Episode in der jüdischen und deutschen Geschichte zu begreifen, gibt es für die Vorstellungskraft wenig Anlaß, Sprünge zu vollführen. Die Fotografien, die am Ende von Haim Gouris Film *Pnei Mered* (wörtlich »Gesichter der Revolte«, jedoch unter dem Titel *Flammen in der Asche* veröffentlicht) der Reihe nach gezeigt werden, oder die verschiedenen geistigen und psychologischen Formen, die ich im folgenden beschreiben werde, haben nichts Heroisches oder nichts unweigerlich Heroisches an sich; noch sind sie vergrößert, vergoldet, totemisch. Sie erzählen von »nichts weiter als dem, was wir sind« – oder besser gesagt, von dem, was *sie* waren: diejenigen, die erniedrigt, verfolgt und systematisch abgeschlachtet wurden.

Weil sich der Genozid nicht in einer fernen Vergangenheit ereignete und weil er in seiner bösartigen und obsessiven Zielgerichtetheit ohne Beispiel ist, sind die Gefahren, denen sich der Historiker ausgesetzt sieht, größer als jene, die sich im Gefolge anderer archivalischer Forschungen einstellen. Die »schwarze Sonne« der Zerstörung kann eine Melancholie hervorrufen, die uns schlimmer außer Gefecht setzt, als wir es bisher kannten. Dürers berühmtes Bild, das eine Figur zeigt, die wie ein gefallener Engel inmitten einer Anhäufung von Instrumenten der Erkenntnis – Werkzeugen der Aufklärung – zutiefst niedergeschlagen dasitzt, verweist im gegenwärtigen Kontext nicht nur auf den Anteil, den die Technologie am Völkermord hatte, sondern auch auf das dunkle (oder, wie ich zuvor sagte, »vergiftende«) Licht, das der Holocaust auf die Geschichte der Menschheit wirft.

Dessen ungeachtet ist ein kreativer Impuls spürbar, der vielleicht demjenigen ähnelt, der die jüdischen Chronisten und Tagebuchschreiber dazu veranlaßte, bis zuletzt die Vernichtung zu protokollieren. David Roskies hat aufgezeigt, daß viele zeitgenössische Schilderungen von Pogromen auf den Ersten Weltkrieg zurückgehen und wie diese Art von Erzählung (aus emotionalen Gründen, aber auch um der Bewahrung willen) allmählich einen beinahe sakralen Status erlangte. Dubnovs berühmte Worte, ausgesprochen, als die *Einsatzgruppen* im Begriff waren, die Juden von Riga zu eliminieren, bekommen so – selbst wenn sie apokryph bleiben – etwas Symbolhaftes und verdunkeln Schliemanns Ekstase: *Schreib un farschreib!* Fahr fort, alles aufzuschreiben!

Derselbe Impuls führte nach dem Holocaust zu äußerst bemerkenswerten Kunstwerken, trotz der Gefahren der Trivialisierung und der Sensationslust. Denkt man an Künstler, die zugleich Überlebende waren, fallen einem Dichter ein wie Paul Celan, Nelly Sachs, Dan Pagis, Jean Cayrol, Abba Kovner und Abraham Sutzkever, die Gemälde Samuel Baks, die Essays von Primo Levi und Jean Améry, die Schriften Charlotte Delbos und David Roussets sowie Romanciers wie Appelfeld, Wiesel, Semprun und Fink. Jene kreative Energie freizusetzen war für sie keine einfache Angelegenheit. Die Hoffnung auf ein kollektives Überleben, von der die Schreiber des Ghettos immer noch befeuert waren, hatte sich als Illusion erwiesen: allzu deutlich war nach der Befreiung die totale, sich über alles hinwegsetzende Verpflichtung der Nazis auf den Genozid zu erkennen. Darüber hinaus wurden die Befreiten, als das neue Leben heranbrach, erneut gemieden oder mißachtet – wie die sprichwörtlichen Überbringer schlechter Nachrichten. Der israelische Schriftsteller Aharon Appelfeld beschreibt die Überlebenden oft als Menschen, die in einen Tiefschlaf verfallen sind, welcher dem Gedächtnisschwund nationaler Assimilation ähnelt, aus der sie auf so traumatische Weise gerissen wurden; und der Filmemacher Gouri, Mitglied der sogenannten »Palmach«-Generation mit ihrem Ethos des *gevurah* oder Heldentums, hat die augenöffnende Wirkung des Eichmann-Prozesses auf eine israelische Gedächtnispolitik dokumentiert, die jene von Appelfeld beschriebene Apathie gerade begünstigt hatte.

Als alles verzehrendes »Fieber« hat Nietzsche die Leidenschaft unserer Epoche für das historische Detail beschrieben. Er stellte den Nutzen der Geschichtsschreibung für die Lebenden in Frage. Von Tag zu Tag wird klarer, daß die wiederauszugrabenden Tatsachen durchsetzt sind von Irrtümern, Voreingenommenheit und Mythenbildung und daß sie vielleicht gerade unter dem Gewicht unseres Versuchs, Entstellungen zu korrigieren, zusammenbrechen werden. Begriffe wie »stratifiziert«, »vermittelt«, »perspektivisch«, »polyphon« und »multidimensional« finden Eingang in das kritische Vokabular, mit dem Formen sowohl fiktionaler wie historischer Rekonstruktion beschrieben werden. Darüber hinaus zeigt sich ein Trend zur *Posthistoire* im zeitgenössischen Denken, für den Syberbergs *Hitler*-Film das beste Beispiel abgibt. Dieser Trend geht einher mit einem »kosmischen« Blick auf Geschichte, der diese mittels einer montierten, synchronischen Perspektive unter sich läßt, dabei deutsches Cabaret mit einem *theatrum mundi*-Effekt vermischend und ein frustriertes Gefühl der Gleichwertigkeit zurücklassend, so als ob alles andere auf genauso spektakuläre Weise banal wäre wie des Führers Kammerdiener. Im Zuge dieses Trends »relativiert sich«, wie es heißt, sogar die Hitlerzeit, ja sogar der Holocaust. Er leugnet nicht die Erfahrung, die wir durchgemacht haben, sondern spielt in einer Weise mit ihr, die Spott und Herausforderung zugleich ist. Dies ist eine weitere beunruhigende Entwicklung innerhalb des Historizismus, eine fieberhafte Reaktion auf das von Nietzsche registrierte »verzehrende historische Fieber«, auf die ich später noch einmal zurückkommen werde.

Für diejenigen, die den Holocaust nicht als »nur ein weiteres Unglück« ansehen oder die glauben, daß wir ihn selbst dann, wenn er mit anderen großen Massakern vergleichbar wäre, nicht aus unserem Bewußtsein schwinden lassen dürfen – wegen seines Ausmaßes, seines himmelschreiend verbrecherischen Charakters, seiner koordinierten Ausnutzung aller modernsten Mittel, kultureller wie technologischer, und weil er signalisiert, wie schnell sich rassistische Gefühle mobilisieren lassen –, für diejenigen, und ich zähle mich zu ihnen, ist die *Posthistoire* genauso inakzeptabel wie die geschichtliche Relativierung.

Jenes schwache, aber diplomatische Wort »inakzeptabel« verweist auf ein moralisches Dilemma. Die Frage des Verhältnisses von Geschichte und Erinnerung – die Frage, woran man sich erinnern soll – will nämlich einfach nicht verschwinden. Selbst wenn man sich die außergewöhnliche Natur des Holocaust vor Augen führt – warum das Geschehene immer und immer wieder in sämtlichen Memoiren wiederholen, warum faszinierende historische Abhandlungen verfassen, die sich gegenseitig an Präzision übertreffen? Man versteht die Schreibwut von Zeitzeugen wie Dubnov. Weil Familie und Freunde getötet werden, wird jeder einzelne zum letzten Juden, zum einzigen Überlebenden: »Und einzig ich allein habe überlebt, um es dir zu erzählen.« Genauso versteht man das Bedürfnis unmittelbar nach dem Krieg, sich der Verwandtschaft und einer allzu stumm bleibenden Welt mitzuteilen. Die französische Historikerin Annette Wieviorka hat einen solchen Versuch analysiert: die *récits* französischer Überlebender, die sich eher als deportierte Franzosen denn als jüdische Opfer verstanden. Aber was ist mit der darauf folgenden Generation, und was mit denjenigen, die jetzt aufwachsen: mehr als fünfzig Jahre, nachdem die Endlösung beschlossen wurde? Welche Bedeutung kann man aus jener ständig zunehmenden Menge an Material ziehen: der Vermehrung von Filmen, Romanen, geschichtlichen Rekonstruktionen, Zeugenberichten und sogar Denkmälern?

Eine Bedeutung liegt darin, das zu entlarven und abzuwehren, was Primo Levi den »Krieg gegen das Gedächtnis« genannt hat. Dieser Krieg nimmt viele Formen an. Im alltäglichen Leben und vor allem in der Politik zählt das »schreiende Ungetüm« der Verleumdung und der Diffamierung zu ihren tödlichsten. Auf die Geschichtsschreibung ausgedehnt, stützt er sich entweder auf unwissende oder aber absichtliche und zielgerichtete Verfälschungen, von stereotypen Vorurteilen und ethnischen oder nationalen Mythen begünstigt. Wie Walter Benjamin bemerkte, sind die Toten vor der Politik nicht sicher. Es ist eine bekannte Tatsache, daß auf den Ehrenmälern und Gedenkstätten der Ostblock-Länder die jüdische Identität der Opfer unterschlagen wurde. Gleichzeitig hätte der Konflikt über den Konvent in Auschwitz vermieden werden können, wenn beide Parteien die Geschichte und den Grundriß dieser Gruppe von Lagern gekannt hätten. Zuzulassen, daß eine Gedenkstätte ihre eigene Geschichte ausblendet und auf diese Weise zu etwas wird, das nicht mehr als ein kollektivierter heiliger Raum ist, kann nie richtig sein. »Das Wort ›Denkmal‹ an und für sich klingt schon verräterisch«, schrieb der italienische Architekt Giovanni Leoni einmal. Die Gefahr besteht, daß, »sobald wir der Erinnerung eine monumentale Form gegeben haben, wir uns der Verpflichtung zur Erinnerung schon zu einem gewissen Grad entledigt haben.«[1]

Der Aufschwung, den pädagogisch ausgerichtete Museen genommen haben, ist eine Hilfe bei der Überwindung dieser Gefahr. Aber wie der Fall des Museums in Auschwitz zeigt, können sogar ehrenwerte Absichten zu einem verzerrten Bild führen – zu tatsächlichen physischen (topographischen) Veränderungen. Wenn diese auch nicht vermieden werden können, so sollten sie doch nicht übersehen werden: der Prozeß des Bauens und Wiederaufbauens solcher Gedenkstätten muß selbst Teil der Anstrengung sein. Die tiefer liegende Problematik hat jedoch mit der Frage zu tun, wie man den Jungen, den nachfolgenden Generationen »Auschwitz« vermitteln soll. Eleonora Lev, einen Besuch des Lagers vor ihrem geistigen Auge vorüberziehen lassend, erinnert sich daran, wie schwierig es ist, das eigene Kind dorthin mitzunehmen, die keimfreie Museums-Atmospäre zu akzeptieren und doch nicht zu akzeptieren. »Der Ort, den wir besuchen, ist nur die Flasche mit Formaldehyd, in dem die Leiche der Erinnerung aufbewahrt wird … [Auschwitz] existiert nicht hier, sondern ist vielmehr über die ganze Welt verstreut, in Fragmenten, in den Erinnerungen der Überlebenden … die weiterhin Tag und Nacht damit kämpfen.«[2]

Eine gewisse Verzerrung ist unvermeidlich, wenn man versucht, zu einem festen oder abschließenden Ergebnis zu kommen, und die Geschichte sich in Erinnerung und deren Institutionalisierung verwandelt. Andernfalls würde uns jede von Menschen verursachte Katastrophe – wie im übrigen auch einige Naturkatastrophen (man denke etwa an das große Erdbeben in Lissabon im 18. Jahrhundert) – in einen endlosen Gefühlsstrudel hineinziehen. »Gott verfluchen und sterben« mag ein Motto sein, das unserer Bitternis des Herzens entspricht – was wir in der Regel freilich tun, ist, nach einer erlösenden Perspektive zu suchen, mit deren Hilfe sich der gute Name der Menschheit oder des Lebens an und für sich retten läßt. Doch die von Menschen gemachte Katastrophe der Endlösung verweigert sich einer solchen Perspektive äußerst hartnäckig. Es droht damit ein offenes Grab zu bleiben, eine offene Wunde in unserem Bewußtsein. In der Tat hat das Vergehen der Zeit die Bedeutungen schneller untergraben, als diese ersetzt werden können – das gilt für »erlöserische« Bedeutungen genauso wie für solche, die bloßer Rationalisierung dienen. Wir sind, in Maurice Blanchots Worten, zu »Hütern einer abwesenden Bedeutung« geworden. Und in einer Geste, die wir eher als theoretisch denn als religiös verstanden wissen wollen, sinnen wir über die Grenzen der Repräsentation nach und stellen dann unter dem Eindruck dieses nagenden Ereignisses unsere kulturellen Errungenschaften auf dem Gebiet der Kritik, der Literatur und der Geschichtsschreibung in Frage.

In seinem Buch *Holocaust Memories: The Ruins of Memory* stellt Lawrence Langer die Vermutung auf, daß es mit der überkommenen Sprache moralischer Anteilnahme – nämlich jener des bürgerlichen Humanismus – nicht mehr möglich sei, die auswegslose Situation der Lagerinsassen zu erfassen. Was not tut, ist nicht so sehr ein erlöserisches oder heroisches Vokabular als vielmehr ein Verfahren zur Aufzeichnung der Katastrophe *(écriture du désastre)*. Saul Friedländer, ein führender israelischer Historiker, legt seinen Schwerpunkt auf das verwandte Thema der Angemessenheit in der Darstellung bei der Verschriftlichung von Geschichte. Denn obschon kein anderes Ereignis der jüngeren Zeit eine derartige Menge an Dokumentation und Analyse hervorgerufen hat, ist es nicht gelungen, aus Wissen Verstehen werden zu lassen. Mehr noch: obwohl sich Historiker bei ihrer Arbeit im allgemeinen nicht durch Gefühle leiten lassen, wird das Thema in diesem Falle oft mit einer komplexen Form der Übertragung (im psychoanalytischen Sinne) befrachtet, welche die Aufgabe der Beschreibung zu einer unsicheren Angelegenheit macht. Das Resultat ist eine Mischung aus Abgestumpftheit (die zur Über-Objektivierung führt) und Emotionalisierung.[3]

Friedländer bietet zweierlei Hypothesen bezüglich der sich immer wieder entziehenden oder abwesenden Bedeutung des Holocaust an. Jede von ihnen kann nur durch die Zeit überprüft werden. Die erste besagt, daß wir selbst als Zuschauer – als unbeteiligte Beobachter, sei es während der Ereignisse oder in den fünfzig Jahren seither – so etwas wie ein Trauma erleben: einen Bruch im normalen Nachdenken über menschliche und zivilisierte Natur; und dieser Bruch braucht mehr Zeit, um zu heilen. Das Verstehen wird möglicherweise auf eine spätere Generation verschoben werden müssen. Seine zweite Hypothese (die eine Parallele zu Langer aufweist) ist die, daß eine neue Methode der Darstellung notwendig geworden ist und wir auch hier noch nicht soweit sind. Dennoch rät er den Historikern dazu, der individuellen Stimme des Opfers Gehör zu schenken und sie miteinzubeziehen »in ein Feld, das von politischen Entscheidungen und administrativen Dekreten beherrscht wird, welche die konkrete Erfahrung von Verzweiflung und Tod neutralisieren.« Jüngste Versuche, die Alltagsgeschichte in Nazi-Deutschland zu rekonstruieren, haben dabei die Erfahrungen der Opfer vernachlässigt, wenn nicht gar völlig verdrängt – eine Alltagsgeschichte, die gerade durch das Zeugnis dieser Opfer (und die Aufmerksamkeit, die Langer ihm schenkt) auf so wirksame Weise in Erinnerung gerufen wird.

Das Holocaust-Zeugnis als Genre ist natürlich nie ein und dieselbe Sache, sondern ein komplexer Vorgang, dessen Funktion sich möglicherweise im Laufe der Zeit geändert hat, nicht zuletzt auch durch den zunehmenden Gebrauch von Aufnahmegeräten und Videokameras. In den Jahren unmittelbar nach dem Krieg hatte ein solches Zeugnis den Status eines archivarischen Dokuments, das zuvörderst der Vermehrung von Wissen dienen sollte; heute ist es eher ein Mittel der Überlieferung, das uns die Ereignisse gegenwärtig hält. Die Menge an Zeugnissen ist bemerkenswert; er widerspricht nicht nur der Vorstellung vom Holocaust als einer Erfahrung, die sich nicht ausdrücken läßt (obgleich dies vom emotionalen Standpunkt aus wahr bleibt), sondern erschließt ein in sich komplexes Forschungsgebiet. Es gibt eine Menge Chroniken und Gedenkbücher, die bis auf den Anfang dieses Jahrhunderts zurückgehen, eine Bibliothek oder ein Kanon mit traditionellen und spezifisch jüdischen Zügen.[4] Annette Wieviorka hat die Beschreibung dieses Kanons erweitert, indem sie die Unterschiede hinsichtlich der Struktur, Literarizität und des persönlichen Standpunktes bei französischen und jiddischen Zeugnissen untersuchte, von denen es zwischen 1945 und 1948 eine wahre Flut gab.[5]

Wir leben in einem Zeitalter des Zeugnisses, und dieses Phänomen verdient gerade in seiner Heterogenität Beachtung – tritt doch die Erinnerung in vielerlei Gestalten auf, die nicht voreilig über einen Kamm geschoren werden sollten. Gleichwohl wird das Zeugnis trotz dieser Vielfältigkeit nicht zu einem vagen oder nicht zu bändigenden Konzept. Wieviorkas sorgfältige Differenzierung verschiedener Arten von Zeugenberichten wird ergänzt zum Beispiel durch Shoshana Felmans Analyse der außergewöhnlichen Schichtung historischer Wahrheit in Lanzmanns *Shoah*[6] oder durch Mary Felstiners Würdigung der dokumentarischen Stärke von Charlotte Salomons *Life or Theater?*[7], einem Tagebuch in Cartoon-Form. Worum es geht, ist eine schärfere begriffliche Fassung der Zeugenschaft (Felman) beziehungsweise eine Überwindung solch schlichter Dichotomien wie die zwischen einer künstlerischen »inneren Suche« und einem »historischen Hintergrund« (Felstiner).

Da wohl kaum ein Ereignis gründlicher dokumentiert worden ist als der Holocaust (wenngleich vieles davon noch gesichtet und geklärt werden muß), richtet sich unser Augenmerk in diesem Stadium verstärkt auf die Erinnerung in ihrer Wechselhaftigkeit, auf die Folgeerscheinungen einer Katastrophenerfahrung. Es ist zum Beispiel keineswegs so, daß der Kampf zwischen Gedächtnis und Identität (was auch nationale Identität mit einschließt) mit der Zeit nachgelassen hätte. In vielen Fällen suchen das nationale Gedächtnis Polens und das jüdische Gedächtnis dieselben Orte heim. Und die bereits erwähnten Zeugnisse, Jahre nach den Ereignissen aufgezeichnet, sind häufig weniger wegen der historischen Daten, die sie liefern, als vielmehr hinsichtlich der Art und Weise, wie sich die Überlebenden in ihrem jetzigen »Nachleben« sehen, von entscheidender Bedeutung. Primo Levis Gedicht »Der Überlebende«, 1984 geschrieben, beschreibt einen Lagerinsassen, der immer noch von der Erinnerung an seine toten Gefährten gequält wird. »Tretet zurück, laßt mich allein, ihr unterdrückten Menschen ... Was kann ich dafür, daß ich lebe und atme ...«

Darüber hinaus wurde die historische Forschung von Anfang an begleitet von einem »kollektiven Gedächtnis«, das sowohl durch den Volksmund wie auch durch gebildete Kreise weitergetragen wurde. Solcherlei Erinnerung begünstigt eine tröstende und manchmal politisch inspirierte Form von Abschluß. Eben jene Erlebnisse, die das Leben einer Gruppe in Gefahr gebracht haben, müssen nun dafür herhalten, es zu stärken. In dem Maße, in dem die Augenzeugen von der Bildfläche zu verschwinden beginnen und selbst die zuverlässigsten Erinnerungen anfangen zu verblassen, stellt sich die Frage, wodurch jüdische Identität eigentlich aufrechterhalten wird, mit neuer Dringlichkeit. In dieser Übergangsphase spielen die Kinder der Opfer als Träger eines schwierigen Erbes eine besondere Rolle. Ihre Situation ist eine ganz spezielle, doch verweist sie auf ein Dilemma, das nicht nur vorübergehender Natur ist. Denn die Belastung, der ihre Gefühle und ihre Fähigkeit zur Identifikation ausgesetzt sind, ist etwas, das wir alle bis zu einem gewissen Grad teilen. »Ich hatte an den Rändern einer Katastrophe gelebt; eine – vielleicht unüberwindliche – Entfernung trennte mich von denjenigen, die unmittelbar in den Strom der Ereignisse geraten waren. Und trotz aller Bemühungen war und blieb ich in meinen eigenen Augen nicht so sehr ein Opfer als vielmehr – ein Zuschauer. Ich war dazu bestimmt, zwischen verschiedenen Welten umherzuwandern, sie kennenzulernen, sie – vielleicht besser als so manch anderer – zu verstehen, aber dennoch unfähig, mich rückhaltlos identifizieren zu können, unfähig, in einer einzigen, unmittelbaren, totalen Bewegung sehen, verstehen, dazugehören zu können.«[8]

Man könnte sagen, daß wir alle Teil jenes Dilemmas sind, in dem die Angehörigen der Zweiten Generation stecken, so wie es Alain Finkielkraut beschreibt, wenn er einen neuen Charaktertypus einführt: den »eingebildeten Juden«, der nach all diesen Ereignissen lebt, gleichzeitig aber versucht, sich mit einer ehemals vitalen und nunmehr zerstörten Kultur zu identifizieren.[9] Insbesondere in der Diaspora ist das Judentum von dieser existentiellen und nostalgischen Suche geprägt. *Wir sind übriggeblieben* – im Angesicht des Versuchs, ein ganzes Volk zu ermorden und die Wurzeln seiner Lebenswelt auf brutalste Weise herauszureißen. Aber *wir sind übriggeblieben* gilt auch noch in einem anderen Sinne, der uns eine kritische Perspektive und eine Verpflichtung zugleich auferlegt.

Es ist die »Generation danach«, die sowohl gegen als auch für die Erinnerung an den Holocaust kämpft. Die Vorstellung, daß man die Vergangenheit überwinden könne, hat sich auch in Israel (und nicht nur in Deutschland) als Illusion erwiesen. Sowohl auf persönlicher als auch auf öffentlich-politischer Ebene herrschen enorme Spannungen. Lange Zeit lehnte Israel die ins Land strömenden Flüchtlinge wegen ihrer Mentalität ab, während es sich zur selben Zeit durch das Gedenken an den Holocaust legitimierte (wie dies im übrigen immer noch und sogar in zunehmendem Maße der Fall ist). Der »Generation danach« fällt gerade wegen ihrer Nähe zu den Überlebenden – und ihrem gleichzeitig vorhandenen Gespür dafür, wie die Toten von den Lebenden ausgebeutet werden – die ebenso wichtige wie undankbare Aufgabe zu, bestimmte Aspekte einer Erinnerung an den Holocaust zu kritisieren, die sich immer mehr in eine Politik des Gedenkens verwandelt.[10]

»Diejenigen, die noch am Leben sind«, erklärte Czeslaw Milosz in seiner Nobelpreis-Rede, »haben ein Mandat von denjenigen, die für immer schweigen müssen. Ihren Pflichten können sie nur dadurch nachkommen, daß sie die Dinge genau so, wie sie waren, aus Erzählungen und Legenden zu rekonstruieren versuchen, indem sie den Fiktionen und Legenden die Vergangenheit abringen.« Dieses Mandat gilt für viele Schriftsteller und Künstler der nachfolgenden Generation. So schildert zum Beispiel Vera Schwarcz, Tochter eines Überlebenden, wie das Gedächtnis ihres Vaters versuchte, zu sich selbst durchzudringen, und sich dazu ihrer Person als Schreibkraft bediente und wie selbst ihre Berufswahl – Historikerin mit Schwerpunkt chinesische Geschichte – durch das Thema Erinnerung beeinflußt war.[11] Andere wiederum unterscheiden mehrere Stadien in der Wiederkehr der Vergangenheit, nachdem diese unterdrückt oder an den Rand gedrängt war. Michael Geyer und Miriam Hansen, im Deutschland der Nachkriegszeit aufgewachsen und heute amerikanische Akademiker, weiten Habermas' Überlegungen zum öffentlichen Nutzen und Gebrauch der Geschichte in diese Richtung aus. Insbesondere analysieren sie dabei, wie der Holocaust förmlich »ins Gedächtnis explodierte« und seit den späten siebziger Jahren eine wahre Flut von Memoiren und historischen Untersuchungen entstand, die durch die Fernsehserie *Holocaust* noch zusätzlich angeregt wurde. Dreißig Jahre nach der Befreiung der Konzentrationslager und über ein Jahrzehnt nach dem Frankfurter Auschwitz-Prozeß von 1964 wurde der Holocaust nun plötzlich »populär« – im selben Land, in dem das Verbrechen geplant worden war. Wie sollen wir diesen Umschwung von einem Mangel hin zum Übermaß interpretieren? Von einem verlogenen Schweigen, das nach offizieller Lesart sowohl die Deutschen als auch die heimatlos Gewordenen schützte, hin zu einer nationalen Obsession?[12]

Selbst die Überlebenden waren ins Schweigen verfallen, zumal in West-Deutschland. Es bedurfte erst des Auschwitz-Prozesses – als der deutsche Staat von seinen Bürgern zum ersten Mal ernsthaft Rechenschaft forderte –, um Jean Améry in jene Rolle finden zu lassen, die Alvin Rosenfeld seine moralische Zeugenschaft genannt hat. Améry verbrachte den Rest seines kurzen Lebens damit, den Leuten einzubleuen, daß das Böse, das geschah, »in seiner totalen inneren Logik und seiner abscheulichen Rationalität einzigartig und irreduzibel« war. Améry kam es oft so vor, als habe Hitler postum noch einmal triumphiert: so viele weitere Verbrechen gegen die Menschlichkeit – Invasionen, Folter, Völkermord und Vertreibung, Todesschwadronen und Gulags – gab es nach 1945, daß der Holocaust dadurch relativiert und auf nicht mehr als einen großen Ausschlag auf dem Radarschirm der Geschichte reduziert zu werden drohte. Dennoch insistierte er noch ein Jahr vor seinem Tod im Vorwort zur Neuausgabe seines Buches *Jenseits von Schuld und Sühne* (1977) darauf, daß, was immer wir an Ungeheuerlichkeiten erführen, nicht das Faktum aufwöge, »daß zwischen 1933 und 1945 im Volk der Deutschen, einem Volk von hoher Intelligenz, industrieller Leistungskraft, kulturellem Reichtum ohnegleichen – im Volk der ›Dichter und Denker‹ eben! – jenes sich vollzog, wovon ich in meinen Aufzeichnungen spreche.«[13]

Nadine Fresco, ebenfalls aus jener »Generation danach« stammend, kommt jenem Mandat, von dem Milosz spricht, mit einer gehörigen Wut, aber auch mit großer historischer und psychologischer Präzision nach. Sie schreibt Essays über die »Erinnerung an (das) Unbekannte«, d. h. darüber, wie diejenigen, die nach dem Krieg geboren wurden, mit dem Problem fehlender Erinnerungen umgehen: Menschen, die gezwungen sind, mit Hilfe ihrer Vorstellungskraft Kultur und Erfahrung der abwesenden Eltern zu rekonstruieren. Aber sie legt auch die politischen und sektiererischen Motive der französischen Negationisten (ein etwas genauerer Begriff als »Revisionisten«) bloß, die leugnen, daß die systematische Ermordung von fünf bis sechs Millionen Juden jemals stattgefunden hat.

Wenn es nach den Negationisten geht, war die Tatsache, daß die Juden zu Opfern wurden, lediglich Nebeneffekt eines schrecklichen Krieges, der auch Millionen anderer Menschen tötete und in dem die Juden keineswegs eine Sonderrolle spielten, so daß von einem Völkermord nicht gesprochen werden könne. In den Vereinigten Staaten bedienen sich die Negationisten der Sprache des Rechts und rufen nach einer »offenen Diskussion« über den Holocaust – so als läge das Buch der Zerstörung nicht aufgeschlagen da, als wären die erdrückenden Fakten und Zeugnisse nicht für jedermann verfügbar. Diese Vorstellung, daß Informationen vorenthalten oder verzerrt worden seien, ist dermaßen absurd, daß sie sofort durch eine Anschuldigung verstärkt werden muß, die zum Kern der Verleumdung führt. Nicht durch Tatsachen, sondern durch eine alles bestimmende Ideologie motiviert, greifen die Negationisten zum Mittel der Diffamierung und behaupten, es gebe eine Verschwörung: entweder seitens der kapitalistischen Gesellschaft, die stets übergangene Ursache für den Faschismus und insbesondere für dessen Industrialisierung des Todes (eine erste Geschichts-»Revision« durch die extreme Linke), oder seitens der Juden selbst, die immer noch die Medien kontrollierten und diesen Schwindel der ganzen Welt aufzwängen (eine zweite Geschichts-»Revision« durch die extreme Linke).[14]

Nadine Frescos entschiedener und bitterer Abrechnung mit dem Negationismus möchte ich noch eine Schlußbemerkung hinzufügen. Wie Geyer und Hansen deutlich machen, fand die Wiederbelebung des *öffentlichen* Gedächtnisses in Deutschland und anderswo erst nach vielen Jahren statt (was man verstehen kann). Aber, und das ist von größerer Bedeutung, sie fand in einem sozialen und kulturellen Milieu statt, das sich verändert hatte – und das sich eher als postmodern denn als modern bezeichnen ließe. Die genaue Etikettierung ist nicht so wichtig; entscheidend ist, daß der Druck auf das Gedächtnis nun nicht mehr nur aus einer historischen Last erwächst, der man bislang ausgewichen ist, sondern vielmehr auch aus einem Nach-Holocaust-Gewissen, das unsere Augen für das Elend der ganzen Welt öffnet. In Ländern mit einer demokratischen Gesellschaftsordnung, wo sich die Möglichkeiten der Gedächtnispflege seit 1945 erheblich verbessert haben, erlauben uns die Kommunikations-Netze nicht länger die Ausrede (wenn sie denn je aufrichtig war), daß »wir es ja nicht wissen konnten« oder »von alledem keine Ahnung hatten«. Der Ausblick auf menschliche Schuld wird dadurch wieder schrankenlos; und man errichtet neue Schutzwälle gegen ein unerträglich werdendes Bewußtsein.

Diese Schutzwälle, die im Falle der Negationisten bis hin zu blankem Leugnen reichen, deuten auf die Errichtung eines Gegen-Gedächtnisses hin – einer Form der Repräsentation, die sich den Anstrich der Erinnerung gibt, diese in Wirklichkeit aber blockiert. Folglich stand hinter »Bitburg« der Versuch, das Kapitel deutsche Schuld abzuschließen und für eine nationale Gegenwart zu sorgen, die endlich frei von Belastungen ist. Folglich vervielfältigt sich die Zahl der Denkmäler, und das nicht nur, um von einer schändlichen Vergangenheit zu erlösen, sondern auch, um von ihr zu profitieren. Die Anzeichen für eine solche Entlastung des Gedächtnisses finden sich überall. Im gleichen Maße, in dem die Öffentlichkeit den Holocaust stärker zur Kenntnis nimmt, nehmen auch die Vorwürfe zu, daß hier Leid ausgebeutet, profaniert oder trivialisiert würde. Viele von den empfindsameren Gemütern ziehen respektvolles Schweigen vor.[15] Obschon generell ein Kritiker übertriebener Redseligkeit, verdient Elie Wiesel – dessen *Die Nacht* in einer früheren Version *And the World was Silent* heißt – besondere Anerkennung für sein Insistieren auf der Feststellung, daß das Schweigen nur diejenigen stärkt, die nichts wissen wollen.

Der Holocaust hätte nicht passieren dürfen, aber er ist passiert; und so ist er ein folgenschweres Ereignis, das Architekten, Künstler, Wissenschaftler und Intellektuelle in seinen Bann zieht. Mit jeder Menge Handlung, Leid, Beispielen von Heroismus, aber auch banalem Scheitern zeigt er das Böse in seiner krassesten Ausformung, doch auch Güte und Opferbereitschaft, und bleibt dadurch ein Geheimnis, das sich nicht in eine repressive Ruhe hüllen läßt. Nun, da das öffentliche Schweigen einmal durchbrochen ist, wird es durchbrochen bleiben; und niemand von denen, die jene dunkelste Zeit heraufbeschwören, um ihr eine Bedeutung zu verleihen oder bestehende Bedeutungen anzuzweifeln, trifft irgendeine Form von Schande. Das heißt, keine Schande außer der, von der Primo Levi sprach und die unser Bild vom Menschen anzufressen scheint …

Es wird sowohl der Wissenschaft als auch der Kunst bedürfen, um die Übergriffe des Gegen-Gedächtnisses abzuwehren. Und die dahin gehende Tendenz kann durchaus Züge annehmen, die sich eher alltäglich als dramatisch ausnehmen. Wie etwas, das »in der Luft liegt«. Tatsächlich tragen postmoderne Theoretiker wie Jean Baudrillard und Filmemacher wie der bereits erwähnte Hans-Jürgen Syberberg auf eigentümliche Weise zu dieser Art von Gegen-Gedächtnis bei. Sie scheinen hilflos zu sein, wenn es heißt, die negativen Implikationen einer Kulturindustrie, die alles und jeden simulieren kann, mit Hilfe ihres eigenen spektakulären Idioms zu überwinden. Angesichts einer medialen »Überbelichtung« wird das Unheil des Holocaust seltsam gewichtslos. Sowohl Amérys sture Weigerung, in seiner Zeugenschaft nachzulassen und Deutschlands Gegenwart zu gestatten, sich von seiner Vergangenheit zu befreien, als auch Lanzmanns *Shoah* in seiner visuellen und verbalen Dichte, seinem erschöpfenden Bestreben, jedes Detail der Nazi-Todesmaschinerie aufzuzeichnen, vollbringen mehr, als nur die nackte Wahrheit vor dem Vergessen oder vor ideologischer Verzerrung zu bewahren. Sie versuchen die Rückkehr eines älteren, gefährdeten Gefühls von realer Gegenwart zu erzwingen.[16]

In seinem Buch *Die Transparenz des Bösen* evoziert Jean Baudrillard einen Verlust von Realität, eine Phantomisierung sowohl von persönlicher als auch kollektiver Identität, und letztlich der Vergangenheit – der Geschichte selbst. Diesen Realitäts-Verlust bringt Baudrillard in Zusammenhang mit unserer – mittlerweile enorm erweiterten – Fähigkeit, Wissen abrufen und verbreiten zu können: wir haben eine globale Informationstechnologie hinzugewonnen – aber sie übermittelt Bilder, bei denen es sich um Simulakra handeln könnte. Seine Vision einer medialisierten Welt ist so extrem, daß sie in bestimmten Punkten Parallelen zu den Phantasien des amerikanischen High-Tech-Spinners Philip K. Dick aufweist.

Baudrillard zufolge sehen wir uns vor eine neue Form von Gedächtnisschwund gestellt, die durch einen endlosen Prozeß der Bild-Substitution entsteht, bei dem Repräsentation auf Repräsentation und Theorie auf Theorie folgt. Unsere »Nekrospektive« ist ebenfalls ein Symptom davon. Eben weil »wir *heute* politisch, historisch verschwunden sind (das ist unser Problem), wollen wir beweisen, daß wir zwischen 1940 und 1945 in Auschwitz oder Hiroshima gestorben sind – das ist wenigstens eine starke Geschichte [une histoire forte]«. Das negationistische Paradox von der angeblichen Unmöglichkeit zu beweisen, daß der Holocaust wirklich geschah, ist nur ein weiterer Ausdruck für dieses Gefühl der Unwirklichkeit, das wir angesichts unserer Gegenwart empfinden: wir befinden uns in der »Ausweglosigkeit eines geblendeten und vom Horror seiner Anfänge faszinierten Fin de siècle, dem das Vergessen unmöglich ist und dessen einziger Ausweg die Verneinung ist.«[17]

Baudrillard kombiniert Ironie mit Übertreibung, um sein Anliegen deutlich zu machen. »Eines Tages wird man sich fragen, ob Heidegger überhaupt existiert hat.« Und doch wurde einiges von dieser verrückten, posthistorischen Perspektive bereits von Walter Benjamin antizipiert. Sein berühmter Essay aus dem Jahre 1936 über den veränderten Status der Kunst im Zeitalter ihrer mechanischen Reproduzierbarkeit weist auf den Umstand hin, daß, wenn Objekte – durch eine Technik wie die der Fotografie – von ihrem ursprünglichen Schauplatz, von ihrem spezifischen historischen Ort entfernt werden, diese ihre Aura der Einzigartigkeit verlieren. Die Reproduzierbarkeit des Kunstwerks – und, analog dazu, des Ereignisses mit Nachrichtenwert – bringt uns diesem näher und schafft doch gleichzeitig auch mehr Distanz, indem sie eine Welt erzeugt, in der die Präsenz zunehmend von der Repräsentation verdrängt wird. Die Fotomontage eröffnet der Manipulation ganz neue

Räume, und da die Mittel, um »wirkliche« oder »authentische« Ereignisse zu erzeugen, im allgemeinen nicht unserer Kontrolle unterliegen, sondern von irgendwelchen Propagandisten und den Medien abhängig sind, wird Mißtrauen bei der Interpretation noch viel mehr zu einem Gebot als bisher schon.

Benjamins Experimentieren mit dem historischen Materialismus mag eine Art gewesen sein, diesen Verlust an Substanz, an Ortsgebundenheit zu kompensieren. Er schreibt so, als ob die potentiell explosive Auswirkung der Vergangenheit auf die Zukunft immer noch möglich wäre, und weigert sich, die Erinnerung zu bloßem Andenken oder einer Art »Inventarisierung« der Vergangenheit werden zu lassen. Wenn ich in seinem Buch *Berliner Kindheit um Neunzehnhundert* lese (ca. 1932–33 geschrieben, aber erst 1950 veröffentlicht), dann fällt mir immer auf, wie altmodisch einerseits, aber auch auf welch anziehende Weise greifbar der magische Realismus dieses Büchleins ist – eine Mischung aus persönlicher Erinnerung und Kunstmärchen, die alles durchdringt. Ein Fetisch oder ein Talisman, an dem ich wie bei Aladins Wunderlampe rubbeln, oder den ich wie Prousts Madeleine schmecken können möchte. Benjamin ist eine Figur des Übergangs, jemand, der eher die Zukunft als die Vergangenheit in einem gespenstischen Licht sieht. Die Zukunft ist auf gefährliche Weise abstrakt als Motiv für den Fortschritt; einzig die Vergangenheit kann, gerade durch ihre Ruinen, ein Gegenstand von Liebe und motivierender Hoffnung sein. Diese in die Vergangenheit gesetzte Hoffnung inspiriert einen Blick zurück, welcher demjenigen des Engels der Geschichte gleicht, den Benjamin kurz vor seinem Tode beschreiben wird. Das, was dieser Engel sieht oder erinnert, verwandelt sich indes in etwas Wildes, Ungestümes und Verzweifeltes: ein Messianismus, der nicht Ziel der Geschichte, sondern deren abruptes Ende ist. Und doch bezieht Benjamin, wie gesagt, seine Anziehungskraft gerade daraus, daß er eine Übergangsfigur ist: unmöglich, sich seine Streifzüge in den dunklen Abgrund der Zeit als nach-genozidale vorzustellen. Die innere Landschaft ist heute von zerstörten oder verschwundenen Schauplätzen oder aber durch eine phantastische und oberflächliche »virtuelle Realität« gekennzeichnet: das Verhältnis zwischen Repräsentation und Realität, zwischen Mimesis und dem Gegenstand dieser Mimesis scheint so etwas wie eine geologische Verwerfung erfahren zu haben.[18]

Ich stimme mit Baudrillard darin überein, daß unser Gefühl für die Realität in Mitleidenschaft gezogen worden ist; daß die von den Medien herbeigeführte Angst hinsichtlich der Simulation von Beweisen einem Zweifel Vorschub leistet, der größer oder jedenfalls subtiler ist als der, den Descartes' berühmter *malin génie*, ein illusionistischer Demiurg und Schwindler, verursachte. Aber woran es Baudrillard mangelt, ist die Einsicht, daß es ein ganz gewöhnliches und vernünftiges Mißtrauen der Erscheinungswelt gegenüber gibt. Er vernachlässigt außerdem, wie die Unmittelbarkeit des erlebten Augenblicks in der Vergangenheit verschwindet, noch bevor sie begriffen werden kann. Das Vergangensein des Lebens scheint eine Bedingung zu sein, es verstehen zu können; wie bereits Péguy bemerkte, gibt es eine »unüberbrückbare Kluft zwischen dem tatsächlichen und dem historischen Ereignis.« Baudrillard übersieht auch, in welcher Weise die Trauer, die aus diesem Gefühl verlorener Zeit oder nicht gelebten Lebens erwächst, von Gruppierungen ausgebeutet wird, die *revanchistische* politische Ziele verfolgen. Dies steht auch in einem direkten Zusammenhang mit dem Leugnen des Holocaust: eine *zivilisierte* Angst vor einem Realitätsverlust wird durch einen *ungezähmten* Antisemitismus vergiftet, der dem Holocaust vorausging und der in den Attacken der Negationisten auf die angeblich »von den Juden beherrschten« Medien immer noch seine Fortsetzung findet.

Der Vorwurf, daß Juden die Kontrolle über die Medien haben und mittels der Medien über unser Bild von der Wirklichkeit, ist von seiner Struktur her paranoid. Doch bereits im 19. Jahrhundert sorgte ein Gefühl von Realitäts-Verlust, in Verbindung gebracht mit der Schwächung ortsgebundener Identität und im Gewand einer nostalgischen Heraufbeschwörung ländlicher Idylle – als Heimat oder *vieux pays* – auftretend, für das Entstehen eines neuen, gefährlichen Antisemitismus. Juden wurden zu Sündenböcken für den nicht immer glatt verlaufenden Übergang einer bäuerlich geprägten Gesellschaft in eine Phase der Industrialisierung und Verstädterung. Die Bewegung der Bevölkerung vom Land in Richtung der urbanen Zentren und die damit einhergehende Entwurzelung sowie die zunehmend wichtigere Rolle, die finanzielle Mittelsmänner während dieser Zeit spielten, führten zu einem politisch ausschlachtbaren Antisemitismus, der über die bereits von der Kirche geschürten antijüdischen Gefühle noch weit hinausging. Bald machte man die Juden – die mit dem Kapitalismus und seiner »abstrakten« Vorstellung von Geld identifiziert wurden – für die Auflösung der sogenannten organischen Gemeinschaft verantwortlich. Ihr angeblich »semitischer« Status – unabhängig davon, wie einheimisch oder seßhaft sie auch immer waren, warf man ihnen vor, dem Land oder ihrer Gastgeber-Nation gegenüber keine Loyalität zu empfinden – drückte ihnen den Stempel des ewigen Fremden auf. T. S. Eliots berüchtigte Zeilen aus dem »Gerontion« (1919) bringen dieses Stereotyp auf den Punkt:

> My house is a decayed house,
> And the jew squats on the window sill, the owner,
> Spawned in some estaminet of Antwerp
>
> (Auf deutsch etwa:
> Mein Haus ist ein vom Verfall bedrohtes Haus,
> Und auf dem Fenstersims hockt der Jude, der Besitzer,
> Gezeugt in irgendeinem Wirtshaus in Antwerpen)[19]

– der Jude als fremder Handeltreibender und parasitischer Eindringling in anderer Leute Haus, und letztlich des verfallenden, alten Hauses Europa selbst, das durch seine Kunstfertigkeit unterminiert wird.

Die Gefahr ging angeblich nicht nur von den traditionellen Juden aus, die fremdländisch oder »orientalisch« aussahen. Was viel mehr Schrecken verbreitete, war der assimilierte Jude, Wagners »plastischer Dämon der Dekadenz«, der sich anzupassen und einzufügen *schien*. Philip Dick mag von einer Maschine träumen, die zwischen Menschen und Replikanten unterscheiden kann, aber keine Maschine könnte – es sei denn, durch Vernichtung – diesen kaltherzigen, verschlagenen Fremden überlisten, der seine ganze Gerissenheit und alles, was ihm an Kapital und Intelligenz zur Verfügung steht, aufbietet, um die nationale Gemeinschaft zu untergraben. Solcher Art war die Angst, die das Nazi-Regime so lange förderte, bis die Ausrottung des »giftigen Pilzes«, dieser gesamten Anti-Rasse von Simulakren oder subversiven Ebenbildern denkbar wurde. Heute, wo Wellen von Einwanderern nicht-jüdischer Herkunft den europäischen Ländern große Sorge machen – sowohl was die wirtschaftliche, als auch was die kulturelle Seite anbetrifft – und wo Nationalismus und Xenophobie zu neuen Höhen aufsteigen, werden wir Zeugen davon, wie die alte Gewalt wiederkehrt.

Ungeachtet des Holocaust überleben auch weiterhin hartnäckig Mythen von nationaler, ethnischer oder religiöser Reinheit. Auch wenn die Frage, wie man mit Einwanderern und bei uns lebenden Ausländern umgehen soll, nie ganz einfach zu klären ist, so kann man sie gleichwohl nicht dem Volkszorn überlassen. Rituale der Gastfreundschaft und Gesetze, die den Fremden schützen, sind sowohl zu Homers als auch zu biblischen Zeiten von grundlegender Bedeutung gewesen, aber Episoden wie die von den Zyklopen und von Sodom und Gomorrha erinnern uns immer wieder eindrücklich an das Walten einer chronischen, mörderischen Gesetzlosigkeit.

In Coleridges »Der alte Seefahrer«, einem der bekanntesten Gedichte der modernen Zeit, verstößt der Matrose gegen eine Regel der Gastfreundschaft, indem er einen Albatros tötet, der zur Begrüßung der Seeleute erschienen war. Der Albatros stellt sich heraus als schützender Geist der Polarregion, in die sich ihr Schiff verirrt hatte. Zur Strafe für sein Verbrechen muß der Matrose ewiges Exil auf sich nehmen und heimatlos von Ort zu Ort wandern. Mit seiner packenden Erzählung evoziert Coleridge ein kosmisches, rächendes Gedächtnis, das schon durch kleinste Übertretungen in Gang gesetzt wird. Die Lektion scheint darin zu bestehen, daß der Mensch selbst nur ein Störenfried im Universum ist, abhängig von der Gastfreundschaft dieser Erde. Andere Kreaturen – ob Mensch oder Tier – zu respektieren ist also nicht nur ein vor-sintflutliches Gesetz, das späteren religiösen Offenbarungen vorausgeht, sondern auch eine Notwendigkeit für das Zusammenleben.

Indem er ein kosmisches Gedächtnis entwirft, das genauso nachtragend ist wie unser eigenes, führt uns Coleridge die Konsequenzen vor Augen. Die Verwicklung von Erinnerung und Rache hört nicht auf; die Verfolgung hört nicht auf. Was sein Gedicht als Phantasie vorstellt, ist unsere alltägliche Realität. Es bleibt die Frage, welche Rolle Gesetze in dieser Tragödie spielen. Können sie, sollen sie die Möglichkeit zur Rache einschränken, indem sie eine legalisierte Form des Vergessens (eine Amnestie) schaffen beziehungsweise deren religiöses Gegenstück, Vergebung? Die Fragestellung ist recht klar, und sie gründet auf einem vermutlich unlösbaren Konflikt. Für die Opfer des Holocaust auf der einen Seite (und dazu gehören auch ihre Familien und die »Adoptierten« sowie alle, die auf grundlegende Weise zu Betroffenen geworden sind) ist es nicht nur die Gerechtigkeit allein, sondern auch die Wirklichkeit – jenes Gefühl für die Wirklichkeit, das durch den postmodernen Gedächtnisverlust und die Gegen-Erinnerung gerade gefährdet wird –, die durch die Prozesse gegen Eichmann, Barbie und andere wiederhergestellt werden muß. Die Verbrechen gegen die Menschlichkeit, die im Laufe solcher Verfahren enthüllt werden, werden so den zunehmend Staub ansetzenden historischen Akten entrissen und erhalten richterliche Präsenz.[20]

Auf der anderen Seite entsteht das Problem, daß, wer die nachgeborenen Generationen mit der Schuld ihrer Eltern und Großeltern belastet, auch dem Eindruck der Schikane Vorschub leistet und für ein beschädigtes Identitätsgefühl sorgt, was wiederum vermehrt durch nationalistische und fremdenfeindliche Phrasen kompensiert wird. Geyer und Hansen regen an, daß wir alle, und insbesondere die Deutschen, diese Phrasen bekämpfen sollten, indem wir die illusorische Verlockung einer einheitlichen Persönlichkeit aufgeben (einer Psyche, die sowohl im klassischen, Goetheschen Sinne mit sich selbst als auch im romantischen, Fichteschen Sinne mit dem Staat in Übereinstimmung ist); aber ihr Rezept ist am Ende vielleicht selbst wieder utopisch. Es ist kaum davon auszugehen, daß die mit der Erinnerung betriebene Politik – die bedenkliche Verbindung von ressentimentgeladener Erinnerung mit einer revanchistischen Agenda – so bald verschwinden wird.

Amnestie ist gesetzliche Amnesie; und was sich auf dieser hochformalisierten Ebene abspielt, kann sich auch im Bereich des sozialen und kollektiven Gedächtnisses abspielen. Diese Art von Gedächtnis hat in der letzten Zeit vor allem jene Forscher interessiert, die sich mit den Auswirkungen von Katastrophen auf Nationen oder Gruppen beschäftigen. Kann das (individuelle oder kollektive) Gedächtnis, wenn es von einem ruhelosen Strom trivialer wie furchtbarer Nachrichten – und den von Levi beschriebenen *Revenants* – bedrängt wird, diesen ganzen Druck ohne ein sanktioniertes Prinzip des Vergessens überhaupt aushalten? Wenn ein solches Prinzip unerläßlich ist, woher kommt es, und wie können wir zwischen verschiedenen Formen von Amnesie kritisch unterscheiden?

Vielleicht kann man die Kulturen voneinander unterscheiden, indem man beschreibt, bis zu welchem Grad sie Erinnerung zulassen. Doch es scheint, als ob das sozial konstruierte Gedächtnis, noch ehe es richtig entdeckt worden ist, schon wieder in Gefahr ist. Darin Nietzsche folgend, fürchten einige zeitgenössische Historiker, daß es durch eine Überlast an historischer Information und den Ansturm gegenwärtiger Ereignisse allmählich erodiert wird.[21] Selbst epochemachende Ereignisse wie die Shoah, die mit in diesen Sog hineingeraten, werden nicht etwa mittels bestimmter gemeinschaftlicher Formen, sondern mittels politisch motivierter Analogien integriert. Tierrechts-Aktivisten verkünden ein »Auschwitz der Tiere« und Abtreibungsgegner einen »Holocaust an Säuglingen«. Was diese Analogien veranlaßt, ist weniger fehlendes Wissen als vielmehr ein überbeanspruchtes Gewissen.

In der Tat haben einige Denker zwischen einer antiken und einer modernen Form des Gedächtnisses unterschieden. Mircea Eliade spekuliert darüber, daß man sich in der Welt der Antike orgiastischer Feste bediente, um einen Rahmen zu finden, in dem das Vergessen zulässig war. Er stellt die Behauptung auf, daß das Christentum weniger eine Religion nach Art des Kargo-Kultes gewesen sei und ein größeres Geschichtsbewußtsein zugelassen habe.[22] Wenn man an die ekstatischen, wenn nicht orgiastischen Exzesse im Faschismus denkt – zu denen auch der antisemitische Wahn der Legion des heiligen Michael gehörte, der sich Eliade als junger Mann in Rumänien angeschlossen hatte –, wird man seine Behauptung, es habe einen Fortschritt gegeben, bezweifeln dürfen.

Darüber hinaus, und das ist das Paradox einer *nicht-orgiastischen Lösung*, kann das Vergessen in einer kollektiven Größenordnung seinerseits die Gestalt der Erinnerung annehmen – das heißt, einer religiösen oder kollektiven Form des Erinnerns (»Wenn ich dich vergesse, o Jerusalem ...«). Dies bedeutet, daß sie eine Geschichte konstruiert, die in hohem Maße selektiv ist und sich auf das konzentriert, was für die Gemeinschaft von grundlegender Bedeutung ist, und die sich von allen anderen Dingen abwendet.[23] Das kollektive Gedächtnis kommt im Prozeß der Selbstverständigung über den Sinn der Geschichte zu einer schrittweise formalisierten Übereinkunft darüber, die Bedeutung von allgemein intensiv geteilten Ereignissen auf eine Weise zu überliefern, die nicht individuell erkämpft werden muß. An dessen Stelle treten kanonische Interpretationen, entwickeln sich feierliche Bräuche, werden Denkmäler erbaut. Das Ereignis erhält einen Gedächtnisort *(lieu de mémoire)*[24] in Form eines Monuments, Museums oder einer

KZ-Gedenkstätte und einen jährlich wiederkehrenden Gedenktag. Die Wiederkehr besteht aus öffentlichen Ritualen, die individuelles Leid oder Freude mit der Einhaltung allgemein vorgeschriebener Formen verknüpfen.

Wie sollen wir also zwischen dieser kollektivierten und verarbeiteten Form der Erinnerung und dem, was ich »Gegen-Erinnerung« genannt habe, unterscheiden? Die natürliche Skepsis, die bemerkt, daß ohne Erinnerung keine Geschichte möglich ist, kann leicht die Konstruktion von genealogischen Erzählungen im Dienste einer alternativen Geschichtsschreibung motivieren. Der Aufstieg der *Pamjat* (»Erinnerungs«-)Bewegung in Rußland mit ihrem offen antisemitischen Nationalismus, illustriert dieses Problem. Ich denke, wir haben keine andere Wahl, als sowohl das kollektive Gedächtnis wie auch die tatsächliche Last, auf die es reagiert, anzunehmen. Sie können kein Ersatz füreinander sein. Das kollektive Gedächtnis benutzt und produziert Fiktionen, aber es muß von der Kunst lernen, Fiktion und Geschichte nicht zu verwechseln, und von der Geschichte, nicht irgendwelchen sentimentalen oder mystischen Vorstellungen von der »welthistorischen« Bestimmung einer Gemeinschaft zu unterliegen. In diesem Lernprozeß spielen Historiker wie Literaturkritiker eine wichtige Rolle.[25]

Heute sind wir uns des pathologischen Potentials kollektiver Gedankenrichtungen, die vorgeben, einer Gemeinschaft Einheit oder Heilung zu bringen, sicher stärker bewußt als früher. Doch die Anziehungskraft solchen Denkens ist nicht nennenswert geringer geworden, und manchmal ist sogar die Geschichtsschreibung davon durchdrungen. Der Versuch, zu einem verständlichen, umfassenden und objektiven Überblick zu gelangen, bringt oft zwar nicht triviale, aber dennoch zweifelhafte historische Analogien hervor, die gerade so funktionieren wie integrative Vereinfachungen im kollektiven Gedächtnis. Im Historikerstreit ist, wie Friedlander aufgezeigt hat,[26] eine tiefe Sorge um die nationale Identität verantwortlich dafür, daß die Diskussion eher apologetisch als objektiv verläuft. Historiker, die sich mit

Deutschland beschäftigen und die als deutsche Historiker mit einer Vergangenheit zu tun haben, »die nicht vergehen will« (Ernst Nolte), werden durch diesen Umstand gezwungen, einen ganz besonderen Blickwinkel bzw. subjektiven Standort einzunehmen. Sie werden zu Akteuren in einem nationalen Gewissens-Drama. Denn selbst wenn Nolte sich nicht mit Hitlers vermutlichem Geisteszustand *identifiziert* – Nolte spekuliert, daß Auschwitz das Gegenstück zu Stalins Gulag-Terror gewesen, ja durch diesen erzwungen worden sei –, so unterfüttert er diese Einsicht doch mit jeder Menge unstimmiger Details, die uns an seiner Unvoreingenommenheit zweifeln lassen. Ein weiterer Historiker, Andreas Hillgruber, ist nahe daran, sich explizit mit dem Blickwinkel des deutschen Soldaten zu identifizieren, der in den letzten, apokalyptischen Kriegsmonaten an der Ostfront kämpft. Seine rückblickende (und autobiographische) Selbst-Stationierung wäre in einem fiktionalen Werk glaubwürdiger – in einer dramatisierten oder romanhaften Form, die es einem schändlichen Sentiment gestatten würde, als mächtiges *Ressentiment* in Erscheinung zu treten.

Wunde und Medizin sind in diesem sensiblen Bereich nur schwer auseinanderzuhalten. Anthropologen und Mythenforscher haben darüber hinaus gezeigt, daß der Tod übernatürliche Erklärungen zeitigt. Es gibt ältere Gesellschaftsformen, die nicht einmal den *natürlichen* Tod als eine Möglichkeit akzeptieren, sondern darin vielmehr das Werk von Dämonen sehen. Jeder Tod ist ein Akt der Hexerei und verpflichtet die Gemeinschaft, die schuldige Partei zu finden und zu verurteilen. Ist dies getan, ist die Ordnung wiederhergestellt. Der Versuch der Nazi-Propaganda, die Juden für die deutsche Niederlage im Ersten Weltkrieg verantwortlich zu machen und eine jüdische Verschwörung an die Wand zu malen, die einen zweiten solchen gegen das Reich gerichteten Krieg zum Ziel habe, schuf eine Hexenjagd-Atmosphäre. Ein Ereignis wie die Shoah, ein politischer Massenmord, der eine ganze »Rasse« wehr- und waffenloser Menschen zur Ausrottung vorsieht, hätte ohne einen furchtbaren Aberglauben als Motivation nie Wirklichkeit werden können. Und selbst jetzt, nach dem Ereignis, vermag man nicht daran zu denken, ohne ernsthafte Verstörung zu empfinden.

Es ist nicht überraschend, daß nach dem Holocaust so viel Schuld in Gestalt religiöser Anschuldigungen, aber auch als Reaktionsmuster der Schuldzurückweisung zum Vorschein kommt. Viele stellen, wenn es um Schuld geht, nicht nur die Behandlung von Migranten in Frage, sondern unsere gesamte Geschichte des Umgangs mit dem anderen – den Fremden vor unseren Toren, den Besiegten und Kolonisierten. Unser Vertrauen in den Westen und seinen Anspruch, zivilisiert zu sein, ist erschüttert.[27] Und doch gibt es viele, die den Opfern die Schuld geben oder sich selbst zu ihnen zählen oder die, indem sie überall Opfer sehen, alle gleichmachen und damit moralische Unterscheidungen aushöhlen. Auf diese Weise wird die auf dem Bitburger Soldatenfriedhof begrabene Waffen-SS zu den Opfern gerechnet – obwohl sich darunter vermutlich viele befinden, die sich Kriegsverbrechen und Verbrechen gegen die Menschlichkeit schuldig gemacht haben, insbesondere gegen die Juden!

Die jüngste, von Baudrillard als postmodern diagnostizierte Bedrohung betrifft jedoch sowohl die Geschichte als auch das Gedächtnis. Der Einfluß der Medien, das Eindringen ihrer Simulakren in unser alltägliches Leben, provoziert eine tiefe Angst vor Fälschungen oder fingierten Beweisen. Wenn unser grundsätzliches Vertrauen in Tatsachenberichte nachläßt und die Geschichtsschreibung nur noch als ein sich selbst verzehrendes Artefakt betrachtet wird, dann erlangen Verschwörungstheorien die Oberhand und ziehen alles in Zweifel – nur nicht den Zweifel selbst. Die Erscheinungswelt, die *vermittelte* Welt (mediated world) wird als so beherrschend empfunden, daß nichts sie entzaubern kann, außer einer »gnostischen« Attacke, die aus der Geschichtsforschung eine unbegrenzte und damit unmögliche Aufgabe werden läßt. Daß so viele Regimes mitsamt ihren Göttern zu Fall gekommen sind, trägt ebenfalls zu einer schrankenlosen Demystifikation, einer fanatischen Ungläubigkeit bei. Das Ergebnis ist nicht nur eine hochmütige und trügerische Klarheit, sondern oft auch die Rückkehr des Mythos.[28] Aufgrund der Überzeugung, daß das, was gemeinhin als Geschichte durchgeht, nicht die Realität, sondern Rekonstruktion darstellt, wird eine nostalgische Sehnsucht nach einer anderen Welt, nach einer ursprünglichen Erhabenheit wiederbelebt. Auf seiner Suche nach der Wahrheit über seine Herkunft glaubt König Ödipus an einer Stelle, daß er möglicherweise von einem Gott abstammt. Diejenigen, die mit einer an religiöse Leidenschaft grenzenden Intensität nach einer – persönlichen, nationalen oder rassischen – Identität Ausschau halten, scheinen an jenen trügerischen Ausgangspunkt zurückgekehrt zu sein.

Es gibt jedoch Anzeichen dafür, daß weder die Kunst ihre Aura verloren hat noch die Geschichte ihre kritische und beweiskräftige Wirkung. Wir sollten die Gegenmacht der Literatur nicht unterschätzen, wenn sie sich mit Zeugenschaft verbindet. Ich meine damit gar nicht so sehr fiktionale Formen wie das Dokudrama oder den historischen Roman, die schon immer problematische, wenn auch einflußreiche Konstruktionen gewesen sind. Vielmehr ist eine Reihe von Werken entstanden, die man »zwischen Geschichte und Literatur« ansiedeln kann und unter denen sich sowohl Zeugenberichte als auch bemerkenswerte Essays finden, welche die Freudsche Formel Lügen zu strafen scheinen, daß dort, wo Trauma ist, kein Bewußtsein ist. Amérys Klarheit steht nicht in Zusammenhang mit einer Bewältigung der Vergangenheit, denn er hat seinen Schrekken und seinen Schmerz nicht überwunden. »Kein Er-innern«, so schreibt er, »ist zur bloßen Erinnerung geworden. (...) Wo steht geschrieben, daß Aufklärung emotionslos zu sein hat?«[29] Primo Levis *Ist das ein Mensch?* ist sowohl als Zeugnis wie auch als Kunstwerk – insbesondere in seinem letzten, dantesken Kapitel – von einer Substanz, wie man sie nur selten findet.[30] Sein Thema könnte nicht verschiedener sein von Thoreaus *Walden*, ist aber wie jenes ruhige Buch im Innersten eine Folge von Betrachtungen. Was er geschrieben hat, waren Essays aus der Hölle. Und Lanzmann geht so weit, die sengenden Zeugenberichte in seinem Film *Shoah* als »Wiederauferstehungen« zu bezeichnen.

Die Rolle der Kunst bleibt jedoch mysteriös, denn Kunst ist Zeugnis und verbindet sich mit Zeugenschaft. Hier ist wiederum Levi exemplarisch: sein Versuch, sich im Inferno von Auschwitz an Dantes Canto über Odysseus zu erinnern und durch diesen einsamen und lächerlichen Akt Vertrauen in seine Kultur zum Ausdruck zu bringen, rückt den erinnerten Text in die Nähe einer heiligen Schrift. Wenn ich meinen Kommentar auf eine Gedächtniskunst beschränke, die sich explizit auf die Shoah bezieht, so geschieht dies deshalb, weil sich der historische Referent einer umgestaltenden Herangehensweise, wie sie in der Literatur stattfindet, nur schwer wieder auffinden läßt.

Die Schriftsteller, die während des Krieges kleine Kinder waren oder für die der Holocaust eine »abwesende Erinnerung« darstellt – Georges Perec, Alain Finkielkraut *(Der eingebildete Jude)*, Henri Raczymow *(Contes d'exil et d'oubli; Un cri sans voix)*, Sara Kofman *(Paroles suffoquées)*, David Grossman *(Stichwort: Liebe)* –, setzen die Vergangenheit eher aus Anekdoten als aus direktem Wissen zusammen. Eine Generation, die sich ihre eigene, oft exotische Welt um jene Abwesenheit herum schafft und uns einen Eindruck davon vermittelt, wie eine transformierende Kunst aussehen könnte. Die Augenzeugen-Generation brachte eine Rückkehr der Erinnerung trotz Trauma zum Ausdruck; diese »zweite« Generation schreibt über das Trauma einer Erinnerung, die sich in einem leeren Raum bewegt, leer auf der Stelle dreht, und die daher um so empfindsamer gegenüber allem ist, was diese Leerstelle auszufüllen versucht.[31]

Die allgemeine Behauptung, die ich hier mache, ist nicht die, daß man das historische Gedächtnis gegenüber allen anderen kulturellen Tugenden privilegieren sollte, denn das könnte wiederum zu einem vereinfachten oder exklusiven Identitäts-Anspruch führen. Die Erinnerung hat, wie der polnische Dichter und Essayist Adam Zagajewski einmal sagte, »einen unverzichtbaren Anteil an der Schaffung von Kultur, einverstanden; aber ist es nicht eher so, daß sie den schöpferischen Akt aufzeichnet und bewahrt, als sich in ihm auszudrücken? Kreativität hat mit Erinnerung wenig gemein. Innovation und Rebellion zum Beispiel sind eher Feinde der Erinnerung.«

Dies vereinfacht jedoch den Zusammenhang zwischen Erinnerung und Kreativität zu stark. Wie unberechenbar die Beziehung zwischen den beiden sein kann, zeigt sich bei Dan Pagis. Die Poesie dieses überlebenden Kindes aus der Bukowina schiebt die historische Realität von der Bühne und setzt eine bewußte Art von »abwesender Erinnerung« an ihre Stelle, die gekennzeichnet ist durch eine entkörperlichte Stimme, diskontinuierliches Erzählen und gespenstisch kosmische Symbole. Doch im letzten Lebensjahrzehnt des Dichters macht die Rebellion gegen die Erinnerung einem Unterfangen Platz, das ihre Wiedererlangung zum Ziel hat, das einen Teil der Vergangenheit erlöst und einen historischen Schlüssel liefert. Indem er von einer surrealen, elliptischen Poesie zu Prosagedichten übergeht, und von dort zu kurzen Erzählungen von dokumentarischem Wert, kehrt Pagis aus dem »Exil« seiner fiktiven Selbst-Zerstreuung zurück. Vor seinem eigenen Tode stehend, stirbt er ins Leben und nicht in die Fiktion; genauer gesagt, konspiriert seine Vorstellungskraft nicht länger mit dem Gefühl von Unwirklichkeit, dem Gefühl, posthum zu leben, das den Überlebenden stets beschleicht. In seinen letzten Texten sucht er das Gespräch mit seinem toten Vater – gespenstisch genug, aber dennoch ein Versuch, mit der Vergangenheit fertig zu werden. Die Anstrengung, sich an den Vater zu erinnern, der ihn, wie er dachte, verlassen hatte, oder an die Stadt, die ihn »vergessen« hatte (Radautz), die Mühe, die es kostete, sich eine weitgehend ausgelöschte Wirklichkeit wieder zu eigen zu machen – inklusive seines eigenen Vornamens, den er, weil in Israel gebräuchlicher, in »Dan« umgeändert hatte –, all das zeitigt einen Minimalismus, der uns die Sprengkraft und das Gewicht jeder einzelnen biographischen Anspielung spüren läßt.[32]

Die Kunst bewegt sich oft von örtlichen und historischen Gegebenheiten weg, indem sie sich in charakteristischer Weise distanziert. Aber selbst ein so entfremdendes Ereignis wie der Holocaust muß manchmal mittels der Kunst erneut verfremdet werden, wenn die mit ihm verbundenen Symbole zu abgedroschen werden und zum Ritual erstarren, anstatt Realität herzustellen. Derlei Banalisierung (oder übermäßige Vertrautheit) widerfuhr zum Beispiel Paul Celans »Todesfuge« und kann selbst noch das beredteste Foto in ein Klischee verwandeln. Dem Versuch, diesen Prozeß umzudrehen, muß aber keineswegs Gedächtnis-Feindlichkeit zugrunde liegen. So rufen Anselm Kiefers Bilder durch ihre formalen Anspielungen auf Celan eine Art »sekundären« Widerhall hervor, der wie ein kollektives Gedächtnis wirkt, gleichzeitig aber individuell bleibt. Die Frage, wie Erinnerung und Geschichte zu Kunst werden, ist stets eine komplizierte, im Falle der Shoah stellt sich zusätzlich jedoch noch die Frage, ob sie zu Kunst werden *sollten*.

Adornos Diktum, daß das Schreiben von Gedichten nach Auschwitz barbarisch sei, sollte – wie der Kontext zeigt – als Warnung vor den Medien und vor jeder Form von ästhetischer Ausbeutung dienen. Aber wie jedes andere Darstellungsverbot erhöht es nur den Einsatz und schreibt sich in die Arbeit derjenigen ein, die sich damit auseinandersetzen. Für Günter Grass, aus jener Generation von Hitlerjungen stammend, die den bösen Ruf Nazi-Deutschlands erbte, ließ sich Adornos Mahnung dahin gehend übersetzen, daß man Absolutheitsansprüche aufgab, »die Schwarzweißmalerei der Ideologie; es hieß, dem Glauben die Tür zu weisen und alles auf den Zweifel zu setzen, wodurch alles, selbst die Farben des Regenbogens, zu Grau wurde. Aber dieser Imperativ zeitigte eine andere Art von Reichtum: die herzzerreißende Schönheit all jener Schattierungen von Grau mußte in einer beschädigten Sprache gefeiert werden.«[33] Denn grau ist alle Theorie und grün des Lebens goldner Baum, sagt Goethe; das wiederum ist jedoch nur eine weitere absolute Behauptung, ähnlich wie bei der gerade verworfenen Schwarzweißmalerei. Vielleicht muß die Kunst ihren Absolutheitsanspruch aufgeben und ein bißchen Grau ertragen lernen. Sie wird mißtrauisch gegen sich selbst, gegen die eigene Neigung zur Ästhetisierung. Oft vermischen sich daher Reflexion und Kreativität in auffälliger Weise.

All diese Themen (die Entfremdung von einer zu vertrauten, wenngleich traumatischen Geschichte; der »verbrecherische« Versuch, dieser Geschichte Schönheit oder Lyrik zu entringen; oder die anti-ästhetische Vermischung von kreativen und explizit reflektierenden Stilen) finden sich im erstaunlichen Werk des Art Spiegelman. Sein *Maus I* und *Maus II* verbinden die folkloristische Tierfabel mit populären amerikanischen Cartoons, um die Geschichte seiner überlebenden Eltern zu erzählen und die Auswirkungen, die diese auf ihn hatte. Spiegelmans Comic-Stil ist nicht nur ein einfacher Verfremdungseffekt; er reflektiert den Blick eines Erwachsenen, der wieder zum Kind wird, als er versucht, ein extremes Wissen zu verdauen. Die Cartoons dienen als ein transitorischer Gegenstand, der uns auf unserem Weg zu einer schwierigen Wahrheit behilflich ist – wenngleich er nicht mehr die Unschuld von ehedem besitzt. Denn die Cartoons erinnern uns sowohl an die Darstellung der Juden als Nagetiere durch die Nazis als auch an unser schlechtes Gewissen wegen der »niedrigeren«Gattungen der Schöpfung, die wir einerseits schlachten und denen wir andererseits zu unsterblichem Comicstrip-Ruhm verhelfen – wenn wir nur an Mickymaus, Bugs Bunny oder Miss Piggy denken.

Durch seine außergewöhnliche Adaption eines populären Mediums wirft Spiegelman die Frage auf, ob ein reifes menschliches Wissen über den Holocaust möglich ist oder ob wir auch als Erwachsene, zumal als erwachsene Amerikaner, Kinder bleiben müssen, die in einer Art Disneyland-Wahrheit gefangen sind, einem »Mauschwitz«. Die Unwirklichkeit dieser Domestikation, eine Folge auch der Notwendigkeit, die traumatische Vergangenheit in einen familiären Kontext zu bringen, quält die Überlebenden und ihre Kinder gleichermaßen. Das Absurde des Versuchs, nach dem Bruch durch Auschwitz wieder ein normales Leben zu führen, wird nicht nur durch Spiegelmans Bilder eingefangen, sondern auch durch seine pointierten Überschriften. »Meine Eltern überlebten die Hölle und zogen in die Vorstadt.«

Die Kunst konstruiert, kurz gesagt, ihr eigenes kulturelles Gedächtnis, in dem der Kampf des Individuums mit dem Erlebten (und oft der, etwas zu erleben) nie aufhört. In einer medienvermittelten Welt wird sich dieser Kampf möglicherweise auf die Frage der Kommunizierbarkeit konzentrieren. *Maus* schlägt sich auf die Seite der Populär-Kultur, der es um ein hohes Maß an direkter Kommunikation geht;[34] die transformierende Methode, die Verfremdung basiert hier auf einer Formel, die zwar einen Regelverstoß darstellt, sich gleichzeitig aber leicht reproduzieren läßt. Obwohl schockierend für eine bestimmte Vorstellungswelt, die extreme Phänomene gewohnheitsmäßig der Hochkultur zuordnet, ist *Maus* weder eine Groteske, noch benutzt es die Schrecken des Holocaust in einer Weise, die auf Schauereffekte aus ist. Aus der Metamorphose, der die menschliche Figur unterworfen wird, spricht die Anerkennung der Tatsache, daß die Shoah die Art und Weise verändert hat, wie wir über uns selbst als eine *Gattung* (die menschliche? Rasse) nachdenken.

Die meiste Zeit bewegen sich Vermittelbarkeit und Wahrheit jedoch in Opposition zueinander. So sucht Paul Celans undurchlässiges Werk in der abwesenden Gemeinschaft – sogar unter den Ermordeten – nach einem »Du«, an das es seine Worte richten kann. Der Raum für das Gespräch, bestenfalls prekär, scheint tödlich verletzt, und um ihn wiederherzustellen, ist ein Abstieg zu den Toten nötig. Celans Archäologie ist exemplarischer für uns als die Schliemanns.

Selbst ein weniger dunkler Künstler wie Dan Pagis vermag sich solch dichter literarischer Anspielungen zu bedienen, um etwas zu erschaffen, das von großer Eindringlichkeit und Unnachahmlichkeit ist. »Zeugenaussage« ist der Titel eines Gedichts, das Nazi-Wachposten mit ihren Opfern vergleicht. Sie, die uniformierten, gestiefelten Wachen, »wurden nach Seinem Bild erschaffen«, aber vom lyrischen Ich, dem Opfer, heißt es, es sei lediglich »ein Schatten. / Ich hatte einen anderen Schöpfer.« Das hebräische Wort, das Pagis für »Bild« verwendet, ist *zelem*. Das hebräische Wort für »Schatten« ist *zel*. Die Nebeneinanderstellung sagt bereits alles und vertieft noch die Dunkelheit jener Stamm-Silbe und den Horror angesichts der Tatsache, daß die Genesis, der Akt göttlicher Kreation, zu so etwas hat führen können. Mit einem ironischen Echo auf Maimonides' Glaubensbekenntnis, das als Hymne im Gebetsbuch und somit im jüdischen Gedächtnis aufbewahrt ist, beschließt der Dichter seine manichäische Bestätigung der Existenz des Bösen:

> Der ließ in mir, voll Gnade, nichts zurück
> Von dem, was sterben konnte.
> Ich floh zu ihm, stieg auf, leicht, blau,
> versöhnt, wie mich rechtfertigend:
> Rauch zum allmächtigen Rauch,
> ohne Körper, ohne Gestalt.[35]

*Es ist Mitte Oktober in Neuengland. Das Laub hat sich verfärbt. Eine frische Brise treibt ein oder zwei Blätter vor sich her. Weiter nördlich haben viele Ahornbäume bereits die Hälfte ihres Goldes abgeworfen, eine aufregende Schatztruhe für Kinder. Ich sehe, wie sie, fünf an der Zahl und in jeder Größe, schreiend durch den großen Vorgarten eines alten Hauses rennen. Eine Frau kehrt mit einem Rechen das Laub zusammen, besser gesagt: sie versucht es. Die umhertollenden Kinder machen ihre Arbeit immer wieder zunichte; sie knufft sie mit dem Rechen, so gutmütig wie ein Kätzchen mit einem Ball oder einem leblosen Gegenstand spielt. Der Blätterhaufen wächst, und die Kinder erfinden ein neues Spiel. Sie lassen sich auf den Haufen fallen und räkeln sich genüßlich im Laub, während die Frau – Mutter, Haushälterin – sie noch ermutigt, indem sie sie mit dem immer noch duftenden, leichten Laub zudeckt. Zuerst Kichern und Quietschen, dann, nachdem der Tumult schon ein ziemliches Ausmaß erreicht hat, auf einmal völlige Stille. Doch nur für eine Minute. Denn wie auf ein Signal hin kommen alle gleichzeitig aus ihrem Blätter-Grab hervor, springen auf und lachen, wiederauferstanden, zur gespielten Überraschung der Frau, die mit ihrer Arbeit geduldig wieder von vorne beginnt.*

*Ich bin gerade zu einer Vorlesung unterwegs, die ich über den Holocaust halten soll, als ich auf diese pastorale Szene stoße. Was tue ich da eigentlich, frage ich mich. Wie kann ich, hier, an diesem Ort, über solche Dinge sprechen? Ich kann Szenen wie diese nicht mit jenen anderen versöhnen, von denen ich auch weiß.*

*In einer flüchtigen Aneinanderreihung von Bildern sehe oder träume ich die grünen, verfluchten Felder von Auschwitz. Eine kalte Ruhe hat sich auf ihnen niedergelassen. Kein Blut schreit aus dem Erdboden empor. Und doch wird kein Ort, kein Wald, keine Wiese je wieder so sein wie zuvor. Etwas, das furchtbarer ist als jeder Schauerroman, liegt nun über der Landschaft. Selbst im beschaulichen Concord oder Unadilla. Dieser Moment der Niedergeschlagenheit dauert nie lange, aber er kehrt immer wieder, unvorhersehbar. Ich kann genausowenig vergessen, wie ich mich wirklich erinnern kann. Und pünktlich mit der Morgenlektüre gesellt sich Tag für Tag und Seite um Seite der ganz normale Wahnsinn zu jenem Schmerz, jener plötzlich aufschießenden Angst, und beschämt die Hoffnung, die mir geblieben ist.*

*Vier*

# Bitburg

Das Thema Erinnerung ist eines, das uns zunehmend quält. Werden Ereignisse von allen außer den Spezialisten vergessen, wenn sie – was heute schneller denn je zu geschehen scheint – »Geschichte werden«? »Geschichte werden« wäre dann zu einem Euphemismus geworden für »in Vergessenheit geraten«, wenn auch nicht für »ausgelöscht werden«. Daß heutzutage fast jede gewünschte Information in irgendwelchen Bibliotheksbeständen aufgetrieben werden kann, mag uns sogar über das Tempo hinwegtrösten, in der eine Nachricht die andere verdrängt. Schließlich ist die Aufnahmekapazität des individuellen Gedächtnisses äußerst begrenzt. Aber was ist mit dem kollektiven Gedächtnis, mit seinen Feier- und Gedenktagen und der Verpflichtung, das Erbe einer Gemeinschaft lebendig zu erhalten?

Die tatsächlichen Erinnerungen sind wahrscheinlich so, wie sie immer waren: freudig, schmerzhaft oder beides zusammen. Dennoch hat das Wort »Erinnerung« in letzter Zeit eine etwas dunklere Färbung in Richtung eines Wehklagens bekommen. Wir beschweren uns zum Beispiel über den kürzer gewordenen Erinnerungszeitraum junger Leute und über deren Weigerung, persönliche Erfahrungen mit Hilfe des Geschichtsstudiums auszuweiten. Ein Wissenschaftler sprach sogar schon vom Tod der Vergangenheit. Ein anderer charakterisierte den Historiker als einen Arzt für das Gedächtnis. Paradoxerweise, so kommt es uns vor, verplanen wir unsere Zeit mit immer mehr Gedächtnisriten, indem wir Denkmäler enthüllen und Gedenktage einführen, die unseren Kalender mit neuen Feiertagen durchsetzen. Sorgen wir uns, daß die Last der Vergangenheit sich als zu schwer für das Bewußtsein des einzelnen erweisen wird? Dann wird die Gedenktechnik vielleicht am Ende dazu benutzt, um das Gedächtnis zu entlasten und das Vergessen zu erleichtern und so – leider – ein wirkliches und kontinuierliches Nachdenken über die katastrophalen Ereignisse, von denen unsere jüngste Vergangenheit gezeichnet wurde, zu verhindern.

1985 jährte sich das Kriegsende, aber auch die Befreiung der Nazi-Todeslager zum vierzigsten Male. In öffentlichen Reden wurde viel über die Symbolträchtigkeit der »vierzig Jahre« gesprochen, welche die Israeliten in der Wüste verbringen mußten. Erst nachdem die ältere Generation bereits ausgestorben war, durften sie ins Gelobte Land ziehen. Doch diese Parabel wurde in zwei sehr unterschiedlichen Weisen auf unsere Zeit angewandt. Da gab es jene (zu denen auch der Präsident der Vereinigten Staaten gehörte), die glaubten, daß Deutschland – mittlerweile wie die NATO ein Bollwerk der Demokratie – seine Jahre des Exils nunmehr hinter sich gebracht habe und geistig rehabilitiert werden sollte. (Seine ökonomische und politische Stellung hatte es bereits lange vorher wiedererlangt.) Aber es gab auch diejenigen, die sahen, daß den Überlebenden der Nazilager die Zeit davonlief. Bald würden nur noch sehr wenige von ihnen übrig sein. Dieser Anlaß gab Gelegenheit, sich darüber bewußt zu werden, wie *sie* empfanden angesichts der Vergangenheit und der Gegenwart, wozu auch Ereignisse gehörten, die der Präsident gerne hinter sich lassen wollte. Die Historiker hatten in notwendiger und furchtbarer Detailliertheit die Tötungsmaschinerie der Nazis beschrieben; die Politiker hatten sich darauf verständigt, einen Holocaust-Gedächtnis-Rat sowie jährliche Gedenktage einzurichten; aber die Erfahrung der Überlebenden, so wie sie sie durchlitten hatten, ihre persönliche Geschichte und ihre individuellen Erinnerungen – all das, was man zu leichtfertig als *oral history* bezeichnet – begann damals gerade erst, sich Gehör zu verschaffen.

Die »vierzig Jahre« hatten für diese zwei Gruppen folglich unterschiedliche Bedeutungen, die in dem Moment miteinander kollidierten, als der amerikanische Präsident sich bereit erklärte, einem deutschen Soldatenfriedhof in

Bitburg die Ehre zu erweisen, nachdem er es zuvor abgelehnt hatte, einer KZ-Gedenkstätte einen Besuch abzustatten. Die vollständige Rehabilitierung einer Täternation durch Mr. Reagan stand in scharfem Kontrast zu einem – in der Jüdischen Gemeinde allgemein vorherrschenden – Gefühl bei den Überlebenden, von der Bildfläche verschwinden zu müssen, ohne daß die eigene Botschaft gehört worden war, obgleich doch so viele Male wiederholt.

Das Jahr 1985 hat uns möglicherweise einen damit zusammenhängenden, allgemeinen Konflikt ins Bewußtsein gerufen. Unser Leben ist durch eine in sich widersprüchliche Anstrengung gekennzeichnet: man möchte sich erinnern und dabei vergessen, man muß die Vergangenheit achten und gleichzeitig anerkennen, daß die Gegenwart gegenüber der Zukunft offen ist. Mit dieser an sich nicht ungewöhnlichen Spannung hängen jedoch Fragen zusammen, die in die empfindlichsten Bereiche der Moral hineinreichen, insofern diese sich mit der politischen Agenda einer Nation überschneiden. Wie feindselig die Beziehungen zwischen Staaten auch immer sein mögen, zu einer Neuordnung von Allianzen kann es immer einmal kommen. Es ist jederzeit möglich, daß ein Sadat nach Jerusalem fliegt und einen Friedensprozeß in Gang setzt, der Monate zuvor noch undenkbar gewesen wäre. Darüber hinaus waren die Verbindungen zwischen Amerika und Deutschland über einen Zeitraum von dreißig Jahren gewachsen und hatten sich verstärkt, wobei eine gemeinsame Furcht vor dem Osten behilflich war.

Dennoch: die moralische Frage blieb, weil die Schuld, die Deutschland während des Krieges auf sich geladen hatte, so außerordentlich war. Der Krieg brachte das Verbrechen des Völkermordes ans Licht. Das Nazi-Regime hatte seine eigenen jüdischen Bürger um Beruf und Besitz und schließlich auch um ihr Leben gebracht. Ein ganzes Volk war in den besetzten Gebieten gejagt und zur Vernichtung vorgesehen worden. Der Krieg gegen die Juden wurde mit dem gleichen Eifer verfolgt wie der militärische Feldzug gegen die Alliierten und behinderte diesen zum Teil sogar. Eine unglaubliche

Obsession, für die es immer noch keine Erklärung gibt – und vielleicht nie geben wird. Aber die Todeslager veränderten die Landschaft der Erinnerung für immer.

Es konnte also kein Vergessen geben. Als das Jahr 1985 anbrach, schossen überall in Amerika Gedenkstätten für die Opfer des Holocaust aus dem Erdboden. Dennoch gehörte auch zu diesem Zeitpunkt die Erinnerung an jene Ära eher den Historikern als der breiten Öffentlichkeit, waren die Mehrheit der Bürger Amerikas und Europas doch erst nach Kriegsbeginn zur Welt gekommen. Ihr Wissen über den Krieg und den Holocaust bezogen sie in erster Linie aus Geschichtsbüchern oder den Medien und nicht so sehr aus persönlicher Erinnerung oder der Begegnung mit einzelnen Überlebenden. Es handelt sich hier also um einen Wendepunkt, und zwar um einen entscheidenden. Erziehung und Rituale werden nunmehr an die Seite der persönlichen Erinnerung treten müssen; und diese beiden werden *nach Ablauf von weniger als einer weiteren Generation* die gesamte Last des kollektiven Gedächtnisses zu tragen haben.

Die Propheten früherer Tage wußten, daß Zeremonien nicht genügten. Letztere dienten in der Regel als Ersatz für das, was man wissen und wonach man handeln sollte, anstatt dieses Wissen selbst einzuprägen. Kaum jemand wird bestreiten, daß es von grundsätzlicher Bedeutung ist, sich mit den moralischen Fragen zu beschäftigen, die durch den Holocaust aufgeworfen wurden, bzw. Wissen darüber zu vermitteln, ohne ein neues Trauma zu erzeugen. Und doch glauben viele sowohl, bereits über den Holocaust Bescheid zu wissen, als auch, daß dieser zuviel Aufmerksamkeit erhalten habe. Aber ihre Haltung deutet nur darauf hin, daß sie keine unmittelbare Erinnerung an die Ereignisse haben und hauptsächlich aus Gedenkfeiern und den Medien von ihnen erfahren.

Dieses »ich weiß, ich weiß« ist nur einer von vielen Abwehrmechanismen. Tatsache ist, daß jede neue Generation, sei es in Deutschland oder Amerika, *etwas* gewußt hat. Die Ereignisse von April bis Mai 1985 sind keineswegs einzigartig. Es gibt immer wiederkehrende Krisen des Bewußtseins, die mit dem Holocaust zu tun haben.[1] Aber jede dieser Krisen – ausgelöst etwa durch die Enthüllungen anläßlich des Eichmann-Prozesses, oder die Offenbarung, in welchem Ausmaß amerikanische Führungspersönlichkeiten (Juden sowohl als Nichtjuden) Bescheid wußten und wie wenig sie dennoch taten – bringt schlicht neue Abwehrmechanismen in Gang. Wenn wir diesem Muster von Enthüllung und Abwehr erlauben, in dieser Form fortzubestehen, wird nichts dabei herauskommen, außer einer gelegentlichen Katharsis. Jedes Jahrzehnt wird pünktlich seine Agonie haben, und danach werden die Dinge wieder ihren normalen Gang gehen. So sah der deutsche Philosoph Theodor Adorno (der überlebte, indem er die Kriegsjahre in den USA verbrachte) bereits in seinem Aufsatz von 1959 mit dem Titel »Was bedeutet: Aufarbeitung der Vergangenheit?«[2] das voraus, was 1985 nur allzu klar werden sollte.

Adorno war es ebenfalls, der die Frage aufwarf, was Erziehung »nach Auschwitz« bedeute. Der Holocaust sollte nicht der Geschichte der Opfer zugeschlagen werden, so als wäre er nicht für jeden denkenden Menschen von äußerstem Belang. An dieser Stelle kommt die Erziehung als eine Verantwortung ins Spiel, die sich nicht aufschieben läßt.

Eine Erziehung, die Fragen wird stellen müssen, für die es noch an Antworten fehlt, während sie gleichzeitig ihre Pflicht, nach Antworten zu suchen, nicht wird vernachlässigen dürfen. Solch eine Frage wäre zum Beispiel: auf welche Weise vermittelt man eigentlich ein so dunkles und uns derart entkräftendes Wissen? Es gibt rechtschaffene und gute Taten, über die sich berichten läßt – doch sie ragen gerade durch ihre Seltenheit heraus. Kann überhaupt irgendeine Kultur – die des Judentums der Vor-Holocaust-Ära eingeschlossen – uns helfen, dieses schädliche Bild zu absorbieren oder zu integrieren?

Unsere Sorge um das Menschenbild könnte sich, mehr noch, auf unser Gottesbild ausweiten. Denn der Holocaust führt zur Verdunkelung des *imago Dei* (jenes Gottes, nach dessen Bilde der Mensch erschaffen worden sein soll), selbst bei den Überlebenden, deren Glaube ungebrochen ist. Indem wir uns solchen großen Fragen zuwenden, erkennen wir, daß sie – wie im Fall Bitburg – mit etwas Alltäglichem und Unmittelbarem in Zusammenhang stehen. Was bedeutet »Vergebung« oder »Versöhnung«? Insbesondere wenn die Umstände so sind, daß die Tat nicht vergessen werden kann?

Kurzum, die Frage nach der *Antwort* kann nicht von der nach der *Verantwortlichkeit* getrennt werden. Wie gehen wir mit kollektiver Schuldzuweisung um? Können die Beleidigten und Verletzten eine Verjährungsregelung ausarbeiten – natürlich nicht für einzelne Verbrecher, sondern für die Täternation oder die Zuschauer (für die Kirche und andere, nicht bloß für den durchschnittlichen Deutschen), die so wenig taten, um zu helfen? Sicherlich können wir keine Kollektivschuld von jener Art heraufbeschwören, die die geschichtlichen Aufzeichnungen schon mit Blut befleckten, lange bevor die Nazis sie in ihre grausamen, an den Juden verübten Handlungen übersetzten.

Die Erziehung muß sich dieser Themen in aller Form annehmen. Doch eine letzte Frage bleibt – die subversivste von allen. Ist es möglich, eine Methode zu finden, mit der die Wiederkehr völkermordender Regimes verhindert werden kann, indem man ein effektiveres System von Recht und Erziehung einrichtet? Die Frage ist deshalb subversiv, weil wir nur allzu gut wissen, daß Deutschland ein gesetzestreues und zivilisiertes Land war. Die Tatsache, daß der Holocaust inmitten eines gebildeteten Volkes stattfand, mit dem die Juden eine bemerkenswerte Symbiose eingegangen waren, verlangt, daß wir unseren Glauben in die Erziehung selbst von Grund auf überdenken. Es geht nicht nur um die Frage, dem Holocaust mehr Platz im Lehrplan einzuräumen (d. h. mehr Seiten in Lehrbüchern). Die Verbrechen vorauszusagen, die jene Kulturnation an Juden und anderen »rassisch minderwertigen« Gruppen verübt hat, war – wie ein Kommentator während des Aufruhrs um Bitburg schrieb – genauso unmöglich, wie sich vorzustellen, daß Goethe Menschenfleisch gegessen haben würde.

Die Entscheidung von Präsident Reagan, während der Feierlichkeiten anläßlich des vierzigsten Jahrestages der »Befreiung« Deutschlands vom Nazijoch den Soldatenfriedhof in Bitburg zu besuchen, mag schlicht ein grober Schnitzer gewesen sein, verursacht durch schlechte Planung. Schnitzer oder nicht, die Geschichte jenes Besuchs beschäftigte die Medien für zwei Monate, von Ende März bis Ende Mai 1985. Es war eine außergewöhnlich angespannte Zeit. Die dadurch – vor allem, aber nicht ausschließlich bei Juden – ausgelösten Ängste sind, insbesondere bei Überlebenden des Holocaust, immer noch nicht ausgestanden.

Mag sein, daß die Amerikaner für das, was Mr. Reagan als »Versöhnung« bezeichnet hat, bereit waren – aber gewiß nicht in *dieser* Form. Schlagartig begriffen wir wieder die zentrale Bedeutung von Symbolen, und gleichzeitig wurde uns klar, wie schwierig es war, irgendein Symbol oder eine Feierlichkeit zu finden, die Reagans Absicht hätte dienlich sein können. Die Zeit für einen derart umfassenden Akt der Absolution war noch nicht gekommen. Wohl jeder aufgrund seines Symbolwerts ausgesuchte Ort hätte den Eindruck gemacht, mit Fehlern behaftet zu sein – obgleich dies bei manchen weniger und bei manchen mehr der Fall gewesen wäre, wie Raul Hilberg bemerkt hat. Selbst eine so bewegende Geste wie der Kniefall Willy Brandts vor dem Mahnmal des Warschauer Ghettos während seines Polen-Besuchs 1970 wurde von der Presse in Frage gestellt.

Jedes Mahnmal oder jede Feierlichkeit, die versucht, das kollektive Gedächtnis zu würdigen, kann in dem Sinne »vergeßlich« sein, daß die dahinterstehende Absicht von der Politik beeinflußt ist. Doch der Umstand, daß die Wahl auf Bitburg fiel, warf nicht nur die Frage auf, ob die Feier notwendig war – beziehungsweise was derlei Feierlichkeiten tatsächlich bewirken –, sondern vermittelte den Eindruck, daß man sich an *nichts* Vergangenes erinnern wollte, außer an gemeinsame Opfer und einen beiderseits vorhandenen militärischen Ehrenkodex. Aber war es nicht genau dieser Kodex, der von den »Verbrechen gegen die Menschlichkeit« der Nazis gebrochen wurde?

Reagan behandelte die Sache, als wäre sie eine inneramerikanische Angelegenheit. Es hatte einigen Wirbel gegeben, als Gerald Ford, nachdem er die Präsidentschaft angetreten hatte, Nixon begnadigte und die Nation aufforderte, ihre Wunden verheilen zu lassen. Dieses Mal waren wir Amerikaner aufgefordert, in einer strittigen internationalen Angelegenheit einen formalen Akt der Versöhnung gutzuheißen, der nicht nur auf deutschem Boden, sondern zudem auch noch auf einem Militärfriedhof stattfinden sollte.

Als Elie Wiesel in einem Ausspruch, der Berühmtheit erlangen sollte, dem Präsidenten vorhielt: »Dieser Ort [Bitburg] ist nicht Ihr Ort«, wurde die emotionale Wirkung noch verstärkt durch ein Bewußtsein, daß die Juden zu lange ein vertriebenes Volk gewesen waren – das bis zur Gründung des Staates Israel im Jahre 1948 ohne Heimat oder Hafen geblieben war. Wenn die Soldaten, die auf jenem Friedhof begraben lagen, den Krieg gewonnen hätten, wären die Juden vom Gesicht dieser Erde verschwunden gewesen und anders als bei den hier begrabenen Angehörigen von Wehrmacht und SS hätte man keinen Ort gefunden, an dem man ihnen hätte die Ehre erweisen können. Annähernd sechs Millionen sind umgekommen, viele in anonymen Massengräbern. »Hier ruhen tausend Tote«, steht auf einem der Schilder in der Gedenkstätte von Bergen-Belsen.

Kein Wunder also, daß ein Gefühl von Schock und Verrat die Jüdische Gemeinde durchfuhr. Das Oberhaupt eines Landes, das so vielen von den Nazis verfolgten Menschen Zuflucht gewährt hatte – eines Landes, dem sie vertrauten und wo sie sich im großen und ganzen zu Hause fühlten –, schien keinen wirklichen Sinn für ihre Geschichte zu haben. Gruppen von Kriegsveteranen protestierten ebenso wie kirchliche Organisationen – im Vergleich zum Präsidenten allesamt mit einem etwas getrübteren Verhältnis zu der Frage, wer das Recht habe zu vergeben. Viele wiesen wie Kolumnist Lance Morrow darauf hin, daß »Vergebung das Vorrecht der Geschädigten ist«. Leider machte Mr. Reagan seinen Irrtum nur noch schlimmer, indem er Erklärungen hinzufügte, die keinen Unterschied machten zwischen den gefallenen deutschen Soldaten und den ermordeten Juden; er meinte allen Ernstes, daß beide »Opfer« einer Nazi-Unterdrückung gewesen seien, deren Verantwortlichkeit er auf die Verrücktheit »eines Mannes« reduzierte.[3]

Diejenigen, die sich stets über die Verzerrungen der offiziellen sowjetischen Geschichtsschreibung lustig gemacht haben, müssen tief beschämt gewesen sein. Denn diese Interpretation war mit Sicherheit genauso schlimm, wie gut gemeint sie auch immer gewesen sein mochte.

Gute Absichten garantieren ebensowenig wie revanchistische eine gute Geschichte. »1985« ist also nicht allzu weit von »1984« entfernt – trotz der Tatsache, daß George Orwell dort die Gefahr des Totalitarismus heraufbeschwor: wie dieser die Geschichte verdrehen und durch seinen »Neusprech« den Geist einnebeln und einebnen würde. Noch ist es allzu weit entfernt von »1914«, als Walter Lippmann voraussah, daß aus der Unruhe demokratischer Freiheiten nicht diszipliniertes Denken, sondern eine Neigung zu einfachen Lösungen erwächst. Der »echte Amerikaner«, schrieb er in *Drift and Mastery*, sei eigentlich ein Träumer auf der Suche nach einem »Goldenen Zeitalter, in dem er sich ungestraft treiben lassen kann«. Aber »diese Angewohnheit, sich in der Sonne einer strahlenden Zukunft auszuruhen, ist äußerst enervierend. Sie eröffnet eine tiefe Kluft zwischen Realität und Phantasie, und der ganze schöne Traum ist völlig losgelöst vom Leben in der Gegenwart«.

Es war jenes Losgelöstsein, jene optimistische Fähigkeit des Präsidenten, bestimmte Dinge in der Vergangenheit zu übersehen und so dem Sich-Treibenlassen durch den Anschein von Beherrschung zu begegnen, die für jedermann zu spüren war. Einige waren dankbar; viele waren verletzt. Gerade für die Ära des Holocaust ist Geschichtsbewußtsein wichtig. Handelte es sich doch um tückischste Propaganda in der Form von Geschichts(um)deutung, die, wenn sie Hitler auch nicht an die Macht brachte, diesem doch half, seine Exzesse zu rechtfertigen, als er einmal an der Macht war. Eine ähnliche Geschichtslüge war aus der Sowjetunion zu hören, die den Holocaust als eine Verschwörung von Zionisten und Nazis ansah, mit dem Zweck, die Bedingungen für die Gründung des Staates Israel zu schaffen. Darüber hinaus existiert eine krude Form des Revisionismus, die behauptet, daß die Todeslager mit ihren Gaskammern und Krematorien lediglich unangenehme Arbeitslager (nach Art der Gulags) gewesen seien. Schließlich sind wir von einem subtileren Revisionismus umgeben, der den Schrecken der Lager nicht durch Leugnen abzuschwächen versucht, sondern durch Gleichsetzungen. Auf diese Weise wird der Krieg in Vietnam oder die Bombardierung Beiruts flugs zum »Holocaust« erklärt. Die Einmaligkeit des Holocaust wird durch derlei großzügige, aber ungenaue Analogien zum Verschwinden gebracht.

Aus diesem Grunde sollte eines sehr deutlich festgestellt werden: Selbst wenn »uns nichts Menschliches fremd ist«, kann die Bürde der Shoah nicht überwunden werden, weil sie eben nicht auf etwas Vertrautes reduziert werden kann. Der Holocaust bleibt menschlich und fremd zugleich. Die schlimmste Haltung, die wir einnehmen könnten, wäre die, uns einzureden, daß es schon nicht wieder passieren wird *oder* daß es Vergleichbares schon früher gegeben hat – daß es sich um eine Katastrophe unter vielen handelt.

Es ist wahr, daß eine solche Sichtweise die Geschichte entzweit, indem sie eine Zäsur postuliert, die von entscheidenderer Bedeutung ist als ein Erscheinen Gottes. Sie macht aus dem Holocaust ein *Novum* (wie unter anderem Emil Fackenheim argumentiert hat); so daß vorläufig – und das kann eine Weile dauern – alles das, was vorher geschehen ist und was uns derzeit widerfährt, im unheilvollen Licht jenes Zerstörungswerks gesehen werden muß. Die Geschichte der Juden, so schrieb Nikolai Berdyaev, liefert uns nichts als eine fortwährende Kreuzigung. Aber gerade diese Tatsache trug dazu bei, Hitlers Opfer zu täuschen und zu ködern, wie Raul Hilberg in seinem Klassiker *Die Vernichtung der europäischen Juden* aufgezeigt hat. Die Juden waren an Pogrome und jene schrecklichen, doch vorübergehenden Wendungen des Schicksals gewöhnt. Elie Wiesel hat über seine Jugend gesagt: »Irgendwie habe ich die Verfolgung als eine Art Naturgesetz akzeptiert. Ich war überzeugt, daß dies die Weise war, in der Gott die Welt erschaffen hatte: daß wir einmal im Jahr vermeiden mußten, auf der Straße zu sein, weil an diesem Winterabend oder jenem Frühlingstag Christen auf Juden losgingen. Das war klar, das war normal. Ich habe nicht einmal protestiert.« Aber der Nazi-Terror zielte auf eine »Endlösung«.

In Zeugenberichten von Holocaust-Überlebenden gibt es zwei Sätze, die immer wiederkehren: »Ich habe es gesehen« und »Ich konnte nicht glauben, was meine Augen da sahen«. Es bedarf eines besonderen Muts, die Vergangenheit nicht zu überwinden, sondern immer noch mit ihr zu leben. Historiker, so heißt es, bringen uns den Umgang mit der Vergangenheit bei – gleichwohl ist es schwer zu erkennen, was das bedeuten soll, wenn es um den Holocaust geht. Erziehung kann in diesem Fall nicht mit Aufklärung gleichgesetzt werden. Das Universum des Todes, welches wir mit dem Namen Holocaust oder Shoah bezeichnen, erschafft sich, wie Claude Lanzmann einmal sagte, seinen eigenen geheiligten und sich abschließenden Feuerwall. Allein schon die Tatsache, daß es passiert ist, stößt uns ab. Aber sie macht uns auch bewußt, wie schmerzhaft es ist, mit dem Wissen um das Böse statt um das Gute zurückgelassen zu werden, und führt uns dadurch in Versuchung, das Geschehene zu vereinfachen oder seiner in lediglich ritualisierter Form zu gedenken.

Ich persönlich habe die Erfahrung gemacht, daß man trotz der Aufmerksamkeit, die der Holocaust erfahren hat (zumindest seit der Ausstrahlung der Fernsehserie *Holocaust*), nicht darauf zählen konnte, daß die Fakten bekannt waren oder ihre Bedeutung verstanden wurde. Öffentlichkeit, Medienberichterstattung und Gedenktage waren nicht gerade erfolgreich darin, die Ungeheuerlichkeit der Shoah zu vermitteln. »Bitburg« hat aufgezeigt, daß das, was es auf höchster Regierungsebene an Verständnis gab, nicht zu

Sensibilität, sondern zu Sentimentalität geführt hat. Denn selbst wenn man davon ausgeht, daß Reagan davor geschützt worden war, zu nah mit der emotionalen Seite der Dinge in Berührung zu kommen, bleibt immer noch festzuhalten, daß nicht einmal die rein historischen Fakten durchdrangen – was auf erstaunliche Ignoranz oder Desinteresse seitens seiner Berater schließen läßt.

Obwohl der Journalismus während der Bitburg-Affäre zu großer Form auflief, gab es doch zu viele Leserbriefe, die den alten Vorwurf wiederholten, daß die Juden versuchten, ein Monopol auf das Leiden für sich zu beanspruchen. Das weckt in mir Zweifel daran, ob es der Holocaust-Forschung gelungen ist, mehr als einen verschwindend geringen Teil der Bevölkerung zu erreichen. Meine Arbeit am Videoarchiv für Holocaust-Zeugnisse in Yale legt die gleiche Schlußfolgerung nahe. Es geht nicht ohne den Willen, über die Dinge zu sprechen – aber auch nicht ohne den Willen zuzuhören. Die Überlebenden haben endlich damit begonnen zu sprechen – aber sind wir bereit zuzuhören?

Eine kleine Anekdote mag all diese Schwierigkeiten verdeutlichen: Ich hatte einer Gruppe von Überlebenden etwa eine Viertelstunde lang auseinandergesetzt, warum sie Zeugnis ablegen sollten. Als ich fertig war, drehte eine alte – sehr alte – Frau ihren Arm so, daß man die blaue Tätowierung sehen konnte, und sagte schlicht: »Ich war da.«

Am Anfang wie am Schluß steht immer wieder jenes beweisende, klagende »Ich war da«, ausgesprochen von denen, die in den Lagern waren. Ich fühlte mich überflüssig, und doch mußte ich selbst »da« sein – als ein verspäteter Zeuge jener Tat. Diejenigen, die sich darüber beschweren, daß der Holocaust soviel Aufmerksamkeit erhält, haben insofern recht, als niemand aus den Leiden von anderen Menschen ein politisches Programm machen sollte. Und wir haben junge Menschen mit politischen Ambitionen gesehen, die dieser Versuchung erlegen sind und deren – bei der Verurteilung von Reagans Fehler an den Tag gelegte – Wut den Eindruck vermittelte, sie seien auf Wählerfang.

Aber all das politische Tamtam ist keine Entschuldigung

für jene, die sagen »Genug!«. Sie haben zwei Dinge vergessen. Erstens, daß die Überlebenden, wenn überhaupt, jetzt gehört werden müssen; und zweitens, daß man ihnen lange Zeit nicht zugehört oder nicht geglaubt hat. Der Holocaust ist eine derart »schlechte Nachricht«, daß Lehrer und Forscher, die es auf sich nehmen, über das, was sie wissen, zu berichten, sogar jetzt noch allen Arten von psychologischen Widerständen begegnen. Doch auch die Zurückgebliebenen sind nicht immer ganz frei von subtilen Formen des Leugnens, wie uns etwa das Werk von Primo Levi verdeutlicht. Wir müssen uns erst selbst mit der Tatsache versöhnen, daß es zu einem derart unmenschlichen Ereignis wie dem Holocaust gekommen ist, bevor wir eine andere Art der Versöhnung verlangen – einen Geist der Vergebung bei denen, die überlebt haben und die nicht nur für sich selbst, sondern auch für ihre ermordeten Familien sprechen.

Reagans Initiative führte, wie der amerikanische Kolumnist William Safire ausgeführt hat, wenigstens dazu, daß zum Ritual schließlich doch noch etwas Nachdenklichkeit hinzutrat. Der US-Präsident wurde sozusagen von einer unsichtbaren »pädagogischen Hand« geleitet. Mit anderen Worten: die Initiative erreichte das Gegenteil von dem, was sie beabsichtigte, und gab uns so – wie unglücklich auch immer der Anlaß – die Gelegenheit, die Dinge ehrlicher zu durchdenken. So ging aus ihr zum Beispiel die Rede Richard von Weizsäckers hervor, ein öffentliches Bekenntnis, das in dieser Form nie zuvor auf solcher Ebene geäußert worden war. Andererseits machte die Leserbrief-Debatte in der Londoner *Times*[4] ebenso deutlich, daß der sogenannte Dialog zwischen Christen und Juden noch nicht sehr weit gekommen war.

Die Briefe ließen darauf schließen, daß jüdisches ethisches Denken unbekannt ist oder nicht entsprechend gewürdigt wird und daß die christliche Haltung zur Vergebung sich in bezug auf die angebliche Hartnäckigkeit und Hartherzigkeit der Juden zeitweilig alten antisemitischen Stereotypen annähert. Ein unerfreuliches Thema. Ganz offensichtlich sind ökumenische Versammlungen nicht genug: es ist an der Zeit, das Thema des christlichen Antisemitismus etwas nachdrücklicher zur Sprache zu bringen – sowie die damit verbundene Frage der Bibeltexte von Matthäus und Johannes, die voller Vorurteile stecken, aber bis heute wesentlicher Bestandteil des Lektionars sind. Sie unterstützen, wie schon seit Jahrhunderten, eine anti-jüdische Mentalität und die Idee einer Kollektivschuld. Die Erklärung des Zweiten Vatikanischen Konzils, in der die Vorwürfe des Gottesmords und der Kollektivschuld abgeschwächt werden, hat das Problem zumindest offiziell anerkannt, wenn auch nicht in aller wünschenswerten Deutlichkeit. Und gewirkt hat sie mit Sicherheit nicht. Claude Lanzmanns epischer Film *Shoah* enthält eine Szene, die frösteln macht: sie zeigt die Bewohner eines Dorfes in Polen, die anläßlich einer farbenfrohen Feier zu Ehren der Geburt der Jungfrau Maria vor einer katholischen Kirche stehen. Die geduldige Befragung durch den Filmemacher führt zu einem verblüffenden Stimmungsumschwung bei ihnen, indem die anfänglich gutherzigen Beteuerungen von Unwissenheit bezüglich der Gründe, warum die Juden den Holocaust erleiden mußten, allmählich in aufgeregte Versuche übergehen, diesen auf der Grundlage einer Passage bei Matthäus 23,35 zu erklären, die in der Aussage gipfelt: »... damit über euch komme all das gerechte Blut, das vergossen ist auf Erden ...«

Die Bitburg-Affäre gab den amerikanischen Juden ein Gefühl der Verletzlichkeit. Nicht etwa, weil sie die Vernünftigkeit des amerikanischen Systems oder den guten Willen des amerikanischen Präsidenten angezweifelt hätten. Vielmehr, weil sie, wieder einmal, auf ihre Abhängigkeit von diesem guten Willen verwiesen worden waren – und darauf, daß selbst in einer Demokratie von oben bestimmt wird, wie die Musik spielt, und daß »Regieren« eben mehr bedeutet, als mit Tüchtigkeit ein Mandat auszufüllen. Diejenigen, die nicht verstehen können, warum es um Reagans »bescheidene symbolische Geste« soviel Aufregung gab, übersehen, daß der Eindruck allumfassender Verantwortlichkeit in einer pluralistischen Gesellschaft von ungeheuerer Bedeutung ist. *E pluribus unum:* Wie kann man in einem so gespaltenen und heterogenen Land diese Einheit ohne Gewalt oder mit so wenig Gewalt wie möglich aufrechterhalten? Denken Sie nur an die Leidenschaften, die die Kontroversen um das Schulgebet in Amerika oder das Kruzifix-Urteil in Deutschland entfacht haben. Eine Einigung über *Symbole* ist unabdingbar, wenn gewalttätige Zusammenstöße vermieden werden sollen. Von daher kann es keine »bescheidenen« symbolischen Gesten geben.

Juden sind vielleicht besonders empfindlich, was symbolische Handlungen anbetrifft, weil sie zu oft durch solche erniedrigt worden sind. Erzwungene Taufen und erzwungene Demutsgesten (Freud erinnert sich an die Geschichte seines Vaters, wie dieser still seinen Hut wieder aufhob, der in die Gosse gefallen war, als ihn ein Passant vom Bürgersteig drängte) gehören noch zu den *angenehmeren* Ereignissen in ihrer Geschichte. Die »erpreßte Versöhnung« von Bitburg kann deshalb den Eindruck vermitteln, daß weitere Schritte folgen könnten, die mit staatlicher Macht verknüpft sind. Der Philosoph Jürgen Habermas ist zu dem Schluß gekommen, daß man Politiker nicht mit geistig-moralischer Führung betrauen kann. Stets werden sie auf eine »erpreßte Versöhnung« hinarbeiten oder auf das, was Kenneth Burke im Rückblick auf die Hitlerzeit – die uns immer noch beschäftigt, wie entfernt wir von ihr auch sein mögen – als »unheilvolle Vereinheitlichung« charakterisiert hat.

In dieser Situation scheint eine ehrliche Bewertung besser zu sein als falscher Trost. Die Fragen Hiobs passen in eine Zeit, die trotz allem nach *tikkun* strebt – ein hebräisches Wort, das eher Wiederherstellung oder »(Aus)Besserung« denn Versöhnung verspricht. Der Aufruhr um Bitburg hat in Amerika und Frankreich manchmal eine solche »(Aus)Besserung« herbeigeführt, in Form von neuen Koalitionen (ob sie nun von Dauer sind oder nicht).

Eine besonders bewegende Entwicklung wurde von

Henry Rousso berichtet. Obwohl die Reaktion der Franzosen – wie die ihrer Regierung – aus Schweigen bestand, war Bitburg der Anlaß für einen Marsch, der junge Juden und Migranten – darunter auch Araber – hinter ein und demselben Manifest vereinigte. Sie entdeckten, daß sie mit dem Protest gegen den Rassismus – ob dieser nun antijüdisch oder anti-arabisch war (letzteres in Frankreich ein zunehmendes Problem) – ein gemeinsames Anliegen besaßen, und gaben eine beredte Erklärung heraus, in der sie bekräftigten, daß »es Wunden und Taten gibt, die nie aus dem kollektiven Gedächtnis getilgt werden können«.

Diese Besserung erstreckt sich auch, wie Emil Fackenheim uns erinnert hat, auf die Sprache, die wir sprechen, und ihre Verknüpfung mit Symbolen.[5] 1985 dachten wir, wie vielleicht jedes Jahr, von neuem über jene Symbole nach, die uns vereinigen sollen, die aber – siehe Bitburg – oft tiefe und ungelöste Differenzen zum Vorschein kommen lassen. Die Erinnerung an eine Beleidigung läßt sich nicht durch die Zauberhand des Wohlwollens auslöschen. Weder im Kopf des einzelnen, noch im allgemeinen Bewußtsein derjenigen, die den Holocaust durchgemacht haben oder andere Verbrechen während der Nazizeit erleiden mußten. Mitleid und Liebe seien zu verehrungswürdig für die Zuschreibung von Schuld, läßt William Blake eine seiner großen, von Selbsttäuschungen geplagten Figuren einmal sagen. Er weiß, daß auch diese Tugenden einer Prüfung unterzogen werden müssen. Der »geistige Kampf«, wie er es nennt, geht weiter.

Während der Zeit, als ich dies – sechs Monate nach Bitburg – schrieb, gab es jene, die dachten, daß hier ein unglücklicher Vorfall zu einer *cause célèbre* aufgeblasen wurde. Bitburg, sagten sie, wird seine Bedeutung nicht beibehalten können. Aber Bitburg war als etwas Bedeutungsvolles angelegt, sollte ein symbolischer Akt sein und bedurfte deshalb der Bildermacher und der Medien – gerade jener Kräfte, die den Denkfehler entlarvten. »Reagan: eine 6 in Geschichte«, titelte eine französische Zeitung. Der Präsident und seine Berater waren jedoch nicht die einzigen, die Schwierigkeiten hatten, die Geschichte zu »beherrschen«. Wie Walter Lippmann sagt, ist Amerika ein Land, das die Geschichte immer leichtgenommen hat und manchmal stolz darauf war, eine unnötige Last abgeschüttelt zu haben. Der *American Adam* ist eine sowohl verspottete als auch bewunderte Figur. Es war nichts Verstohlenes an dem, was sich ereignete: die Medien haben schlicht eine Bilderwut widergespiegelt, die dabei ist, eine »Generation ohne Gedächtnis« zu schaffen.

Sowohl die Franzosen als auch die Deutschen sind, so gesehen, näher an einer Vergangenheit, die immer wieder zurückkehrt. Sogar diejenigen Menschen, die Shimon Dubnov als »Veteranen der Geschichte« bezeichnete, haben es schwerer, ihre Vergangenheit in das kollektive Gedächtnis einzubringen. Es hilft nicht, Santayana zu zitieren, der sagte, daß diejenigen, die sich weigerten, aus der Geschichte zu lernen, verdammt seien, sie zu wiederholen. Denn die Geschichte schickt uns gemischte Botschaften. Dubnov, ein großer Historiker, sagte, daß das 19. Jahrhundert die Emanzipation der Juden und die volle Wiederherstellung ihrer Bürgerrechte versprach, trotz verhängnisvoller Rückschläge in Rußland und Österreich gegen Ende des Jahrhunderts. Und doch war unsere Zeit Zeuge eines Holocaust, dem Dubnov, während er noch das tödliche Szenario festhalten wollte, mit seinem eigenen Leben zum Opfer fiel.[6] Auf welche Weise kann Erinnerung dann zur Erlösung führen, wie ein berühmter chassidischer Meister, Baal Shem Tov, glaubte? Die Gedenkstätten, die wir in großer Zahl errichten, spiegeln ein Universum des Todes wider, das von der Geschichtsschreibung aufgezeichnet wird. In dieser Hinsicht werden die Überlebenden der Lager zu einer entscheidenden Generation für uns. Sie sind häufig die Geschichte, die wir gerne vergessen würden; und doch haben ihre Erinnerungen, so traumatisch sie auch sind, es nicht ganz vermocht, eine seit zweitausend Jahren überlieferte Tradition der Gelehrsamkeit zu verdrängen.

*Fünf*

# Die Stimme Vichys

Für den Fall, daß Sie es noch nicht wußten: wir leben in zutiefst deprimierenden Zeiten. Was wir aus Büchern über vergangene und gegenwärtige Greueltaten erfahren, wird noch von den Medien, die uns stets auf dem neuesten Stand halten, verstärkt. Es gibt kein Entrinnen vor den Massakern in Bosnien, der Gewalt, die mit den Machtkämpfen in Somalia einhergeht, oder den politischen Morden und Menschenrechtsverletzungen in Haiti. Staatlich geförderter Terror und wahlloses Morden fast überall, wohin man blickt. Ich schlage heute meine Zeitung auf, am Morgen nach dem Jahrestag der »Kristallnacht« (es ist der 10. November 1993), und erfahre, daß die Zahl der Flüchtlinge in der Welt auf über vierundvierzig Millionen angeschwollen ist. Innerhalb einer einzigen Woche – so scheint es – sind Bücher erschienen, die uns sowohl daran erinnern, daß seit den sechziger Jahren über 100000 Guatemalteken ermordet worden sind – viele von ihnen Indianer vom Volke der Maya –, als auch an die Tatsache, daß Vichy zwischen 1941 und 1945 an der Deportation von 76000 Juden mitgewirkt hat –, von denen nur 2500 überlebt haben. Regelmäßig erscheinen Romane, Filme und Geschichten, die uns mit Berichten von skrupellosen Regimes spannende Unterhaltung bieten und Schauer über den Rücken jagen oder am Erinnerungs-Schorf zupfen, der sich langsam um die tiefen Wunden des Holocaust, des Vietnam-Krieges und des kambodschanischen Völkermords gebildet hat.

Was dieses erneute Konfrontiertwerden, diese scheinbar so ehrlichen Bilder und Worte noch deprimierender macht, ist die Erkenntnis, die in uns wächst – und uns gleichermaßen den Magen umdreht wie das Gesicht verzerren läßt –, daß dieses Hyperwissen über Täter wie Opfer, dieser Wunsch, alles ans Licht zu zerren, möglicherweise genauso wenig heilende Wirkung haben wird wie die Verschwörung des Schweigens, die es früher gab. Als wieder einmal sechs Katholiken und ein Protestant bei einer Schießerei in einem nordirischen Pub ums Leben gekommen waren, berichtete die *New York Times*, daß »ganz gewöhnliche Menschen in eine Art stumpfe Verzweiflung gestürzt« worden waren, einen Zustand, den ein Mitarbeiter einer jener Gruppen, die sich dort für den Frieden einsetzen, als »Mitleidsmüdigkeit« bezeichnete.

Ich weiß nicht, was geschehen wird, wenn unsere psychischen Schutzmechanismen – die traumatischen Streß normalerweise recht erfolgreich zu absorbieren vermögen – tatsächlich beginnen sollten, vollständig wegzubrechen, und nicht, wie bisher, nur gelegentlich zu versagen und dabei neue Versionen der ursprünglichen Qualen oder Aggressionen zu produzieren. Ohne zu einem Verfechter des Schweigens werden zu wollen, habe ich dennoch das Gefühl, daß es wichtig ist, die Frage zu stellen, was uns dieser Ansturm der schlechten Nachrichten lehrt – dieser *kakangelische* Trieb, der durch die Synchron-Übertragungen der elektronischen Medien in liberalen Demokratien ermöglicht worden ist.

Nun kann es natürlich sein, daß das öffentliche Gedächtnis, welches hier erzeugt wird (und das in seinem Inneren mehr brodelt als jeder höllenbesessene Prediger vergangener Tage) – gerade weil es vorsätzliche Blindheit und oberflächlichen Optimismus beiseite geräumt hat –, tiefere Schichten menschlichen Beharrens und Mutes zum Vorschein bringen wird.[1] Dennoch gibt es Anzeichen, daß all unser gerechtes und gerechtfertigtes Forschen nur zur Verfestigung einer uralten und sehr starken religiösen Überzeugung beitragen wird, nach welcher das Böse unabänderlich zum Menschen gehört. Wenn diese Überzeugung mit politischen und persönlichen Motiven vermischt wird, stachelt sie stets eine manichäische Furcht vor dem anderen, vor dem potentiellen Feind im anderen an – und verschärft so den Fremdenhaß, den zu verhindern wir so eifrig bemüht sind. Daß darüber hinaus die Verwüstungen des Holocaust in Deutschland geplant wurden und ihnen in Frankreich von so vielen Menschen Vorschub geleistet wurde – daß mithin die zivilisiertesten Länder jener Zeit verbrecherische Regimes duldeten –, macht uns die kulturellen Prätentionen des Westens nicht nur um so verdächtiger, sondern setzt uns sogar noch dem Spott all derer aus, die aufgrund ihrer undemokratischen oder fundamentalistischen Doktrinen offen fremdenfeindliche Positionen vertreten.

In Frankreich hielt das Schweigen aus Selbstschutz – obgleich von gelegentlichen Skandalen und Enthüllungen unterbrochen – annähernd fünfzig Jahre nach der Besetzung noch an – als ob das öffentliche Gedächtnis die Wahrheit über die französische Komplizenschaft bei der Judenverfolgung nicht ertragen könne. Bis in die siebziger Jahre hinein unterschieden sogar viele französische Juden nicht zwischen ihrem Schicksal während der Besatzungszeit und dem anderer Bürger; und erst in den frühen achtziger Jahren – gerade zu jener Zeit also, als die sogenannten Revisionisten in Schwung kamen – machte Paxtons und Marrus' *Vichy France and the Jews* es unmöglich, einer weitergehenden Untersuchung des Vichy-Antisemitismus – und insbesondere der Rolle der französischen Polizei – auf Dauer auszuweichen. Es brauchte ein weiteres Jahrzehnt, nämlich bis zum fünfzigsten Jahrestag (1992) der »grand rafle«, bevor Konferenzen, Fachaufsätze und Feierlichkeiten die Tatsachen einholen konnten. Ich brauche an dieser Stelle wohl nicht die ganze Geschichte der antisemitischen Politik von Vichy zu wiederholen – wie man zum Beispiel mit staatenlosen Juden verfuhr (sogenannten »apatrides«), die in Frankreich Zuflucht gesucht hatten, und schließlich auch mit vielen französischen Staatsangehörigen (»les bons vieux juifs de France«). Die meisten der Hauptverantwortlichen entgingen nach dem Krieg der Strafverfolgung und wurden in einigen Fällen erfolgreiche Geschäftsleute oder bekleideten sogar Regierungsposten.[2]

Aber das war noch lange nicht das Ende der schlechten Neuigkeiten. Richard Weisberg, Gründer des *Law and Humanities Institute* und Dozent an der *Cardozo Law School*, untersucht das Verhalten seiner eigenen Berufskollegen während jener Jahre in Frankreich: wie Anwälte mit dem *Statut des Juifs* vom 3./4. Oktober 1940 und 2. Juni 1941 umgingen – Verordnungen, die, was die rechtliche Definition des Jüdischseins anbetraf, die Rassengesetze der Nazis an Schärfe noch übertrafen. Nicht nur diejenigen, bei denen drei der Großeltern jüdisch waren, sondern auch jene, wo dies bei zweien zutraf, fielen – sofern sie mit einem Juden verheiratet waren – unter die Vichy-Bestimmungen, die darauf abzielten, so viele Juden wie möglich von Regierungsposten, aus ihren Berufen, ja aus dem gesamten öffentlichen Leben zu vertreiben. Weisberg zeigt auf, wie selten die Lehre von den *droits de l' homme* – stolzes Erbe der Französischen Revolution und seit jenem Tag die Rechtsauffassung bestimmend – benutzt wurde, um diesen gesetzeswidrigen und schikanösen Verordnungen den Kampf anzusagen.[3]

So konnte es kaum noch überraschen, daß sich Xavier Vallat, der erste »Generalsekretär für jüdische Fragen« – im Vorwort zu einem für die Zeit typischen Pamphlet, das unter dem Banner eines (zuweilen sogenannten) *rationalen Antisemitismus* verfaßt wurde –, wie folgt äußern würde:[4]

> »Die Französische Revolution, d. h. die erste [Vichy, soll das heißen, ist die zweite, die Gegenrevolution], war verrückt genug, Juden als Bürger wie alle anderen anzusehen, und über die nächsten eineinhalb Jahrhunderte beging eine Regierung nach der anderen denselben Fehler – aus Angst, als ›reaktionär‹ zu erscheinen. (...) Der Jude will für gewöhnlich eingebürgert werden, ohne daß dies jedoch dem Wunsch, an einem bestimmten Ort Wurzeln

> zu schlagen, gleichkäme. Aus dem einfachen Grunde, um seine vollen Bürgerrechte dort zu genießen, wo er sich gerade zufällig befindet. (...) Und der seltsamste Charakterzug dieser wandernden Rasse ist, daß sie immer die Macht an sich reißen will, egal wo sie hinreist. Ihr Traum von der Weltherrschaft überträgt sich auf jeden ihrer Abkömmlinge, die alle von dem Bewußtsein durchdrungen sind, einer überlegenen Rasse anzugehören. (...) [Juden] haben die öffentlichen und geistigen Berufe [*les professions libérales et intellectuelles*], die Presse, das Radio, den Film, die höheren Regierungsämter und die Politik unterwandert – sprich: alles, was der Lenkung einer Demokratie dient. Frankreich litt unter einem jüdischen Gehirnfieber [wörtlich, jüdischer Gehirnfluß, *transport juif au cerveau*], an dem es beinahe zugrunde gegangen wäre.«[5]

Doch selbst diese Art Rhetorik wird in ihrer Pseudo-Objektivität noch übertroffen durch eine Arbeit, für die André Broc im selben Jahr von der Sorbonne den Titel eines Doktors der Rechte verliehen bekam. Unter der Überschrift *La Qualité du Juif: Une notion juridique nouvelle*[6] wird dort – wie bei Vallat – behauptet, daß sich die Juden – ungeachtet früherer Bemühungen, wie etwa im Rom Caracallas oder im Frankreich zur Zeit der Revolution – niemals assimilieren würden. Die *droits de l'homme* auf die Juden anzuwenden sei folglich ein Irrtum. »Aus der Tatsache, daß Juden Menschen waren, folgte nicht logischerweise, daß sie auch in jenen Ländern, in denen sie sich aufhielten, das Bürgerrecht hätten genießen müssen. Gleichwohl verbreitete und verfestigte sich jene Wortverdrehung, die ihre Einbürgerung als ›Emanzipation‹ bezeichnete.« Darüber hinaus, fährt Broc fort, haben gerade in Frankreich »der Zustrom ausländischer Juden sowie deren Neigung, in unserer Innen- und Außenpolitik eine Rolle zu spielen, die von ihren eigenen Interessen befeuert ist, dem Juden-Problem eine Bedeutung zukommen lassen, die es bereits verloren hatte.« Zum Schluß versichert er uns dann noch, daß es ihm lediglich um juristisch-technische Erwägungen ginge: seine Absicht sei es, die Bemühungen um eine Definition jüdischer Besonderheit aus einem Blickwinkel heraus zu analysieren, den er als »de pure technique juridique« bezeichnet.

Solchermaßen instrumentelles Argumentieren – bzw. »bürokratische Kultur« – ist schon vor langem (zuerst von der Frankfurter Schule) als wesentlicher Faktor für das Entstehen von Schreibtisch-Tätern und für die industrielle Effizienz, die hinter den Massakern des Holocaust steckte, identifiziert worden. Wichtig ist dabei, zu betonen, daß Leute wie André Broc Zuschauer sind, die ohne Bedrohung durch das Kriegsrecht im Rahmen einer Zivilgesellschaft kollaborieren. Der Druck auf Anwälte, Akademiker und Intellektuelle resultierte im Frankreich der Vichy-Zeit gewöhnlich aus deren Wunsch, ihre Karriere fortführen und die eigenen Berufsaussichten verbessern zu können (wobei die Entfernung begabter Juden von Nutzen war). Und da man weiter »discourse as usual« machen wollte, sprach man von »Problemen«, »Lösungen« und »Verfahren«. Zygmunt Bauman (in seinem Buch *Dialektik der Ordnung*)[7] und Claude Lanzmann (mit seinem Film *Shoah*) zeigen schlüssig, daß bürokratisches Ethos und technokratischer Jargon dazu beigetragen haben, das menschliche und moralische Empfindungsvermögen der Schreibtischtäter zu schwächen.

Trotzdem fällt es schwer, den Umstand der Kollaboration so vieler Zuschauer und Staatsbeamter (sei sie nun aktiv oder passiv gewesen) einfach nur ihrem Opportunismus zuzuschreiben – selbst wenn dieser durch Angst oder eine *déformation professionelle*, oder durch die trügerische Unterscheidung zwischen einem »antisémitisme d'état« (Maurras) und einem vulgären »antisémitisme de peau« noch verstärkt worden sein mag. Denn oft schwingt da ein idealistischer oder utopischer Unterton mit, der sich mit dem vermischt, was wir für zynischen, fremdenfeindlichen oder profitablen Antisemitismus zu halten geneigt sind. Bereits in den 30er Jahren führte eine Abscheu gegen jegliche Parteipolitik – und zuweilen auch gegenüber der parlamentarischen Demokratie an und für sich – zu einem Ideal »unheilvoller Vereinheitlichung« (Kenneth Burke in einem Aufsatz aus den 30er Jahren über *Mein Kampf*), welches versuchte, widerstreitende und abweichende Stimmen zu unterdrücken. Ein wenig Ernüchterung hier (angesichts einer verderblichen menschlichen Natur, der es, um kollektiv funktionieren zu können, an männlicher Disziplin und Führerschaft zu mangeln schien), die Zurückweisung des Kosmopolitanismus dort (als einer unrealistischen und anti-nationalen Doktrin), dazu eine Aversion gegenüber Kommunismus und Finanzkapitalismus gleichermaßen – und schon gewinnen faschistische Anschauungen an Glaubwürdigkeit. Sie werden, um mit Eric Voegelin zu sprechen, zu »politischen Theologien«; wie die Religionen selbst, wo noch keine Trennung von Kirche und Staat stattgefunden hat, versprechen sie eine gerechtfertigte und geordnete Gemeinschaft mit einem gemeinsamen Ziel: eine *Volksgemeinschaft* – ein Ideal, das sich als um so verführerischer erweist, wenn zuvor der nationale Stolz gedemütigt worden ist (wie im Falle Deutschlands) oder wenn das Gefühl vorherrscht, daß die Macht der Nation im Schwinden begriffen ist (wie im Falle Frankreichs).

Als ich an früherer Stelle gefragt habe, was wir aus der Bildersprache der Gewalt und den Beweisen für Ungerechtigkeit und Verfolgung, die uns noch an den idyllischsten Orten heimsuchen, lernen können, wollte ich damit sagen, daß das Wissen um das Schlimmste neben gerechtem Zorn auch ein tiefes Gefühl der Machtlosigkeit hervorrufen kann. Stellen Sie sich nun vor, sie wären täglich einem Spektakel aus *force majeure* und anti-jüdischer Hetze ausgesetzt. In einer solchen Atmosphäre – ohne eine gegenläufige Stoßrichtung – ist es nur allzu einfach, sich mit der Macht zu verbünden und dem Opfer, von dem dieses Bild der Erniedrigung gezeichnet wird, die Schuld zu geben – und damit ein erbarmungslos manichäisches Weltbild zu akzeptieren. Was wir hier sehen können, ist ein unvorhersagbarer Faktor unseres neugewonnenen Realismus, unseres globalen Wissens um das »politische Elend« (Terrence des Pres), wie es von den Medien enthüllt wird. Das gute an dieser Informationsexplosion ist, daß wir nicht nicht-wissen können; das problematische daran ist, daß die Macht der Medien so groß ist, daß die Welt der Erscheinungen und die Welt der Propaganda vollständig miteinander verschmolzen werden können – wie sich während der Nazi-Zeit zum ersten Mal in aller Umfassendheit offenbarte.

Es ist nicht meine Absicht, Erklärungen zu finden, um vergeben zu können oder in irgend einer Weise die schändliche Seite der Kollaboration und ihre Vertuschung zu mildern. Aber häufig befällt mich ein ungläubiges Gefühl, wenn ich mich an das, was geschehen ist, zurückerinnere. Die Gefahr, dem nachzugeben, ohne dieses Gefühl sowie die Tatsachen, die zu ihm führen, zu analysieren, besteht darin, daß es uns zu bequemen Denunziationen verleitet, zu Urteilen, die uns hinsichtlich einer Selbstbesinnung nichts kosten und uns weiter von jener Zeit entfernen. Doch wenn wir unsere Zuschauerrolle betrachten, ist jene Zeit keineswegs vollständig vergangen. Sind wir nicht andauernd von Bildern und Berichten umgeben, die von Terror und Ungerechtigkeit handeln und uns dazu verpflichten, sie entweder ohnmächtig zu erdulden oder ihnen wortreich eine gewisse Richtung zu geben? Wer hätte noch nicht eine zeitgenössische Form jener Ungläubigkeit empfunden, mit der wir die Nazi-Vergangenheit und die von Vichy betrachten? Denn wir leiden gegenwärtig nicht nur an Mitleidsmüdigkeit, sondern auch an einem Gefühl der Unwirklichkeit, das spezifisch unser eigenes ist. Es ist, als stellten die Nachrichten, denen wir uns mit einer gewissen Begierde zuwenden, eine Art Showveranstaltung dar, ein elektronisches Spektakel, dessen Bilder in einem musealen oder virtuellen Raum schweben. Diese Empfindung exakt zu bestimmen ist nicht ganz einfach, aber wir werden in Zukunft nicht umhinkommen, uns diesem Gefühl der Unwirklichkeit zu stellen.

Auf diesem Umweg bin ich endlich bei den Negationisten, den Verfechtern der Auschwitz-Lüge angelangt. Ihre wichtigsten Protagonisten sind ohne Zweifel unverhohlene Antisemiten; aber das erklärt noch nicht, wie sie ungestraft davonkommen mit ihrer Taktik, wie sie sich einbilden, die erdrückende Menge an dokumentierten Tatsachen schlichtweg leugnen zu können: all das, was uns Archive und Historiker zeigen, was uns die Zeugnisse von Überlebenden und Tätern und anderen Augenzeugen beweisen. Sicherlich, die Negationisten nuancieren ihr Leugnen auf mannigfaltige Weise, indem sie etwa sagen, ja, Juden seien getötet worden, aber nicht in so großer Anzahl wie behauptet und nicht durch die Verwendung von Gas. Doch unter diesem Vorwand, wie richtige Historiker die Tatsachen abzuwägen, kommen sie stets zu derselben negativen Schlußfolgerung: es gebe keinen Beweis für den Holocaust, das heißt, für eine planmäßige »Endlösung«, die zum Ziel hatte, alle Juden auszulöschen. Viele Juden seien zu Opfern geworden, aber wegen des Weltkrieges, nicht eines Krieges gegen die Juden – wenngleich, wie erklärt wird, die verständliche Feindseligkeit der treuen Bürger diesen wurzellosen und kriegstreiberischen Nomaden gegenüber die Juden zu einer besonderen Zielscheibe gemacht habe. Auf diese Weise wird den Opfern doppelt die Schuld gegeben: denn man wirft ihnen obendrein noch vor, die Zahl ihrer Verluste zu einem Holocaust aufzublasen, um dadurch Schadenersatz verlangen und der Welt ein schlechtes Gewissen machen zu können. Außerdem seien sie darin nicht etwa erfolgreich, weil die Beweise auf ihrer Seite lägen, sondern weil sie immer noch die Medien kontrollierten.

Zweifellos ist Ihnen bereits aufgefallen, daß dieses Argument nur dann Überzeugungskraft entwickelt, wenn es sich eines zweifachen Mißtrauens bedient: den Juden und den Medien gegenüber. Diese Konvergenz ist von entscheidender Bedeutung; aber selbst sie würde nicht funktionieren, wenn die Verfechter der Auschwitz-Lüge nicht gleichermaßen wie ihre Zielscheiben unter einer tiefsitzenden schlichten Angst leiden würden: daß man nicht mehr glauben kann, was man sieht; daß die Welt der Erscheinungen und die der Medien miteinander verschmolzen werden kann; daß eine uralte Beständigkeit verlorengegangen ist und nunmehr Unwirklichkeit, Manipulation und Fälschung die Herrschaft an sich gerissen haben. Es ist bestimmt kein Zufall, daß sich Faurisson zuerst dadurch einen Namen zu machen versuchte, indem er beweisen wollte, daß wir allesamt Opfer einer literarischen Täuschung oder einer Fälschung seien; und daß Maurice Bardèche gemeinsam mit Robert Brasillach (ein fanatischer Antisemit und brillanter Schriftsteller; der einzige Intellektuelle, der nach dem Krieg wegen seiner für verräterisch erachteten journalistischen Tätigkeit hingerichtet wurde) der Verfasser einer ersten und immer noch sehr wichtigen *Histoire du Cinéma* war.

Es war gewiß eine Liebesbeziehung, die Bardèche und Brasillach da mit dem Kino eingegangen waren. Und sie verfügten über ein komplexes Verständnis dieses so neuen und magischen Mediums, welches, wie sie sagten, »dem Flüchtigen Ewigkeit« *(»l'éternité à l' éphémère«)* verlieh. Diese paradoxe Formel verrät ein Bewußtsein, das in seinen impressionistischen, ästhetischen und hedonistischen Zügen an das von Walter Pater erinnert. Jenes Medium, das uns darauf reduziert, glitzernde Schatten zu beobachten, dient gleichermaßen dem eudämonistischen Verlangen der Autoren, den flüchtigen Augenblick zu bewahren. Ihr »Verweile doch« verbindet einen Hunger nach Wirklichkeit – den Wunsch des Tagebuchschreibers, die Zeit festzuhalten – mit der Sehnsucht nach einer Zeit, die immer schon eine vergangene ist. Hier wird bereits jener Zusammenhang zwischen der fixierenden Macht des Mediums (auch wenn es sich um »bewegte Bilder« handelt) und der Veränderlichkeit des historischen Moments vorweggenommen, den Susan Sontag in ihrem Buch *Über Fotografie* als Unschuld und Verletzlichkeit von Lebensläufen, die auf ihre eigene Vernichtung hin zustrebten, beschrieben hat.[8] Bei Brasillach wird diese Verletzlichkeit beinahe schon wollüstig, vor allem in seinen Romanen; während Bardèche genau wie der Erz-Antisemit Drumont fest davon überzeugt ist, daß die alte Ordnung, »das Frankreich von einst«, das immer als eine organische ländliche Gemeinschaft gesehen wird, nicht nur im Begriff steht zu vergehen, sondern aktiv zerstört zu werden.

Was behauptet wird, ist, daß auch hier die Juden alles verdorben haben. Sie waren es angeblich, die das Kino kommerzialisiert und eine Filmindustrie geschaffen haben, in der sich schließlich das Ziel, »dem Publikum zu gefallen«, rücksichtslos über alle anderen Erwägungen hinwegsetzen konnte. »Les marchands de tapis juifs, roumains ou hongrois, des aventuriers de tout ordre, qui s'étaient rendus maîtres d' une partie de cinéma, aggravèrent la situation par les procédés qui auraient menacé l' avenir de n' importe quelle autre industrie, et qui naturellement poussèrent vers la médiocrité définitive presque toute la production et en particulier la production française.«[9]

Es ist bedrückend, an dieser Stelle die traurigen und bösartigen Äußerungen von Bardèche und anderen Verfechtern der Auschwitz-Lüge, von selbsternannten »rationalen Antisemiten« wie Brasillach und Charles Maurras oder von jener widerlichen, instinktiven Sorte eines Léon Daudet und Céline verbreiten zu müssen. Mag es genügen aufzuzeigen, daß sie versuchten, ein Bild des Juden als eines (in den Worten von Richard Wagner) »plastischen Dämons der Dekadenz« zu entwerfen: das heißt, als das reine Prinzip des Un-Festen, dessen, was seinem Wesen nach grundlos, wurzellos, seine Gestalt verändernd, gehirngesteuert, verschlagen und abstrakt ist und das – wie Geld im Unterschied zu Grundbesitz – ein Urheber stetiger Verschiebung und Auflösung ist. Dieses Stereotyp existierte bereits, bevor es durch eine zweite, spezifisch moderne Empfindung der Unheimlichkeit, die mit dem Kino als einer gefährlichen, wenn auch verführerischen Simulation von Wirklichkeit assoziiert wurde, Verstärkung erfuhr. Für den Antisemiten ist der assimilierte Jude nichts anderes als eine weitere unheimliche, durchtriebene Simulation.

Beispiele für das ältere Stereotyp finden sich bei Maurras häufig und nirgendwo in krasserer Form als in *La seule France* (1941), wenn er die neuen Rassengesetze feiert. Er macht geltend, daß es das Recht der Franzosen sei, den Juden freien Zugang zu den Berufen zu verwehren, weil »wir die Herren im Hause sind, das unsere Väter erbaut und für das sie Schweiß und Blut vergossen haben. Wir haben das unbeschränkte Recht, den Nomaden, die wir unter unserem Dach aufnehmen, unsere Bedingungen aufzuzwingen«. Nachdem er sich an den Burgen, Ländereien, Wohnungen, Kunstgegenständen und Sammlungen geweidet hat, die von den Rothschilds und anderen Flüchtlingen zurückgelassen wurden, schlägt er vor, diese zu verkaufen, um mit dem Erlös die riesige Schuldenlast des Bauernstandes zu tilgen. Dies erscheint ihm als eine geniale Idee, Gerechtigkeit walten zu lassen, und als eine Wiedergutmachung für das, was die Juden dem Bauernstand – oder der französischen Muttererde selbst – angetan haben:

> Diejenigen, an deren Sohlen keine französische Erde klebt, lebten letzten Endes von diesem guten Boden, den unsere Rasse alleine fruchtbar gemacht hat. Jene Schreihälse [batteurs d'estrade], die Krieg und Verwüstung gegen diese Erde entfesselt hatten und den Konsequenzen nicht ins Auge sehen wollten, hatten damit begonnen, indem sie das Land mit Hilfe von Wucher und Spekulation, die ihnen erlaubten, ein anonymes und vagabundierendes Vermögen anzuhäufen, schröpften und plünderten ... Möge der ewige Besteller dieser Muttererde auf diese Weise für seine harte Arbeit besser belohnt werden. [Que l'éternel travailleur de cette terre mère soit ainsi mieux payé de son dur travail.][10]

Hier merkt man gleich den zu beredten und klassischen Ton. Ein hoher Stil, der sich aus dem schlichten und vulgären Stereotyp, das er kunstvoll variiert, speist. Wie in jeder ordentlichen »explication de texte« können wir natürlich *fond* und *forme* hübsch voneinander trennen; aber nachdem es sich hier nicht um eine Schulübung handelt, sondern um die Stimme von Vichy selbst, von der Leben abhängen, gewinnen wir vielmehr Einsicht in die tragische Tatsache, daß es nicht die Juden sind, die den Bezug zur Wirklichkeit verloren haben, sondern Verleumder vom Schlage eines Maurras. Und doch wird jeder Realitätsverlust den Juden in die Schuhe geschoben. Baudrillard schlägt – indem er Benjamins Einsicht bezüglich der Auswirkung von Technologien auf unser Empfindungsvermögen weiterentwickelt – vor, die Besessenheit der Auschwitz-Leugner – als nur einen weiteren Ausdruck unseres wachsenden Gefühls der Unwirklichkeit zu deuten. Diese Unwirklichkeit verschmilzt unseren Horror vor dem Holocaust mit einer Ungläubigkeit, die sich aus dem Bewußtsein speist, daß wir nun immer mehr unter Simulakren leben. Wir sind, so Baudrillard in *Die Transparenz des Bösen*, in der »Ausweglosigkeit eines geblendeten und vom Horror seiner Anfänge faszinierten Fin de siècle« angekommen, »dem das Vergessen unmöglich ist und dessen einziger Ausweg die Verneinung ist«.[11]

Erlauben Sie mir, einen kurzen Epilog hinzuzufügen. Was ich gesagt habe, ist relativ frei von dem Pathos, das sich automatisch einstellt, wenn wir Auschwitz als etwas Undarstellbares oder, in Jabès Worten, als »unzerstörbare Erinnerung an eine Leere« denken. Die Trauerarbeit, die im Falle der Shoah noch nicht begrenzt werden kann, wird notwendigerweise an frühere Symbole des Grams und der Verlassenheit – mögen sie nun angemessen sein oder nicht – anknüpfen müssen. Wir stellen diese Symbole auf die Probe. Ein »Schrei ohne eine Stimme« steigt in Henri Raczymow auf, einem Schriftsteller aus der Zweiten Generation. Oder jener Überlebende, der das Warschauer Ghetto kurz nach dessen Liquidierung besucht und »die Stimme einer Frau aus den Trümmern rufen hört«, ein unidentifizierbares, gespenstisches Geräusch, das an Rachels Klage über den Verlust ihrer Kinder oder die Shechinah, die Israel auf dem Weg ins Exil begleitet, erinnert. Und dann sind da noch die verwaisten Zungen, die Jabès aus der Leere ruft – all jene Fragen stellenden und disputierenden Rabbis, mitsamt ihren wunderbaren Namen. Sie konstituieren eine Post-Holocaust-Tradition, aus der sich möglicherweise eine Art Midrash Rabbah schöpfen ließe.

Aber anstatt aufzuzeigen, wie Schreiben und Trauern zusammenhängen bzw. wie der Holocaust jene dunkle Verbindung erneuert, habe ich mich denen zugewandt, die in der Verneinung leben, und darauf hingewiesen, daß auch sie von einem Verlust gequält werden, für den sie eine Erklärung, einen spezifischen Grund suchen; und häufig wird der Jude zu diesem Grund. Auch sie trauern, aber mit welcher Besessenheit! In seinem ebenso bemerkenswerten wie reuelosen Aufsatz *Nuremberg, ou La Terre Promise* bestreitet Bardèche – obwohl er die Tatsache deutscher Verbrechen an Juden und die Existenz von Konzentrationslagern anerkennt – jegliche französische Verantwortung für die Deportation und den Tod dieser Menschen. Er tut dies in Worten, aus denen ein Gefühl des Verlusts und der Schuldzuweisung spricht, das sogar noch jenes bei Maurras übertrifft:

> Mit dem heutigen Tage haben wir aufgehört, eine große Nation zu sein – ja vielleicht sogar aufgehört, eine unabhängige Nation zu sein, denn [jüdischer] Reichtum und Einfluß haben es geschafft, ihre Sicht der Dinge gegenüber jener der Franzosen durchzusetzen, denen an der Bewahrung ihres Landes und der Erhaltung des Friedens gelegen war.
>
> … Dann fanden wir sie an der Spitze der Verfolgung und Verleumdung, welche sich gegen diejenigen unserer Kameraden richtete, die sie beschützen wollten vor der Härte der Okkupation in diesem Lande, in dem wir schon viel länger seßhaft sind als sie, in dem unsere Eltern seßhaft waren und das Männer unserer Rasse zu einem großen Land gemacht haben. Und heute sagen sie, sie wären die wahren Bebauer dieser Erde, die ihre Eltern nicht kannten; und daß sie besser als wir die Weisheit und die Sendung dieses Landes verstünden, deren Sprache manche von ihnen kaum kennen: sie haben uns gespalten, sie haben uns das Blut der Besten und Reinsten abverlangt und sich über unsere Toten gefreut – und freuen sich immer noch. Der Krieg, auf den sie begierig waren, gibt uns das Recht zu sagen, daß es ihr Krieg war, nicht unserer. Sie haben dafür bezahlt, wie man für jeden Krieg

bezahlt. Wir haben das Recht, ihre Toten nicht zu den unseren zu zählen.[12]

Viele werden darin nichts weiter als eine obszöne Verteidigung der Kollaborations-Politik des Vichy-Regimes und eine Wiederholung der verbreitetsten antisemitischen Klischees sehen. Und doch: als eine Übung in Rhetorik, als ein exemplarisches Stück klassischer Prosa ist all dies durch und durch »französisch«.[13] Was hier – im Stil selbst – betrauert wird, ist das Dahinscheiden einer Sprache und einer Kultur, die mit der Nation und deren klassischer Vergangenheit identifiziert wird. Kurz gesagt: eine *zivilisierte* Angst vor Entfremdung – die wir alle bis zu einem gewissen Grad teilen und die sich im Zeitalter der elektronischen Simulakren verstärkt hat – wird von einem *ungezähmten* Antisemitismus infiziert, der älter ist als der Holocaust und der auch heute noch anhält. Und das nicht nur bei den Verfechtern der Auschwitz-Lüge.

*Sechs*

# Das Kinotier

## Über Steven Spielbergs *Schindlers Liste*

Als Film, der einem großen Publikum den Horror der Vernichtung vermittelt, ist *Schindlers Liste* ein Erfolg. Die Massenszenen sind aufwühlend: die Liquidation des Ghettos, die Deportation der aus dem Lager gelockten Kinder, die Mütter, die dem Konvoi hinterherstürzen, und später die Exhumierung und Verbrennung der Leichen (eine Szene aus der Hölle). Bewußt wird hier die ganze Bandbreite gezeigt: angefangen mit dem brillanten Einstieg, der den Rauch der ausgelöschten Kerze mit dem Rauch der Lokomotive zusammenbringt, über die Szene, in der Schindler die Vernichtungsaktion von einem Hügel aus beobachtet, hin zu den Nahaufnahmen in den Wohnhäusern, wo eine wackelnde Handkamera das Chaos des Terrors begreifbar macht, indem es den Augen des Zuschauers fast physische Schmerzen zufügt, so als ob die Augen für das, was sie nicht fühlen können, bestraft werden sollten. Dann wieder zurück zum Hügel und dem merkwürdigen Anblick des kleinen Mädchens im roten Mantel, das, während überall Menschen ermordet und zusammengetrieben werden, abseits des Geschehens seiner Wege geht, so als befände es sich auf einem gewöhnlichen Spaziergang. Dann der herzzerreißende Versuch des Jungen, ein Versteck zu finden, der in der Kloake endet. Der jähe Angriff auf die Lebenswelt der Krakauer Juden und auf ihre Personen könnte nicht wirkungsvoller wiedergegeben werden als durch den Moment, wenn der Inhalt ihrer Koffer entleert wird – zunächst am Deportationsbüro, wo die Plünderungsabsicht klar ist, und dann während der Liquidierung des Ghettos, wo selbst das Plündern keine Rolle mehr spielt und die Koffer samt Inhalt achtlos über die Geländer geschmissen werden.

Wir haben gelernt, daß ein technisches Verfahren niemals bloß ein Verfahren ist: es behält seine Verantwortung gegenüber dem repräsentierten Subjekt. Dieser Verantwortung ist sich Spielberg bewußt. Immer wieder wird der Unterschied zwischen Nahaufnahmen und Totalen benutzt: unangenehmer –, aber auch bezeichnenderweise sehen wir die Handlung manchmal wie durch das Zielfernrohr von Nazi-Kommandeur Goeths mörderischem Gewehr. Der Imperativ, alles *sichtbar* zu machen, wird durch eine solche Distanzierung nicht gemildert; vielmehr werden dadurch die Augen der Zuschauer um so mehr hineingezogen. Wir werden auf unseren schweigenden und entrückten Blick als zeitlich und örtlich losgelöste Zuschauer zurückgeworfen. Weder derjenige, der diesen Film gemacht hat, noch dessen Betrachter können mit dem Chor in der *Orestie* behaupten: »Was als nächstes geschah, das sah ich nicht, noch sprech' ich's aus.«

Und doch hinterließ der Umstand, daß gerade in einem solchen Film soviel Betonung auf das Sichtbarmachen gelegt wurde, ein äußerst ungutes Gefühl bei mir. Die Dinge in solcher Schärfe – und aus einer privilegierten Position – sehen zu können, bedeutet nichts anderes, als sie mit den Augen derjenigen zu betrachten, die Macht über Leben und Tod hatten. Hier gibt es keinen überzeugenden Versuch, das alltägliche Leiden im Lager oder im Ghetto einzufangen: jene kennzeichnenden und unverwechselbar persönlichen Details, welche in *Videotestimony*-Projekten durch die »Linse« der Überlebenden und ihrer Erinnerung festgehalten werden.

Noch gibt es den Versuch, das Verhalten der Hauptfiguren zu erforschen. Spielberg ist dafür gelobt worden, daß er Schindler nicht durchschaubar gemacht und nicht versucht hat, das Geheimnis seines Mitleids zu lüften. Auch wenn wir weder eine »Erklärung« brauchen noch wollen, so bleiben Schindler und Goeth doch beide in hohem Maße stilisierte Figuren, denen es nicht gelingt, die glatten Silhouetten des durchschnittlichen Hollywood-Films zu transzendieren. Der Wahnsinn Goeths wird einzig aus dem Wahnsinn des

Kriegs heraus – und insbesondere dieses Kriegs gegen die Juden – glaubhaft gemacht. Und bei Schindler gibt es keine Bekehrung oder Wende, die ausdrücklich hervorgehoben würde. Die Tatsache, daß er die brutale Auflösung des Ghettos vom Hügel aus gesehen hat, mag eine Rolle gespielt haben; aber erst als »seine« Juden nach Auschwitz geschickt zu werden drohen, vollzieht er die entscheidende Wende, indem er, anstatt Geld zu machen, sein Geld ausgibt, um sie zurückzukaufen. Die Szene im Keller zwischen Goeth und Helen Hirsch und die Auseinandersetzung zum Thema Macht zwischen Schindler und dem betrunkenen Lagerkommandeur in Goeths Haus sind beide glaubwürdig, aber ihr Rahmen bleibt ein rohes, tödliches Machtspiel.

Goeths unvermittelte wie beiläufige Mordlust kann zudem auf perverse Weise eine vermenschlichende Wirkung haben – besonders in jener Szene, in der er damit spielt, den kleinen Jungen zu verschonen, der gegen die Reinlichkeit verstoßen hat (die Neurose wird hier kaum angedeutet). Gegen unseren Willen werden wir dazu gezwungen, uns mit der Hoffnung zu identifizieren, daß irgend etwas in diesem Mann noch zu erlösen ist und daß der Junge gerettet werden wird.[1] Der pathologische Haß auf die Juden äußert sich zumal immer nur in Taten, nicht in Worten, so als ob es keiner Erörterung oder Introspektion bedürfe. Nur um Schindler zu verteidigen, der inhaftiert wird, weil er eine Jüdin geküßt hat, faselt Goeth etwas vom Bann, den jene Frauen ausüben – wodurch sich seine eigene, ausagierte Faszination durch Helen Hirsch verrät. Der Film behält das Tempo eines Actionstreifens, der keine Abschweifung erlaubt, es sei denn, um Spannung zu erzeugen: von Einstellung zu Einstellung und von Szene zu Szene rattert er voran, wobei ein gelegentliches mechanisches Scheitern nur die Möglichkeit für den Wiedereintritt menschlicher Gefühle symbolisiert.

Spielberg ist stets genau und besitzt dabei eine besondere Gabe, Geschichte in Szenen und Synekdochen zu übertragen. Dennoch hat seine Neigung zur Stilisierung eine sowohl distanzierende wie beunruhigende Wirkung. Der

Wunsch, mittels der Episode »Schindlers Liste« die Ungeheuerlichkeit dessen, was in Krakau und Plaschow passiert ist, zu erfassen, führt zu Momenten, die an Holocaust-Kitsch grenzen. Der SS-Offizier, der während der Liquidierung des Ghettos Klavier spielt, und die Soldaten, die ihm dabei zuhören – »Ist das Bach? Nein, Mozart« –, sind überflüssige Hinzufügungen; das gleiche gilt meinem Empfinden nach für die Szene mit den »Schindler-Frauen« in den Duschen von Auschwitz: sie ist melodramatisch und stürzt die Zuschauer (wie die verängstigten Gefangenen in jenem entscheidenden Moment der Unsicherheit, als die Lichter ausgehen) in Verwirrung, was das Thema Desinfektions-Duschen bzw. Gas-Duschen anbetrifft. Die Episode, in der Goeth sich brüstet, daß er und seine Truppen Geschichte machen würden – da die Juden am Ende dieses Tages, sechs Jahrhunderte nachdem sie sich in Krakau angesiedelt hatten, zu existieren aufhören würden –, ist hingegen wichtig, weil sie an Himmlers Posener Rede erinnert.

Die plakativen Effekte – die *Schindlers Liste* sehr zu einem Hollywood-Film machen – werden im Laufe der Zeit noch viel mehr durchscheinen. Während eine gewisse Flachheit der Figuren in einem Panoramabild dieser Größenordnung unvermeidlich sein mag – und zur Verstärkung der Massenszenen und Nazi-»Aktionen« beiträgt, welche so grausam die Gefühllosigkeit und den Terror der Nazis vermitteln –, ist die Konzentration auf Goeth einerseits und Schindler andererseits zu glatt. So wie die Morde selbst, die, obschon sie uns in ihrer Kaltblütigkeit immer wieder schockieren, stets schnell und sauber vonstatten gehen. Zwei der drei Schlußszenen des Films sind ebenfalls sehr Hollywood-typisch: die Abschiedsszene in der Fabrik ist theatralisch, und Schindlers Zusammenbruch (weil er nicht genügend Juden gerettet hat: hätte er doch nur seinen Wagen verkauft und seine goldene Nazi-Ehrennadel und so weiter …) nimmt dem Ganzen eher, als daß es etwas beiträgt; die Szene, in der die Überlebenden en masse in den Sonnenuntergang laufen, während ein himmlischer Chor aus dem Off »Das goldene Jerusalem« anstimmt (in der israelischen Fassung wurde, wie ich gehört habe, statt dessen »Eli, Eli« gesungen), ist – wenngleich sie nach all den Szenen massenhaften Opferschicksals einen gewissen Trost spendet – wiederum Hollywood oder nachgemachter Eisenstein. Diese Sentimentalität wird erst durch die letzte Sequenz wiedergutgemacht: sie führt uns aus dem Dokudrama heraus und zeigt die Überlebenden, wie sie gemeinsam mit den Schauspielern, die sie dargestellt haben, dem jüdischen Ritus folgend, Steine auf Schindlers Grabstein auf dem Jerusalemer Friedhof legen.

Einen radikalen Standpunkt nimmt Claude Lanzmann ein, wenn er in einem Kommentar zu *Schindlers Liste* schreibt, daß der Holocaust »vor allem anderen dadurch einzigartig ist, daß er einen Feuerring um sich selbst errichtet ... Fiktion ist eine Überschreitung. Ich bin zutiefst davon überzeugt, daß es Dinge gibt, die man nicht darstellen kann und soll«.[2] Auch ich glaube an die Möglichkeit der Zurückhaltung: daß es Dinge gibt, die man nicht darstellen sollte. Da uns unser technisches Wissen heute erlaubt, für fast jede Art von Erfahrung – wie extrem sie auch sein mag – Simulakren bereitzustellen, ist es eher eine Frage des *man sollte nicht* als von *man kann nicht.* Die Entscheidung, daß etwas nicht dargestellt werden soll, bleibt eine moralische; eine Wahl, die man nicht durch ein quasi-theologisches Dogma von der Wucht des zweiten Gebotes erschweren sollte.

Es ist wahr, je mehr ich mit Gewalt auf dem Bildschirm konfrontiert werde – sei es durch Live-Berichterstattung oder fiktionale Wieder-Erschaffung (Geschichte, formulierte Anton Kaes einmal, kehrt früher oder später immer als Film zurück) –, um so mehr entdecke ich die Weisheit einer klassischen Poetik wieder, die die unmittelbare Darstellung von Gewalt oder Leiden einschränkte und statt dessen eine kraftvolle Sprache der Zeugenschaft oder indirekten Mitteilung entwickelte. Das Idiom der Gewalt sollte nicht zur Routine werden und, wie so oft im Film, zu etwas, das man erwartet. Auch wenn das Genie jegliche Schicklichkeit durchbrechen und unsere Abscheu überwinden darf – wie es Shakespeare tut, wenn er Gloucesters Blendung auf der Bühne zeigt –, so ist es doch klar, daß wiederholte Darstellungen von *to pathos* – wie Aristoteles jene blutigen Szenen nennt – eher dazu beitragen, uns abzustumpfen, als uns zu schockieren. Vor allem dann, wenn das Kunstwerk das Zeitalter seiner mechanischen Reproduzierbarkeit erreicht hat. Das Band von Rodney Kings Verhaftung wird dadurch, daß es immer wieder und wieder gezeigt wird, zu einer Ikone, zu einer Metonymie, die jegliche Ausdruckskraft verloren hat.

Kurz gefaßt, kann man Spielbergs Version von *Schindlers Liste* aus zweierlei Gründen kritisieren: Einer davon ist, daß der Film nicht realistisch genug ist. Er schließt durch die Art und Weise, in der alles durch große Erlösungs-Akte oder Mord strukturiert wird, immer noch Kompromisse mit der Ästhetik Hollywoods. Eine Ästhetik, die in der Tat häufig zu Stereotypen und visuellen Klischees führt. Aber der zweite Grund ist, daß gerade die Grausamkeit und das Sensationelle des Ereignisses, mit Hilfe eines spektakulären Mediums rekonstruiert, eine magische Anziehungskraft ausüben, die allein in der Lage zu sein scheint, das Ausmaß des Bösen zu vermitteln. Gewiß werden die Betrachter dieses packenden Films von jener Frage verfolgt, die Adorno erneut aufgeworfen hat – bezüglich des Vergnügens, das uns die Tragödie bereitet. Oder sie werden sich Gedanken darüber machen, wie diese Anziehungskraft, die so nahe an Voyeurismus grenzt, hätte abgemildert werden können. Die »unausweichliche Modalität des Sichtbaren« (Joyce) fixiert mit ihrer Evakuation der Innerlichkeit die Einbildungskraft mehr, als es die Formeln der mündlichen Überlieferung tun. Künstler haben, auf die eine oder andere Weise, schon immer gegen die Tyrannei des Auges rebelliert.[3]

Einem solchen Film einen selbst-reflexiven Kommentar aufzupfropfen ist ebenfalls keine Lösung: das würde lediglich seine packende Wirkung als Dokudrama schwächen oder den Film »postmodernisieren«. Spielberg hat eine Tatsache auf der Leinwand geschaffen, und läßt den Zuschauer mit der moralischen Herausforderung allein. Können wir – entweder während des Films oder während jene Bilder sich wieder zu Bewußtsein melden – wie der Parsifal in der Legende werden, der sich angesichts eines außergewöhnlichen Anblicks entscheiden muß, was er fragen bzw. nicht fragen soll? Natürlich gibt es keine Garantie, daß die Fragen, die wir stellen – und das betrifft nicht nur die Frage, wie der Holocaust überhaupt hat passieren können, sondern auch die Frage, was wir tun sollen, nun, da er passiert ist –, uns in irgendeiner Weise Erlösung verschaffen werden.

Zum Hauptthema in der Debatte über diesen Film wird die Frage: Was sind die Merkmale einer authentischen Darstellung der Shoah? »Authentisch« ist ein tiefempfundenes, aber heikles Wort. Ich werde also die Frage umformulieren müssen: Wie sollen wir den Wert eines anschaulichen, filmischen Realismus Marke Spielberg veranschlagen? Eines Realismus, der scheinbar kein Bewußtsein von sich selbst besitzt (daß er eine Fiktion des Wirklichen bleibt) und der (abgesehen von der letzten Szene) sowohl das Vergehen der Zeit als auch das Verhältnis von Erinnerung und Wirklichkeit ausblendet?

Um diese Frage zu beantworten, werde ich zwei andere bekannte Filme über den Holocaust zu Hilfe nehmen. In *Shoah* verwirft Claude Lanzmann jegliche Art von Archivbildern oder Simulakren: er hält den Film in der Gegenwart seiner Entstehungszeit, indem er die Überlebenden wieder mit dem (nunmehr täuschend friedlichen) Ursprungsort ihres Leids zusammenbringt. Er belebt jene Szene durch das aktive eigene Erinnern der Überlebenden, ja sogar – wie im Falle Bombas, des Friseurs von Auschwitz – indem er sich Hilfsmittel bedient, um der schmerzhaften Wiederkehr des Vergangenen nachzuhelfen. In dieser radikalen und von Prinzipien durchdrungenen Arbeit wird die Gegenwärtigkeit des Vergangenen in erster Linie mit Hilfe der menschlichen Sprache evoziert, durch Zeugenschaft; und so ist der Film alles andere als archivalisch oder ein historisches Simulakrum.

Lanzmann selbst hat mit seiner Präsenz in hohem Maße Anteil an dieser Gegenwärtigkeit. Seine Fragen können nicht nur mit den Tätern, sondern auch mit den Opfern den Charakter eines unter großem Druck stattfindenden Verhörs annehmen. Gelegentlich führt dies zu Problemen. Denn er scheint nicht allzu interessiert zu sein an Leben oder Nachleben der Übriggebliebenen: an der Art und Weise, wie deren tägliches Leben immer noch von einer traumatischen Vergangenheit in Mitleidenschaft gezogen wird. Statt dessen legt er mit der erbarmungslosen Hartnäckigkeit des Regisseurs jedes Detail über das *Wie* der »Endlösung« bloß, jeden Aspekt, der für das Funktionieren der Todesmaschinerie, des technologischen Mammons, der nach Opfern verlangt, wichtig ist. Das ist die »Wirklichkeit«, die er uns in all ihrer technischen und bürokratischen Effizienz beibringt. Überwältigend, bestürzend, obsessiv und entweder hypnotisierend oder ermüdend – *Shoah* ist ein Film, der auch Lanzmann selbst nicht ganz ausspart, der als ein – im Dienste seiner Sache – ironisch-manipulativer und alles andere als liebenswürdiger Mensch gezeigt wird. Zugute halten muß man ihm, daß er nicht versucht, die obszönen Fakten durch eine marxistische oder andere Theorie zu erklären. »Hier gibt es kein Warum«, zitiert er (in einem späteren Kommentar zu seinem Film) den Willkommensgruß eines Wächters, den Primo Levi im Konzentrationslager aufgezeichnet hat.

In Haim Gouris Trilogie, die mit *Der 81. Schlag* beginnt, ist genau das, was Lanzmann verwirft, Grundlage der Darstellung. Die Wirklichkeit wird ausschließlich anhand von Archivbildern beschrieben. Aber auch hier kommt die individuelle Erinnerung ins Spiel: durch das *voice-over* der Überlebenden, welche die Ereignisse kommentieren – ein reiches und vielfältiges Stimmengewirr, das sich zumal nicht auf einfache Weise der Fotomontage unterordnen läßt. Diese Bilder und Stimmen müssen für sich selbst sprechen: obgleich in eine Reihenfolge gebracht, wird ansonsten kein Versuch unternommen, sie auf die Gegenwart zu beziehen. Dennoch bleibt die didaktische, wenn auch unsichtbare Handschrift des Regisseurs spürbar. In *Flammen in der Asche* zum Beispiel – jenem Teil von Gouris Trilogie, der sich mit dem Widerstand beschäftigt – wird die Frage, warum die Juden sich nicht mehr gewehrt hätten, damit »beantwortet«, indem Archivbilder von besiegten russischen Soldaten gezeigt werden, die, von sehr wenigen Deutschen bewacht, in einer endlosen, sich bis zum Horizont erstreckenden Reihe vor sich hin vegetieren, unendlich niedergeschlagen, und sich gelegentlich wie Tiere um Zigarettenkippen oder Nahrung balgen.

Weder in Gouris noch in Lanzmanns Filmen geht es *in erster Linie* um das Verhältnis zwischen Erinnerung und Wirklichkeit. Obwohl Lanzmann seinen Film als *oral history* aufzieht, dienen seine Interviews nur dazu, in erschöpfender und ausschließlicher Weise einen einzigen Aspekt der Shoah zu rekonstruieren – den schlimmsten: ihre letzte Phase, die »Endlösung«, zusammen mit der Technologie und dem Temperament, die sie erst ermöglichten. Gouris Fokus ist vielfältiger und weniger obsessiv – dafür ist er gezwungen, seine Bildspur im »Idiom« der Täter zu komponieren, da die meisten der ihm zur Verfügung stehenden Fotos (vor allem in *Flammen in der Asche*) von den Nazis selbst für Propaganda- oder Dokumentationszwecke gemacht wurden.[4]

Das in Gouris Trilogie eingesetzte *voice-over* erinnert gerade in seiner Art an die Wochenschauen, die in den alten Filmtheatern gezeigt wurden. Goebbels' Propagandamaschine beutete diese Technik in Filmen wie *Der ewige Jude* auf himmelschreiende Weise aus. Doch bei Gouri weicht der aufgeregte und triumphierende Monolog des Sprechers einer lebendigen Montage verschiedenster Stimmen. Seine Dokumentation gewinnt ihre Integrität aus der Tatsache, daß sie nichts erfindet oder rekonstruiert, sondern sich vielmehr abmüht mit der Masse an überliefertem Material: Äußerungen, Bilder, Begleitmusik.[5] Allesamt »Klischees«. Gouri geht symphonisch vor, er ist eher ein Dirigent als ein Regisseur; und obschon seine Betonung auf der Reportage bleibt, macht die strukturelle Lücke zwischen Bildmaterial und *voice-over* den Film sowohl weniger einheitlich in seinem Realismus als auch von einem formalen Standpunkt aus interessanter. Ein Bild sagt hier nicht mehr als tausend Worte, sondern *bedarf* dieser Worte (die Stimmen der Überlebenden, in ihrem Timbre wie in ihrer Botschaft), um es zu vermenschlichen, es davor zu bewahren, einer voyeuristischen Hypnose Vorschub zu leisten.

Dennoch entwickelt Gouri seine Technik nie dahin gehend, daß er Erinnerung als einen eigenen Ort beschreibt, der seine eigenen Geschichten und Symbole entwickelt. Anders als in Alain Resnais' und Marguerite Duras' *Hiroshima, Mon Amour* wird das Verhältnis zwischen Kinobild und *voice-over* (oder *voix-off*, wie die Franzosen sagen) nicht problematisiert. Unterschiedliche Lebenswelten – die des japanischen Mannes und jene der französischen Frau, die Nachwirkungen der Atombombe und jene der Besatzung durch die Nazis – werden nebeneinandergestellt in diesem Film, während Tonspur und Bild zuweilen im Widerstreit liegen. Heute, da wir uns von dem ursprünglichen Ereignis immer weiter entfernen und sich persönliche wie kollektive Identität zunehmend auf veröffentlichte Erinnerungen stützt, scheint es fast zwangsläufig, daß die Spannungen zwischen verschiedenen »Kulturen« zunehmen. Diese werden nun definiert durch das, was dem Vergessen entrissen worden oder zur Erinnerung bestimmt ist, durch die Art der Darstellung, der Rezeption und der Übermittlung.

Wie unterschiedlich ihre Filme auch sein mögen: sowohl Lanzmann als auch Gouri vermeiden einen invasiven technologischen Blick. Wir sind uns dieses Blicks seit Vietnam, Biafra, Somalia, Bosnien und Ruanda auf schmerzhafte Weise bewußt geworden.[6] Denn es ist nicht länger unvorstellbar, daß einige der schrecklichen Szenen, die Spielberg rekonstruiert hat, live gefilmt – als ob jene Gegenwart die unsere wäre – und beinahe zeitgleich in unsere Wohnstuben hätten geleitet werden können.[7] Diejenigen, die sich *Schindlers Liste* anschauen, stehen vor einem Dilemma, das ich bereits erwähnt habe. Wie reagieren wir, wenn wir derartiges sehen? Wenden wir uns in unserer Ohnmacht protestierend ab oder setzen andere Abwehrmechanismen ein? Haben wir keine andere Wahl, als zu verlangen, daß diese Darstellungen für undarstellbar erklärt werden? Wie können wir die Tatsache, daß »wir betrachten, was andere erleiden«, moralisch rechtfertigen?[8]

*Schindlers Liste* ist nicht nur allgemein mit Beifall aufgenommen worden, sondern soll auch überall in den Schulen eingesetzt werden. Das legt die Schlußfolgerung nahe, daß all meine bisherigen Vorbehalte und Fragen einen sehr wesentlichen Punkt außer acht gelassen haben: wie nämlich schon die alten Griechen (wenn auch nicht die Hebräer) behauptet haben, kann ein klares Bild dessen, was man fürchtet, helfen, diese Furcht abzumildern. Es kann auf eine grundlegende Weise lebensbejahend sein, im Angesicht des Widrigen zu singen, wie es Spielberg unglaublicherweise tut.

Doch selbst Spielberg kann die Grenzen des Realismus nicht hinter sich lassen. Obwohl er den ehrlichen Versuch unternimmt, sich an die Tatsachen zu halten und in der Darstellung des jüdischen Milieus, das er beschreibt, genau zu sein (wie sehr seine Irrtümer oder Kompromisse das Gesamtbild schmälern, wird umstritten bleiben), bleibt so vieles in diesem Film einer fiktionalen Struktur verhaftet, gleicht so vieles anderen Action-Filmen – trotzdem es auf dokumentierten historischen Fakten beruht –, daß dieses Verschwimmen der Grenze zwischen Geschichte und Fiktion nie jene innere Stimme in uns verstummen läßt, die da murmelt: »Es ist ja (nur) ein Film.« Dies passiert nicht nur an den Stellen, wo der Film am verletzlichsten ist – wenn es nicht um den Holocaust geht, vielmehr zwischen Goeth und Schindler ein homoerotisches Psychodrama mit spannungsgeladenen Szenen wechselseitigen Taktierens inszeniert wird –, sondern auch dann, wenn Episoden wie die Liquidierung des Ghettos uns durch die schiere Gewalt ihrer Darstellung in die Defensive drängen. Visueller Realismus kann einen »Unwirklichkeits-Effekt« hervorrufen. Hans

Jonas soll einmal gesagt haben, daß »in Auschwitz mehr wirklich als möglich war«.

Wenngleich Spielbergs Blick problematisch erscheint, sollten wir doch den Fragen, die er aufwirft, nachgehen. Und obschon ich Gouris und Lanzmanns alternative Darstellungsweisen vorziehe – der eine darin das Gegenstück zum anderen und doch beide mit mehr Respekt als Spielberg vor der Tätigkeit der Erinnerung und der Frage der Darstellbarkeit –, so gibt es keinen Grund, dogmatisch auf einer einzigen Art der »realistischen« Darstellung zu beharren. Im folgenden möchte ich kurz andere beispielhafte Vorgehensweisen beschreiben, vor allem jene, die das Erinnern als solches berücksichtigen.

Bei Aharon Appelfeld (dessen Romane noch nicht verfilmt worden sind) ist die Erinnerung eine abwesende Gegenwart. Wir bekommen die versengende Flamme zu spüren, die seine Charaktere antreibt, aber wir sehen sie nie als eine quälende oder unerträgliche Macht bewußt hervorgekehrt. Wir wissen, daß irgend etwas das Leben dieser Figuren, ihr Urvertrauen oder ihren Glauben an das Leben zur Seite gedrängt hat, doch das »Feuer« der Erinnerung, wie Appelfeld es nennt, ist einem immerwährenden Zapfenstreich unterworfen.

Seine Romane ragen eigentlich dadurch heraus, daß sie nicht im Angesicht des Widrigen singen; er beschreibt die Shoah nicht direkt, nur das Davor und das Danach. Oft ist der Überlebende sein Thema, nicht aber die Erinnerung an den Holocaust im einzelnen. Er verweigert noch die leiseste Andeutung eines Melodramas und konzentriert sich statt dessen auf das tägliche Leben von Menschen, die nach all dem, was sie mitmachen mußten, Schwierigkeiten haben, in dieser Welt zu leben, denen die Flucht in den politischen oder religiösen Mystizismus aber verwehrt bleibt. Sie möchten etwas anfangen mit einem Leben, ihrem Leben, das verschont geblieben ist, aber sie fühlen sich weiterhin schuldig und orientierungslos.

Wie im Fall von Helga in *The Healer* gibt es immer eine

Person, die die Symptome einer obskuren Krankheit anzunehmen scheint; aber diese Krankheit kommt schubweise und wird immer wieder durchbrochen von einer außergewöhnlichen Nüchternheit und einem Horizont, bei dem diese Nüchternheit in keinem Gegensatz zum Glauben steht. Dennoch hat eine verhängnisvolle Trennung zwischen Glaube und Gefühl, Orthodoxie und Assimilation stattgefunden. Die jüdische Emanzipation hat nicht vermocht, jüdische Bedürfnisse zu stillen. Wenn wir angesichts der Orientierungslosigkeit dieser Figuren fragen, wohin sie gehen, so ist es verlockend, mit Novalis zu antworten: »Immer nach Hause«. Die Nostalgie, die dem zugrunde liegt, kommt einem Todestrieb nur allzu nahe.

Von Appelfelds Geschichten geht ein Gefühl spirituellen Verlustes aus, das durch die kaum kanalisierte Lebensenergie seiner Charaktere und die starken, wenngleich diskontinuierlichen Momente körperlicher Freude an der Natur, der Tatsache, am Leben zu sein, nur noch verschärft wird. Es gibt kein absichtsvolles Sterben, aber auch keine Wiedergeburt. Und doch ist es die Wiedergeburt, die am Horizont all diesen ziellosen Wanderns auftaucht. Die Ironie in vielen Appelfeld-Romanen – angefangen von *Zeit der Wunder* und *Badenheim* – besteht darin, daß der post-traumatische Zustand, den darzustellen es keiner extremen Kunstgriffe bedarf, der *conditio humana* insgesamt zu gleichen beginnt. So ist die Sorglosigkeit und Unschuld seiner assimilierten jüdischen Charaktere (ein Merkmal, das sie zu Schlafwandlern in einer zunehmend feindseligen Umgebung macht) derjenigen von Lagerinsassen nicht unähnlich, die das Schlimmste schon hinter sich haben. Beide Gruppen weisen eine hypnotische Wachsamkeit auf, die mit den Sinnen alles registriert, aber kaum noch Gefühle und Bedeutungen durchläßt. Ein Film in ihrem Kopf läßt die Überlebenden rastlos umherwandern, auf und nieder, hin und zurück, stets wach und dabei wünschend, alles ausschlafen zu können. Im Falle der assimilierten Juden *vor* dem Holocaust scheint die Rastlosigkeit von einem quälenden Mangel an Erinnerung herzurühren: sie werden beschrieben als

»Ich, das auf der Oberfläche des Bewußtseins schwimmt«. Für beide Gruppen ist es somit nicht genug, von der Vergangenheit, seiner Fülle oder Leere, wegzukommen: sie sehnen sich nach einer Ablenkung – ja sogar einer Ekstase –, die so tief ist wie die Natur selbst, oder nach einem Gegen-Bewußtseins-Prinzip, das so betäubend wirkt wie die Kunst.

Appelfeld beschwört daher öfters einen magischen, aber kräftigenden Schlaf, der auf halbem Wege zwischen Gedächtnisschwund und Schwangerschaft liegt. Über die Jungen, die schließlich Israel erreicht haben, schreibt er: »Nach Jahren des Leidens und Umherwanderns wirkte Israel wie ein weites, beruhigendes Reich, das uns in einen tiefen Schlaf zog. Tatsächlich war das unser sehnlichster Wunsch: zu schlafen, jahrelang zu schlafen, uns selbst zu vergessen und wiedergeboren zu werden.«[9] Eine ausgedehnte psychische Abwesenheit ist das notwendige Vorspiel einer Heilung, einer Wiedergeburt, die eine deutlich ästhetische Dimension besitzt, indem dorthin Einfühlung zurückkehrt, wo zuvor nur Beobachtung war.

»Wir müssen die Erinnerung«, so schreibt Appelfeld, »von der Kategorie der Geschichte in diejenige der Kunst befördern.« Aus diesem Programm ergibt sich die Frage: verschleiern seine Romane das historische Gedächtnis zu sehr oder retten sie die Eigenart der Kunst in einem Zeitalter des brutalen Realismus? Die Problematik geht über die von Darstellungen, die um den Holocaust kreisen, hinaus. Ein Film wie Resnais' *Letztes Jahr in Marienbad* zeichnet sich durch seinen bewußten, stilisierten Umgang mit dem Abhandenkommen statt dem Vorhandensein von Erinnerung aus – mit Erinnerungs-Neid. In seiner kühlen und eleganten Art findet sich eine Parallele zu Appelfelds Distanzierungsmethode: ein entscheidendes Ereignis wird vorausgesetzt, ein virtueller *lieu de mémoire*, der nicht zum Leben erweckt werden kann, der sich weigert, zu einer tatsächlichen Begegnung zu werden.[10] Und doch übt die Tatsache, daß es einst einen Ort und eine Zeit der wirklichen Begegnung gab, weiterhin ihre verführerische Kraft aus. Der französische Klassizismus des Films ist – sowohl durch das sterile Setting als auch durch das Betragen der Schauspieler – ein Protest gegen eine andere Art der Verführung: die eines zeitgenössischen Realismus. Gleichzeitig gelingt es Resnais, den Fokus völlig auf einen Mann und eine Frau zu verlagern, die ihr Menuett fast ohne Hilfsmittel aufführen müssen, sieht man von einer Erinnerung ab, die eher unwirklich als wirklich ist: die Erinnerung bleibt hier die Gebieterin der Illusionen.

In ähnlicher, zugleich aber auch aufsehenerregend anderer Weise weigert sich der deutsche Filmemacher Alexander Kluge, den »Kräften der Gegenwart« – unserem programmatischen Realismus – zu gestatten, die Vergangenheit zu beseitigen und der Zukunft Grenzen zu setzen. Seine Filme setzen sich mit der Vergangenheit und dem fortdauernden Druck, den sie ausübt, auseinander, indem sie Bilder einer zerstörten oder verlassenen Nazi-Architektur einbauen. Diese negativen *lieux de mémoire* (»Gedächtnisorte«), einst in Nazifilmen verherrlicht, dienen als Erinnerung an die »Ewigkeit des Gestern«. Symptome eines fatalen kollektiven Traums, der nicht wirklich vorüber ist, treiben sie weiter ihr Unwesen im »Kinotier« (Kluge), zu dem wir geworden sind.

Was sollen wir also mit diesem Kinotier anstellen: wie kann man es aufziehen, aber auch erziehen? Gedächtnis und Technologie sind zu Themen geworden, die miteinander in Wechselbeziehung stehen. Wenn unser neues Verhängnis darin besteht, daß alles als Film zurückkehrt, dann ist nicht nur die Gegenwart als ein Ort der Erfahrung in Gefahr, sondern auch die Vergangenheit. Der sowjetische Witz, daß »die Vergangenheit noch weniger vorhersehbar ist als die Zukunft«, bekommt damit eine weitere Bedeutung – eine, die auch uns umfaßt. Die Authentizität von Vergangenheit und Gegenwart wird nicht nur durch den Fortschrittsgedanken der Aufklärung gefährdet – der um der Zukunft willen alles ausblendet – und auch nicht bloß durch die Selbstsüchtigkeit einer jeden Jetzt-Generation, sondern auch durch das subversive Wissen, daß die Informationstechnologie alles infiltrieren und sich überall dazwischenlegen kann, so daß unsere Suche nach einer authentischen oder un-vermittelten Erfahrung von immer entscheidenderer Bedeutung, gleichzeitig aber auch immer verzweifelter wird.[11]

Dieser Zusammenhang stärkt die Wichtigkeit einer neuen Darstellungsform, nämlich des Videozeugnisses *(Videotestimony)*, das filmisch, aber zugleich kein Kino ist. Formal behaupten Videozeugnisse zweierlei: sie übermitteln die Botschaft »Ich war da«, aber auch »Ich bin hier« – hier, um euch darüber zu erzählen, um diese Verantwortung trotz Trauma und Schmerz, trotz der Trennlinie zwischen Vergangenheit und Gegenwart auf mich zu nehmen. Das »Ich bin hier« ist die Gegenwart, die sich der Vergangenheit bewußt ist, aber dort nicht ihren Grund sucht – denn es findet keinen Grund, sondern einen Abgrund vor, einen mörderischen Graben, gleich dem, den die Opfer für ihre eigenen Leichen zu graben gezwungen wurden. Mithin drückt sich in der Situation des Überlebenden ein viel schwierigeres Nebeneinander von Zeitlichkeiten aus als bloß von Vergangenheit und Gegenwart. Im Überlebenden, der sich der nachwachsenden Generationen wie seiner eigenen dezimierten Gemeinde bewußt ist, geraten Wahrheit und Vermittelbarkeit in Widerstreit. In irgendeiner Form hat diese Spannung immer existiert: Gershom Sholem spürt ihr im verschleierten Verhalten des Mystikers nach, Walter Benjamin in der ganz eigenen Vorstellungswelt Kafkas. Aber diesmal wissen wir aufgrund von Fotos, Filmen und Dokumenten sehr genau, was passiert ist – und was die Geschichte so schwer zu erzählen macht. Die Tatsachen, die uns erstarren lassen, sind jedoch nicht das einzige, was die Zeugen uns zu geben versuchen bzw. was wir von ihnen wollen. Vielmehr ist es so, daß ihr »Ich bin hier« das »Ich war da« aufwiegt und uns die Menschlichkeit des Opfers in Erinnerung ruft, der das Überlebthaben überleben muß. Im Tod war Leben damals, im Leben heute der Tod: wie kann dieser Chiasmus ehrlich aufgezeichnet werden?

An dieser Stelle wird Technologie sowohl hilfreich als auch hinderlich, und ein neues Genre entsteht. Das videovisuelle Medium hat seine Suggestionskraft, doch wenn man die Videozeugnisse betrachtet, wird klar, daß die Wirkung in diesem Fall eher eine semiotische als eine hypnotisch-faszinierende ist: daß das Medium jene Menschen, die eine Erfahrung des (Identitäts-) Verlusts durchgemacht haben, sowohl *identifiziert* als auch *unterscheidet*. Jedesmal, wenn wir auf diese Weise eine mündliche Erzählung *(oral history)* zurückgewinnen, selbst wenn sie tragischerweise von Treblinka oder Auschwitz handelt, hilft uns die moderne Technik dabei, eine aus eben dieser Technisierung herrührende Gleichmacherei wieder rückgängig zu machen. Denn je flüssiger wir darin werden, das weiterzugeben, was wir unsre Erfahrung nennen, desto ähnlicher werden sich diese Erfahrungen und desto leichter werden sie vergessen. Was zuvor die widerständigen Kanäle der Überlieferung passieren mußte, wird nun durch einen technischen Ablauf vermittelt, der von enormer Leitfähigkeit ist und der die Abwesenheit von Reibungsverlusten sowie gleich viel Zeit (und gleich viel Licht) für alle zu versprechen scheint. Daraus speist sich auch jenes subversive Gefühl angesichts der Austauschbarkeit und Kopierbarkeit von Erfahrungen – einer Kopierbarkeit, die unausgesprochen in den technologischen Mitteln ihrer Übertragung liegt.[12]

Als ein Genre sind Videozeugnisse nicht darauf beschränkt, Augenzeugen des Holocaust aufzunehmen: beim »Augenzeugen-Video« *(»testimonial video«)* handelt es sich um ein allgemeineres zeitgenössisches Phänomen, das Gedächtnis und Technologie miteinander verbindet, um unser Gewissen wachzurütteln und ein Vergessen zu verhindern. Aber die Beziehung zwischen Gedächtnis und Technologie ist eine problematische, wenn die Erfahrung, die übermittelt werden soll, eine traumatische ist. Wie ich bereits angedeutet habe, wird unsere Erfahrung um so leichter vergessen, je technisch versierter wir in unserem Bemühen werden, sie zu vermitteln: sie wird austauschbarer und kann leichter simuliert werden. Gleichwohl bedient sich insbesondere das Holocaust-Zeugnis des Videos, um einem durch Video verursachten Gedächtnisschwund zu begegnen. Es ist gleichsam eine homöopathische Form der Darstellung, die hier entwickelt wird.

Auch wenn sie von Irrtum und unbewußtem Fabulieren nicht frei sind (zumal wenn seit den Ereignissen vierzig Jahre und mehr vergangen sind), so erlauben diese audiovisuellen Dokumente doch zuweilen einen spontanen Einblick in wieder aufsteigende Erinnerungen und in aufschlußreiche *Details* aus dem alltäglichen Leben und Sterben, welche die Geschichte als *histoire événementielle* (»Ereignisgeschichte«) verdrängt oder übergeht. Der Erinnerung werden ein eigener Raum und ein eigener Rhythmus zugestanden, wenn sich das Interview in einer nichtkonfrontativen Atmosphäre abspielt, wenn der Versuch, Erinnerungen aus der Vergangenheit in die Gegenwart zu holen, nicht dazu führt, eine neuere Gegenwart auszublenden – nämlich das Milieu, in dem die Aufnahmen stattfanden. Da der Zeitraum, in dem man sie anschauen wird, nicht derselbe ist, in der sie aufgenommen worden sind, genauso wie der Aufnahme-Zeitraum nicht mit dem der ursprünglichen Erlebnisse übereinstimmt – ein Muster, das durch »Live«-Videos oder den »Ansturm der Gegenwart auf die übrige Zeit« auf die Probe gestellt wird –, wird eine zeitliche Komplexität erzeugt, die der Mehrdimensionalität des Denkens selbst sehr nahekommt und den Versuch unterläuft, eine Form von Abschluß oder irgendeine Ewigkeits-Struktur zu simulieren.[13]

Lassen Sie mich Ihnen ein Beispiel für jene zeitliche Komplexität geben, die sich nicht vom Rhythmus der Erinnerung trennen läßt, wenn sie in Worten ausgedrückt wird. In einer der Video-Zeugenaussagen von Yale versucht eine Frau ihren Zustand der Verwirrung während einer Nazi-«Aktion« zu beschreiben. Sie wickelt ihr Baby in einen Mantel, so daß es wie ein Bündel aussieht, und versucht es an einem deutschen Wachposten vorbeizuschmuggeln, der die Juden nach links oder rechts dirigiert. Sie sagt, daß sie das Bündel zu ihrer Linken hält, weil sie denkt, es auf diese

Weise retten zu können; aber bereits diese Erinnerung ist eine Verwirrung und zeigt die Anspannnung, unter der sie sich in jener Situation befand, als sie eine Entscheidung treffen mußte. Als sie an der Wache vorbeikommt, gibt das Baby, das am Ersticken ist, einen Laut von sich; der Wachposten befiehlt ihr zurückzukommen und verlangt nach »dem Bündel«.

An dieser Stelle in ihrer Geschichte äußert sie ein »Jetzt« und legt eine vernehmliche Pause ein.* Es ist, als ob sie sich durch dieses »Jetzt« nicht nur für die Erzählung dessen stählt, was als nächstes passierte, sondern auch den Versuch unternimmt, sich – im Rahmen der Erzählung – jene Zeit zum Nachdenken zu nehmen, die ihr in jenen sich überstürzenden entscheidenden Momenten des ursprünglichen Erlebnisses versagt blieb. Sie fährt fort, die traumatische Trennung von ihrem Kind zu beschreiben: sie war nicht ganz da, sagt sie, oder sie war betäubt, oder vielleicht, läßt sie durchblicken, bildet sie sich nur ein, daß sie ein Baby hatte – vielleicht ist sie immer allein gewesen. Sogar Jack, ihr Ehemann, sagt sie später – und gleitet, während die Kamera einen Schwenk in seine Richtung macht, in eine andere Jetzt-Zeit –, sogar Jack habe ihre Geschichte nicht gekannt, die sie ihm erst vor kurzem erzählt habe, obwohl auch er ein Überlebender ist. Als sie, just vor jenem Moment, bekennt, daß sie dem Offizier das Bündel gegeben habe, sagt sie nicht »das Baby«, sondern »das Bündel« (eine natürliche Metapher, traurig und distanzierend, aber immer noch liebevoll, vielleicht ein jiddischer Ausdruck, das »Päckel«): »Er streckte seine Arme aus, damit ich ihm das Bündel gebe, und ich gebe ihm das Bündel, und das war das letzte Mal, daß ich das Bündel hatte.«[14]

Ich erinnere mich dunkel, aber auf eine Weise, die mich verfolgt, an einen Augenblick in einem Resnais-Film (ich glaube, es war *Muriel*, der zur Zeit des Algerienkriegs spielt

* »Now« kann im Englischen sowohl »Jetzt« als auch – wenn man zu einem neuen Satz ansetzt – »Also« heißen, Anm. d. Ü.

und enthüllt, daß gewisse Teile der französischen Armee sich an Folterungen beteiligten), wo ein Amateurfilm eingeblendet wird und die Stummheit des Mediums unser Gefühl für die (physische und psychische) Verstümmelung, die der Frau zugefügt wird, von dem er handelt, zu schärfen scheint. Bar jeden Tons schrien diese Szenen nur um so lauter. In meiner Erinnerung sind diese Bilder in Schwarzweiß und kontrastieren mit dem Farbfilm; aber es kann sein, daß ich mich hier täusche. Das rohe Band wirkte wie ein Spiel im Spiel, und ich mußte an die Pantomime in Hamlet denken, die dazu dient, den König am Gewissen zu packen: »Das Schauspiel sei die Schlinge, in die den König sein Gewissen bringe.« Hier wie dort verhindert der Einbruch eines archaischen Mediums, daß wir der Versuchung anheimfallen, das, was sich ereignet hat, zu bemänteln oder zu ästhetisieren. Das Durchbrechen des Rahmens legt die Schlußfolgerung nahe, daß eine krude Form des Realismus der Wahrheit näher kommen kann als dessen ausgefeilte Version. Zum Schweigen gebrachte Erinnerungen leben schweigend weiter.[15]

Daß Spielberg in Schwarzweiß dreht, hat eine archaisierende Wirkung und hätte zu einem zeitlichen Distanzierungseffekt führen können. Aber es wirkt stärker als Farbe, so reichhaltig ist der Farbton, der hier erzielt wird. Spielberg hat die richtige Entscheidung getroffen; und doch bedurfte der Film eines *inneren* Kontrasts, um die Auswirkungen dessen, was ich seinen invasiven technologischen Blick genannt habe, abzumildern und die weniger glatten Aspekte zu berücksichtigen, die Körnigkeit und das Stocken der Erinnerung. Folglich präsentiert Gouri am Ende von *Flammen in der Asche* eine Unmenge von eher zerknitterten Fotos, die in einem gemächlichen Bilder-Strom daherkommen, der so ganz anders ist als die flüssige Montagetechnik, die der Film bis zu diesem Zeitpunkt an den Tag gelegt hat. Spielberg hingegen scheint immer in Eile – oder verliebt in die Mimesis, in die Bewegung und die Größe eines Mediums, das seine Magie bewahrt hat und das er, unabhängig vom Inhalt, dem Kind in uns zuliebe inszeniert – den Kindern, deren Ermordung, auch wenn sie nicht direkt gezeigt wird, sein schrecklichstes und ergreifendstes Thema ist.

Es ist das Kind im Erwachsenen, das Spielbergs Thema bleibt, sogar hier: das mißbrauchte wie das erwachsene und aufgeklärte Kind. Das Kino nimmt sich dieser Versündigung am Kind an – nicht nur, indem es uns, wie in *Schindlers Liste*, mit Bildern eines Massenmordes an Kindern erschreckt, sondern auch, indem es eine strukturelle Verbindung zwischen dem Gedächtnis des Erwachsenen und der kindlichen Vorstellungskraft wiederbelebt.[16] Denn unsere stetig wachsenden Möglichkeiten, mit Hilfe der Geschichtsforschung oder der Psychotherapie Zugang zur Vergangenheit zu erhalten, werden durch die technologischen Fertigkeiten bei der Herstellung von Simulakra begünstigt. Dennoch ist Spielbergs Kunst nicht in erster Linie eine retrospektive, denn das Kind und der Erwachsene unterscheiden sich als »Kinotiere«.

Das Kind (in uns) lernt immer noch durch Wunder: für junge Menschen kann die Vergangenheit nie die Zukunft einholen, die für Freiheit und Möglichkeiten steht. Wer könnte je das Gesicht des kleinen Jungen in Spielbergs *Unheimliche Begegnung der dritten Art* vergessen, als sein Spielzeug plötzlich aufleuchtet und zu Leben erwacht? Jene Mischung aus Unschuld und Staunen, jener erwartungsvolle Blick, der zu sagen scheint: »Ich wußte es ja immer, daß ihr echt, daß ihr lebendig seid.« Wie alt wir auch sein mögen: wenn wir die Höhle betreten und zu »Kinotieren« werden, kehren wir auch von neuem in ein Reich der Möglichkeiten zurück. Unsere Gefühle werden befreit – selbst für ein so unheilvolles Thema, für einen Film wie *Schindlers Liste*, der sie wieder mit einem Wissen verbindet, für das wir bereits unempfindlich waren oder das wir auf Fußnoten verwiesen haben. Aber der Erwachsene ist, im Gegensatz zum Kind, auch noch auf andere, beunruhigendere Weise ein »Kinotier«.

Nun kann uns die Fähigkeit, Abbilder zu reproduzieren oder zu denken, wir *sähen* die Erinnerungen, könnten sie aufrufen und an die Wand in unserer Höhle projizieren, aber auch zu ihrem Gefangenen machen. Sie sind dann nicht länger Spielzeuge, Gefährten, Tröster oder Masken, die uns verzaubern (anstatt uns Angst einzujagen) und deren stilles Lächeln oder Grinsen auf so vertraute Weise die Existenz eines geheimnisvollen Reichs offenbart. In einer Gesellschaft des Spektakels sind eindrucksvolle Bilder das, wofür Besitz oder Boden oft gehalten worden sind: ein seelisches Bedürfnis. Wenn das Auftreten einer »entdeckten« Erinnerung *(recovered memory)* in den letzten Jahren dramatisch zugenommen zu haben scheint, dann kann es sein, daß die Bilder der Gewalt, die uns die Medien stündlich übertragen – ebenso wie die weitverbreitete Publizität des Holocaust, die zu einer metaphorischen Aneignung führt (Sylvia Plath ist dafür ein berühmtes Beispiel) –, die Vorstellung eines alles bestimmenden Traumas zum Gemeingut gemacht haben. Es ist verständlich, daß viele Menschen einen Druck verspüren, ein ähnlich einschneidendes Erlebnis, ein erhabenes oder schreckliches Identitätsmal bei sich selbst zu finden. Die Wunde, die von einer abwesenden Erinnerung geschlagen wird, kann unter Umständen größer sein als die Wunde einer angeblich wiedererlangten Erinnerung, die – wie schmerzhaft auch immer – eine verlorene Intensität, eine kindliche Aura ins Gedächtnis zurückruft.

In einem packenden und präzisen Essay mit dem Titel »La mémoire trouée« oder »Die Erinnerung, die voller Löcher ist« spricht der französische Schriftsteller Henri Raczymow von einer doppelten Leerstelle, die auf seine Identität als Jude einwirke.[17] Da gibt es zum einen den Verlust des traditionellen Judentums, den Bialik in seinem Gedicht »Auf der Schwelle im Hause des Gebets« einfängt.[18] Die Haskalah oder jüdische Aufklärung hatte bereits vor dem Krieg für eine Diaspora innerhalb der Diaspora gesorgt: viele Juden nahmen nur noch intellektuell und in nostalgischer Weise am Leben der Gemeinde teil, das – von einer Schwelle aus gesehen, die man nie übertrat – warm und anziehend wirkte. Dieser Verlust wird angesichts der Erkenntnis, daß die betrauerte Realität ein sentimentales

Konstrukt gewesen ist und nun nicht mehr zum Ausdruck gebracht werden kann – außer in Fiktionen oder »indem man Fetzen zusammennäht« –, nur um so schärfer empfunden. Doch der zweite Verlust für Raczymows Generation (für die Kinder und Enkel der Überlebenden) ist das, was Nadine Fresco die »Diaspora der Asche« genannt hat: die physische und kulturelle Vernichtung der Jüdischen Gemeinden, vor allem in Osteuropa.

Raczymow, dessen Familie aus Polen stammt, versucht sein Empfinden einer abwesenden oder zu Asche gewordenen Erinnerung niemand anderem aufzuzwängen. Aber die Art und Weise, in der er sich als Schriftsteller situiert, hilft uns, die Tatsache zu durchdenken, daß auch Spielberg situiert werden muß. Es gibt keinen universalen oder allwissenden Standpunkt, wie objektivierend das Auge der Kamera auch immer wirken mag. Die Brillanz von *Schindlers Liste* spiegelt also einen spezifisch amerikanischen Optimismus. Dieser Optimismus macht keine Aussage über die Natur des Menschen (Schindler als einen Helden zu präsentieren schließt nicht aus, Goeth zu zeigen oder Grausamkeiten, die man noch nie zuvor so lebensecht gesehen hat), sondern eher eine Aussage über den *Film* als eine Technologie der Überlieferung, die sich von der *Schrift*, wie sie Raczymow sieht, unterscheidet.[19] Für Spielberg muß die Leinwand voll sein; er erfüllt mit Leben, was wir aus der dokumentierten Geschichte kennen – in diesem Sinne »gräbt« er gar keine Erinnerung »aus«, sondern ermöglicht ihre vollständige Überlieferung in Bildern. Raczymow hingegen lebt, als Jude wie auch als Schriftsteller, das Paradox, eine doppelte Leere ausdrücken zu müssen, und wird in den Worten von Maurice Blanchot zum »Wächter einer abwesenden Bedeutung«:

> Meine Bücher versuchen nicht, eine leere Erinnerung aufzufüllen. Sie sind nicht einfach Teil des Kampfes gegen das Vergessen. Vielmehr versuche ich, die Erinnerung *als* eine leere darzustellen. Ich versuche, eine Nicht-Erinnerung wiederherzustellen, die per definitionem nicht

aufgefüllt oder wiederausgegraben werden kann. In jedem Menschen gibt es eine symbolische Leere, die sich nicht füllen läßt, aber für die ashkenasischen Juden, die nach dem Krieg in der Diaspora geboren wurden, ist die symbolische Leere an eine tatsächliche gekoppelt. Es gibt eine Leere in unserem Gedächtnis, die von einem Polen geformt wird, das wir nicht kennen und das völlig verschwunden ist, und eine Leere in unserer Erinnerung an den Holocaust, den wir nicht durchlitten haben. Wir können nicht einmal sagen, daß wir *beinahe* deportiert worden wären.[20]

*Sieben*

# Das Unbehagen am öffentlichen Gedächtnis

In diesem Kapitel möchte ich die Frage aufwerfen, wie man das öffentliche Gedächtnis auf traumatische Erfahrungen wie Krieg und Holocaust oder die massive Verletzung von Menschenrechten konzentrieren kann. Das ist doch überhaupt keine Frage, werden Sie jetzt vielleicht sagen und hinzufügen, daß wir uns von diesen schmerzhaften Dingen eher viel zu sehr in Beschlag nehmen lassen. Oft habe ich den Einwand gehört, daß die Beschäftigung mit dem Holocaust eine mehr als zweitausend Jahre alte Wissenstradition an den Rand drängt. An diesem Vorwurf mag etwas dran sein; leicht verfällt man der Faszination durch Grausamkeit und Gewalt, dem Rätsel solch extremer Unmenschlichkeit. Aber wir können uns nicht abwenden von der Welt, in der dies passierte; und durch die Wirksamkeit der modernen Medien, durch ihren Realismus und ihre Darstellungsmöglichkeiten wird die Frage, was unsere Konzentration darauf verhindert, noch zusätzlich verkompliziert.

Der Einfluß von Film und Telekommunikation beginnt Wirkung zu zeigen. Eine Art »Informations-Krankheit« droht unser persönliches Gedächtnis zu überwältigen, verursacht durch die schiere Geschwindigkeit und Menge der auf uns einstürmenden Tatsachen und durch Maschinen begünstigt, die wir selbst erfunden haben und die diese Tatsachen in endloser Reihe produzieren. Der einzelne, klagen wir, könne soviel Information gar nicht »verarbeiten«: allgemeine und persönliche Erfahrung werden dadurch einander nicht näher gebracht, sondern entfernen sich nur weiter voneinander. Alle Kunst eifere der Musik nach, pflegte man früher zu sagen; nun will es scheinen, als habe der »totale Fluß« der Video-Bilder die Vorherrschaft übernommen. Kann man das öffentliche Gedächtnis immer noch Gedächtnis nennen, wenn es der persönlichen, aktiven Erinnerung zunehmend entfremdet wird?

Zu den Symptomen dieser Krankheit unserer Zeit gehören philosophische Diskussionen über das Vorhandensein oder Nicht-Vorhandensein eines »posthumanistischen Subjekts«, Konferenzen wie die über den »Nutzen und Gebrauch des Vergessens« und die offen geäußerte Angst, daß »unsere Vergangenheit in Zukunft keine Zukunft mehr haben wird« (David Rieff). Während unsere Sinne Tag für Tag unter Beschuß stehen, verliert die Vorstellungskraft – von alters her definiert als die Kraft, Abwesendes gegenwärtig zu machen – ihre Aufgabe und steht in Gefahr, die Sensationsgier der Medien nachzuahmen. Sie wird, wie Wallace Stevens sagte, zu einer Gewalt von innen, die gegen die Gewalt von außen drückt. Inmitten eines beispiellosen Realismus in Literatur und Medien gibt es guten Grund, sich Sorgen zu machen über einen Trend zur Abstumpfung, der die Schwelle, ab welcher wir reagieren, stetig anhebt.

Wie halten wir unsere Sensibilität lebendig, wenn derart intensive und schmerzhafte Ereignisse unser täglich Brot werden? Wie verhindern wir, daß Verleugnung oder Gleichgültigkeit die Oberhand gewinnt? Seit Menschengedenken wissen wir, daß es großes Leid in der Welt gibt, das sich unmöglich rechtfertigen läßt. Mindestens seit der Zeit, da das Buch Hiob geschrieben wurde, muß uns dieses Wissen stets begleitet haben. Aber genauso wissen wir seit Hiobs sogenannten Freunden bis hin zu den Holocaust-Leugnern, daß das Leiden gegen jede Wahrscheinlichkeit erklärt oder rationalisiert wird.

Heute sind wir in eine neue Phase eingetreten. Bis vor kurzem, vielleicht bis die Nachrichten aus Bosnien unseren Bildschirm erreicht hatten, klammerten wir uns an die Hoffnung, daß, wenn die gleichgültigen Massen in Deutschland oder Amerika nur gewußt hätten, was in den Konzentrationslagern vor sich geht, wenn sie es mit derselben detaillierten Anschaulichkeit gewußt hätten, die uns heute das Fernsehen liefert, all jene Greueltaten doch sicher nicht weitergegangen wären. Es hätte einen Aufschrei des Gewissens im

Volk gegeben und einen solchen Protest, daß der Holocaust einfach hätte aufhören müssen.[1]

Und doch sind wir im Augenblick gerade dabei, eine neue Lektion über die menschliche Gleichgültigkeit zu lernen. Während uns die Medien zu Zuschauern jeglicher Akte von Gewalt und Verletzung machen, begreifen wir, daß jene Indifferenz oder mangelnde Aufmerksamkeit am Ende doch nicht so unverständlich war. Denn wir erkennen eine furchtbare Trägheit in uns, für die wir sogar Gründe finden. Wir registrieren die Tatsache, daß nie über ein Ereignis berichtet wird, ohne daß diesem ein erklärender oder geschwätziger Kontext beigefügt wird, der die rohen Bilder abfedert; und uns wird klar, daß die Bilder im Fernsehen Bilder bleiben, daß unser Reaktionssystem eine Art Antikörper aufbaut, um vollständige geistige Verwirrung zu verhindern. Noch während wir die Ereignisse beklagen und verurteilen, erleben wir das, was der Dichter John Keats »das Gefühl, nichts zu fühlen« nannte – und gehen zur Tagesordnung über.

Es ist nicht meine Absicht, unseren bereits jetzt erheblichen Schuld- und Ohnmachtsgefühlen ein weiteres hinzuzufügen. Worauf ich hinauswill, ist, daß die Medien Anforderungen an uns stellen, die unmöglich zu erfüllen sind. Paradoxerweise halten uns ihre vergrößerten Augen und Ohren – die für informiertes Handeln doch so wichtig sind – gleichzeitig aber auch die Wirklichkeit dessen, was wir wahrnehmen, vom Leibe. Furchtbare Dinge erscheinen uns durch ihre dauernde Wiederholung als unabänderliche Tatsachen, als von der Natur und nicht von Menschen herbeigeführte Katastrophen. Die »Produktion moralischer Indifferenz« hat Zygmunt Bauman dies genannt.[2]

Denn unser Empfindungsvermögen, wie mitleidsvoll es auch immer sein mag, ist nicht übermenschlich: es ist begrenzt und schnell erschöpft. Früher oder später setzt wieder Kälte ein, ob wir das nun zugeben oder nicht. Wir bleiben jedoch weiterhin tief involviert, weil die offizielle Moral jene Kälte nicht befördert. Das ist ein wichtiger Unterschied zwischen unserer Situation und derjenigen, in der sich die Deutschen während der Naziherrschaft befanden – so daß sich die Zuschauerreaktion auf schizophrene Art und Weise aufspaltet in ein leidenschaftliches Reagieren auf die Bilder von der globalen Misere und ein erschöpftes Sich-Distanzieren davon. Bei aller Unmittelbarkeit werden jene Bilder allzu oft zu elektronischen Phantomen.[3]

Eine Desensibilisierung solcher Art (Robert Lifton spricht von »psychischer Abstumpfung«) wurde bereits zu Beginn der Industriellen Revolution von William Wordsworth registriert. Schon im Jahre 1800 klagte er über einen »beschämend großen Durst nach heftiger Stimulation«, der die »Unterscheidungskraft des Geistes« abstumpfe und diesen auf »einen Zustand von beinahe primitiver Apathie« reduziere. Die Leute verlören ihre Fähigkeit, sich von gewöhnlichen Anblicken und Ereignissen, vom »einfachen Leben« bewegen zu lassen, und zwar aufgrund »der großen nationalen Ereignisse, die nun Tag für Tag stattfinden, und der zunehmenden Anhäufung von Menschen in den Städten, wo die Uniformität ihrer Beschäftigungen ein Verlangen nach außergewöhnlichen Erlebnissen hervorruft, welches durch die rasende Übermittlung von Nachrichten stündlich befriedigt wird.«[4] Als Reaktion darauf schuf Wordsworth eine minimalistische Poesie, »lyrische« Balladen, die konventionelle erzählerische oder abenteuerliche Gesichtspunkte beinahe ganz außer acht ließen und den Leser dazu anhielten, »in allen Dingen eine Geschichte zu entdecken«.

Seit Wordsworths Zeiten hat die psychische Abstumpfung erhebliche Fortschritte gemacht. Das Problem unserer Zeit ist nicht das einer *Madame Bovary* oder eines *Don Quixote* – die die wirkliche Welt mit einer romanhaft durchdrungenen Einbildungskraft betrachteten –, sondern daß, was auch immer auf dem Bildschirm erscheint, so angesehen wird, als wäre es unwirklich, als handle es sich nur um ein interessantes Konstrukt oder eine Simulation. Die Wirklichkeit wird mittels einer überlebensgroßen Gewalttätigkeit auf Distanz gehalten und tritt hinter all jene Spezialeffekte zurück. Während Adorno noch eine obszöne Verschmelzung von Ästhetik und Realität ausmacht, kann es nicht überraschen, daß der Kunsthistoriker Robert Rosenblum Warhols Bildern eine Qualität zuschreibt, die einen »Zustand moralischer und emotionaler Anästhesie« widerspiegele, »der, ob uns das nun gefällt oder nicht, vermutlich mehr Wahrheit über die Realität der modernen Welt enthält als alle rhetorische Leidenschaft von Picassos *Guernica*.«[5]

Aber wenn die Gegenwart nun weniger Halt bietet, wenn Abstraktheit und psychische Abstumpfung uns in der Tat infiziert haben, wie können wir gegenüber der Vergangenheit, gegenüber ihrer Realität empfindsam bleiben? Spielbergs *Schindlers Liste* hat nicht zuletzt deshalb soviel Beifall erhalten, weil es diese Besorgnis aufgehoben hat – wenn auch nicht ohne sich dazu spektakulärer Mittel zu bedienen.

Denken wir über ein verwandtes Problem nach, das durch die Medien noch verstärkt wird: Können wir dem äußeren Schein trauen? Weil unsere technischen Möglichkeiten zur Simulation zugenommen haben, die Vergeßlichkeit aber nicht abgenommen hat – die Geschwindigkeit, mit der die Ereignisse zurück in den »dunklen Abgrund der Zeit« fallen, hat eher noch zugenommen –, besteht die größte Gefahr für das öffentliche Gedächtnis in der *offiziellen Geschichte*. Wie Walter Benjamin erklärte, sind nicht einmal die Toten vor den Siegern sicher, die das öffentliche Gedächtnis als Teil der Beute betrachten und nicht zögern, die Geschichte umzuschreiben ... oder umzubebildern.

In der Eröffnungsepisode seines Romans *Das Buch vom Lachen und Vergessen* erinnert Milan Kundera daran, wie ein in Ungnade gefallener Kommunistenführer aus einem berühmten historischen Foto wegretuschiert wurde – so leicht läßt sich die Geschichte fälschen und das öffentliche Gedächtnis täuschen.

Vielleicht haben Sie einen Film gesehen, der während der Diktatur in Argentinien spielt. Er könnte aber auch in Osteuropa zur Zeit der Sowjet-Herrschaft spielen. Luis Puenzos Film *Die offizielle Geschichte* erzählt eine tragische, typische Geschichte, die von öffentlicher Täuschung und persönlicher Entdeckung handelt. Es ist die Geschichte einer

Mutter, die erfährt, daß das Kind, das sie adoptiert hat, einer »verschwundenen« Argentinierin geraubt wurde. Zunächst hält sie die Wahrheit nicht für möglich, doch ein leiser Zweifel nagt an ihrem grundsätzlichen Vertrauen in das System: dieser Zweifel wächst und wächst, die Suche nach der Wahrheit wird immer weiter ausgedehnt, bis – wie auch in *König Ödipus* – eine verborgene Vergangenheit enthüllt wird. Doch tragischerweise führt ihre entschlossene Suche nach der Wahrheit dazu, daß ihre Familie zerbricht und ihr Kind gefährdet wird.

Was ich eben beschrieben habe, ist so etwas wie ein universales Handlungsmuster und so alt wie die Geschichtsaufzeichnung selbst. Gibt es diesbezüglich also einen Unterschied zwischen Vergangenheit und Gegenwart? – Der Unterschied kann mit einer berühmten Zeile des amerikanischen Philosophen Ralph Waldo Emerson zusammengefaßt werden: »Wir mißtrauen unseren Werkzeugen.« Eben jene Mittel, mit deren Hilfe wir die Unwahrheit bloßlegen – die verbalen, fotografischen oder filmischen Beweismittel –, unterliegen selbst unserem Mißtrauen. Jede Form von Beweis wird sogleich zu entmystifizieren versucht oder mit Manipulationsvorwürfen beantwortet. Die intelligente Prüfung, der wir jeden äußeren Schein gewohnheitsmäßig unterziehen, wird zu einer Krise des Zutrauens, einem Mangel an Vertrauen in das, was wir erzählt oder gezeigt bekommen: *der Angst, daß die Welt der Erscheinungen und die Welt der Propaganda durch die Macht der Medien miteinander verschmolzen sind.* Diesen Bann zu brechen und wahres Wissen zu erlangen wäre dann eine schwierigere Angelegenheit als im Gnostizismus, der der Natur mißtraute und versuchte, eine echte Gnosis, d. h. Wissen über den wahren Gott hinter dem Gott der Natur zu erlangen.

Was ich glaube, ist also, daß es einen Zusammenhang zwischen Erkenntnistheorie und Moral gibt, zwischen der Art und Weise, wie wir zu unserem Wissen kommen (nämlich mittels verschiedenster – auch elektronischer – Medien), und dem an moralischen Prinzipien ausgerichteten Leben, das wir führen möchten. Meine Darstellung ist diesbezüglich recht pessimistisch: sie impliziert, daß die Lücke zwischen Wissen und ethischem Handeln für uns nicht geringer geworden ist. Der Druck, sich politisch korrekt zu verhalten, ist gewachsen, aber weder unser Denken noch unser Handeln haben sich auf die Herausforderung eingestellt, die Terrence des Pres so klar formuliert hat, als er sagte, daß nach dem Holocaust »eine neue Form der Wahrnehmung von unserem Geist Besitz ergriffen hat«, eine, die uns – über den Holocaust hinausgehend – die Augen für das *globale Ausmaß* des politischen Elends öffnet.[6] Darüber hinaus gibt es in einer Demokratie, zumal im elektronischen Zeitalter, zwar mehr Realismus, aber auch die Bürde, die sich damit verbindet: ein nagendes Mißtrauen der öffentlichen Politik und dem offiziellen Gedächtnis gegenüber. Die freie Rede, die eine der Grundlagen für Wahrheit auf dem demokratischen »Marktplatz der Ideen« ist, führt zu einem beständigen Erforschen und Überprüfen, bis hin zum Herumwühlen im Schmutz – was unerwartete Auswirkungen auf die Unversehrtheit des öffentlichen Lebens hat, die sie doch ursprünglich sichern sollte.

In der Tat: je mehr die offizielle Geschichtsschreibung durch die Forschung oder den Medienjournalismus in Frage gestellt wird, um so mehr wächst jenes hinterhältige, eklige Gefühl der Unwirklichkeit in uns. Was sollen wir zum Beispiel mit all den Spekulationen über die Ermordung John F. Kennedys anfangen, die sich als investigativer Journalismus oder als Dokudrama ausgeben? Es ist, als wäre das Reich des Politischen, und möglicherweise das gesamte öffentliche Leben, unauthentisch – eine Maske, ein machiavellistisches Spinnennetz stetiger Täuschung.[7] Diese negative Erkenntnis untergräbt natürlich den Ernst und die Einzigartigkeit tatsächlicher Erlebnisse und befördert eine tiefe Skepsis angesichts der Welt – oder aber einen unbarmherzigen kompensatorischen Glauben an etwas Grundlegendes und Unwiderlegbares. Dieses Etwas nimmt oft die Gestalt eines nationalistischen oder religiösen Fanatismus an.

Wenn ich die Frage des Verhältnisses zwischen Moral und

Wissen in einem demokratischen und elektronischen Zeitalter aufwerfe, so geschieht das, wie ich freimütig zugebe, in moralistischer Absicht. Ich versuche zu konkreten Ergebnissen zu gelangen – nicht nur so klar wie möglich ein zeitgenössisches Dilemma zu beschreiben. Wiederum ist es Terrence des Pres, der dieses Dilemma mit sprichwortartiger Präzision formuliert: »Dank der technologischen Bewußtseinserweiterung können wir das Ausmaß politischer Qualen nicht nicht-wissen; und man könnte durchaus wahrheitsgemäß sagen, daß *wir mitansehen, was andere leiden*.[8] Der Triumph der Technologie hat zwei Klassen von Menschen geschaffen, die in ein und derselben Person nebeneinander existieren können: diejenigen, die leiden, und diejenigen, die dieses Leiden beobachten. Diese Tatsache kann man nicht als moralischen Fortschritt verkaufen, doch sie hat einen Vorteil: Nun, da wir mit neuen Augen auf das Leid anderer blicken und wissen, daß »wir nicht nicht-wissen können«, haben jegliche Monopolansprüche auf Leiden ihren Sinn verloren.

»Daß wir mitansehen, was andere leiden«, kommt einem abermaligen Verlust der Unschuld, einem zweiten Biß in den verhängnisvollen Apfel gleich. Es nimmt uns, indem es uns der Unwissenheit beraubt, jede Entschuldigungsmöglichkeit, ohne uns gleichzeitig jedoch die Kraft zu geben, etwas von entscheidender Bedeutung zu tun. Oft greifen wir deshalb, wie Präsident Reagan in Bitburg, auf ein religiöses Gefühl zurück, auch wenn dieses in seinem Falle letzten Endes der NATO-Politik dienlich war. Reagans versöhnlerischer Ansatz machte keinen Unterschied zwischen gefallenen deutschen Soldaten, darunter auch solchen der Waffen-SS, und den Zivilisten, die diese töteten, unter denen sich viele jüdische Opfer befanden. Diese Gedenk-Perspektive führt zu einem Kurzschluß in der Reflexion über Qualen, die des Pres wegen ihrer eher von Menschen verursachten als unvermeidlichen Natur *politisch* nannte.

Selbst wenn die politische Agenda nicht so offen zutage liegt wie im Fall Reagan, vermag die heutige skeptische

Denkhaltung sie überall zu entdecken: in der Religion, im Gedächtnis, in der Kunst. Aber auch diese Einsicht hat keinen handlungsrelevanten oder erlöserischen Wert. Sie bestätigt lediglich des Pres' höllische Vision universeller politischer Qualen. Wenn wir, wie Tolstoi von solchem Leid gepeinigt, fragen: »Was soll man tun?«, gibt es keine einzige Handlungsalternative, die sich als völlig glaubwürdig aufdrängen würde. Vielmehr gebiert die ethische Ausweglosigkeit, wie ich angedeutet habe, verzweifelte manichäische Lösungen, nach-tolstoische Fundamentalismen religiöser oder politischer Art.[9]

Eine verwandte Reaktion ist die Kulturrevolution und ihr Werkzeug, das politisierte Gedächtnis. In ihrer Flucht vor menschlicher und hermeneutischer Komplexität sättigt diese Art von Politik alle Bereiche mit ideologischen Inhalten und behauptet die erlöserische Kraft einer geläuterten Sicht auf die Vergangenheit. Die Rolle der offiziellen, vom Staatsapparat geförderten Geschichte habe ich bereits erwähnt. Sie manipuliert das Gedächtnis wie die Nachrichten.

Nun ist es natürlich so, daß um die Erinnerung immer Krieg geführt wird, zuallererst in uns selbst: wer erinnerte sich nicht an Momente, in denen er sich Erlebnisse, die für das Selbstwertgefühl schmerzhaft waren, anders zurechtgelegt (oder rationalisiert, sich gegen sie abgeschirmt) hat? Wenn diese Art Krieg allerdings in der Öffentlichkeit stattfindet, führt er unweigerlich zu einer institutionalisierten Schein-Erinnerung, einer groben Mißachtung der Geschichte anderer (was zum Beispiel zur Folge hat, daß man die jüdische Identität der meisten Opfer von Auschwitz und Theresienstadt vor Ort vertuscht) oder zu einer künstlich eingeprägten Perspektive. Eine monolithische autorisierte Erzählung vereinfacht somit nicht nur die Geschichte, sondern auch die einzige *aktive* gemeinschaftliche Erinnerung, die wir haben und die sich zusammensetzt aus überlieferten Materialien wie Legenden, Gedichten, Tänzen, Liedern, Festen, Vorträgen. All dies hilft uns bei der Bestimmung einer »Kultur«, wenn wir es mit verschiedenen Interpretations-Traditionen verbinden.

Die Kunst als ein performatives Medium – das nicht auf offizielle Bedeutung oder Informationsgehalt reduziert werden kann – hat eine Chance, *dieses* Erbe auf sehr umfassende Weise weiterzutragen. Wenn Kunst zugänglich bleibt, kann sie eine Gegenmacht zu einem künstlich fabrizierten monolithischen Gedächtnis sein. Trotz ihrer imaginativen Freiheit ist die Kunst oft wirkungsvoller darin, historisch spezifische Vorstellungen zu »verkörpern«, als die Geschichtsschreibung, auf die sie zurückgreifen kann. Die wissenschaftliche Geschichtsforschung, so unabdingbar sie wegen ihrer negativen Tugenden auch ist – indem sie Irrtümer richtigstellt und Verfälschungen anprangert –, hat zur Linderung von Schmerz nichts Positives anzubieten, kann das Unglück nicht mit Bedeutung versehen, keine Sicht auf die Welt befördern oder neue Gruppierungen legitimieren.[10] Doch die Kunst bleibt in Berührung mit den Stoffen der Tradition oder belebt sie, die unser Bedürfnis nach Gemeinschaft befriedigen, ohne den individuellen Ausdruck zu unterdrücken.

Am Anfang steht in der Tat ein kulturelles Erbe, das freilich nicht so unabänderlich fixiert werden kann wie die Lehrmeinung in der Theologie. Genealogische Erzählungen, die eine Nation oder Gruppe in ihrer Identität bestärken, sind üblicherweise *moderne* Konstrukte, eine Form der Gegen-Erinnerung, durch die die Menge subversiver oder heterogener Fakten eingegrenzt wird. Erfunden, um nationale Übereinstimmung zu erzielen, indem man eine einheitliche heroische Vergangenheit beschwört, machen sie aus »großen Erinnerungen« eine Form von politischer Theologie. Kulte und Mythen verschwinden keineswegs in der Moderne; im Gegenteil: Revolutionen, nationale Wiedergeburt und das Streben nach politischer Legitimation sorgen dafür, daß die Muster der Vergangenheit ideologisch instrumentalisiert werden. In diesem Sinne kritisierte auch Marx im *Achtzehnten Brumaire des Louis Bonaparte* die historische Maskerade der Französischen Revolution: als eine archaische Wiederbelebung von Symbolen aus der republikanischen Phase des Römischen Reichs.[11] Diese Tendenz, auf die Spitze getrieben, sieht die Kultur einer Gemeinschaft nicht als deren »nichtererbtes Gedächtnis«, sondern als ursprüngliche Essenz, die man wieder-verursprünglicht, ein Fundament von biologischer und mystischer Kraft, das geschichtsbestimmend wirkt.

Was vom Begriff des kollektiven Gedächtnisses also brauchbar ist, ist eher das Künstlerische als das Nationalistische; und wenn wir diese Verbindung zwischen Kunst und Gedächtnis – welche schon die Griechen anerkannten, indem sie Mnemosyne zur Mutter der Musen machten – nicht im Kopf behalten, wird nationale oder ethnische Politik die Kultur auf eine tyrannische, eingefrorene Differenz reduzieren, eine heroische Erzählung, die Einverständnis heischt.

Die Ansicht, daß die Nation für das kulturelle Gedächtnis von entscheidender Bedeutung sei, bildete sich in der Romantik heraus. In ganz Europa versuchten Künstler und Gelehrte die Literatur vom Joch der »fremden« Klassiker zu befreien, indem sie die einheimische Tradition wieder ausgruben (und wenn es sein mußte, auch erfanden). Dieser literarische Nationalismus stellte sich oft als eine von visionärer Nostalgie angetriebene Rekonstruktion dar. »Ein Volk, das seine Nationalität verliert, erdichtet eine Legende an dessen Stelle«, schrieb Edwin Muir über Walter Scotts Versuch, eine Tradition fortzuführen, die unterbrochen worden war. Die ideale Kultur wurde dem romantischen Historizismus zufolge vom *Volksgeist* geschaffen, der die wahre, charakteristische Stimme einer jeden Nation im großen Konzert der Nationen erklingen ließ.

Sammler und Antiquare begaben sich auf die Jagd nach alten Geschichten, Liedern und Balladen: Überbleibsel aus einer Vergangenheit, der man eine volkstümliche oder archaische Kraft zuschrieb. Ein lebendiges Interesse an allem Regionalen (und nicht Kosmopolitischen) war die Folge: die Worte der Stunde hatten alle einen Bezug zum Lokalen, Örtlichen. So entstand auch Wordsworths »Hart-Leap Well«, eine bewußt *neu*erschaffene Ballade, typisch für eine

Wiederkehr von Geschichten, die den Geist ganz bestimmter Orte zum Ausdruck brachten – Orte, die sich in das kollektive Gedächtnis eingeprägt haben und die heute noch Teil der Vorstellungswelt ganz gewöhnlicher Menschen sind.[12]

Diese Legenden über bestimmte Orte gehen bis auf die Bibel zurück und scheinen Spuren einer volkstümlichen Erinnerung widerzuspiegeln. Indem sie die Zeit dem Ort unterordnen, also topozentrisch sind, nehmen sie uns auch einen Teil unserer Furcht, daß die alte Verbindung zwischen Sänger und Publikum, zwischen Künstler und Gemeinschaft abgebrochen sein könnte. »Wir haben keine Institutionen«, verkündet Alasdair MacIntyre, »mittels derer man der gesamten, als Zuschauer versammelten politischen Gemeinde – in dramatisierter oder anderer Form – Geschichten erzählen könnte, die alle gemeinsam betreffen, wir haben keine Dramatiker oder andere Geschichtenerzähler, die dazu in der Lage wären, ein solches Publikum anzusprechen. (...) Unser Publikum ist ein privatisiertes und verstreutes, das zu Hause oder in Hotelzimmern fernsieht.« Diese panische Sicht der Dinge zeigt, wie tief die Sehnsucht nach einem kollektiven Gedächtnis reicht. Da es in der Tat schwierig ist, die modernen städtischen Räume zu humanisieren, sie mit einer historischen Bedeutung zu versehen, entsteht so das Bild einer modernen Vorstellungskraft ohne Geschichten, die sich von einem Un-Ort zum anderen bewegt und die Anonymität von Autobahnen, Flughäfen, großen Hotels und Einkaufspassagen sogar genießt. Es sieht so aus, als ob die Gedächtnisorte *(lieux de mémoire)* sämtlich ihrer Inhalte entleert würden, um zu dem zu werden, was Marc Augé als Nicht-Ort *(non-lieu)* bezeichnet hat.[13] Doch die alten Mythen halten sich hartnäckig: Michael Kammen vermerkt in *Mystic Chords of Memory*, »auf welch erstaunliche Art und Weise lokale Ereignisse konzeptualisiert und an traditionelle religiöse Muster oder die völlig weltlichen Bedürfnisse eines modernen Staates, der um seine Existenz kämpft, angepaßt werden können.«

Bevor ich nun auf eine Unternehmung zu sprechen komme, die sich der Herausforderung stellt, das kollektive Gedächtnis wieder mit Phantasie zu verknüpfen oder unter den Bedingungen der Moderne eine gemeinsame Geschichte zu gestalten, würde ich gerne noch einige Worte über unser heutiges *öffentliches* Gedächtnis im Unterschied zum herkömmlichen *kollektiven* Gedächtnis verlieren.

Maurice Halbwachs, in Buchenwald ermordet, betrachtete das kollektive Gedächtnis als ein lebendiges Guthaben, das außerhalb der akademischen, schriftlich festgehaltenen Geschichte aufbewahrt werde. »Im allgemeinen«, so schreibt er in seinem posthum veröffentlichten Buch, »beginnt die Geschichte an dem Punkt, an dem die Tradition aufhört – in einem Augenblick, in dem das soziale Gedächtnis erlischt und sich zersetzt. (...) Ebenso erwacht das Bedürfnis, die Geschichte eines Zeitabschnitts, einer Gesellschaft und selbst eines Menschen zu schreiben, erst dann, wenn sie schon zu weit in der Vergangenheit liegen«, so daß wir nicht mehr über genügend Zeitzeugen verfügen.[14]

Obwohl diese Zeilen vermutlich in den dreißiger Jahren entstanden sind, scheinen sie bereits veraltet. Denn wir fühlen heute eine Notwendigkeit, jedes Ereignis aufzuzeichnen, noch während es passiert; und die Medien ermöglichen dies nicht nur, sondern ermutigen es auch noch. Es ist diese nervöse Unruhe, wodurch die moderne Erfahrung gekennzeichnet ist, und der Aufstieg des öffentlichen Gedächtnisses in Abgrenzung vom kollektiven Gedächtnis. Der Verlust der Vergangenheit oder ihre Subsumtion unter die Gegenwart, eine Gegenwart, die über den Moment hinaus, in dem das Scheinwerferlicht ihr Vorkommen bestätigt, sehr wenig Gegenwärtigkeit besitzt – weil jeder Moment sofort wieder von einem neuen solchen Moment verdrängt wird, von neuen Bildern, die sofort wieder verblassen –, diese sich selbst-verzehrende Gegenwart, die gleichzeitig real und trügerisch, lebendig und doch immer schon Spur ist, gleicht merkwürdigerweise gerade darin dem kollektiven Gedächtnis, indem es, um erneut Yosef Yerushalmi zu zitieren, »nicht die Historizität des Vergangenen betont, sondern seine immerwährende Aktualität«. (Yerushalmi liefert als Beispiel, daß die Zerstörung des Ersten und des Zweiten Tempels in der jüdischen Liturgie miteinander verschmelzen, als ob es sich um denselben *hurban* handle; und der Holocaust wird häufig zu einem dritten *hurban* gemacht). Natürlich ist das öffentliche Gedächtnis andererseits auch äußerst verschieden: es kommt uns wie ein schlechtes Abziehbild vor, eines, das im Gegensatz zum älteren Typus des gemeinschaftlichen oder kollektiven Gedächtnisses keine Stabilität oder *durée* besitzt, sondern lediglich den Status von etwas, das ständig in Bewegung und in Veränderung begriffen ist und sich doch dauerhaft eingeschrieben hat.[15] Daher auch eingangs meine Frage, wie man das öffentliche Gedächtnis auf die traumatischen Erfahrungen, die es so eifrig registriert, konzentrieren *könnte*.

Halbwachs' Beobachtung, daß wir uns erst dann veranlaßt fühlen, die Dinge niederzuschreiben, wenn sie bereits in Gefahr sind, völlig vergessen zu werden, kann auf sein eigenes Projekt angewendet werden. Heute ist es das kollektive Gedächtnis, welches in Gefahr ist. Und zwar in doppelter Hinsicht: es ist geschwächt, weil das öffentliche Gedächtnis mit seinen rasenden und unbeständigen Triebkräften an seine Stelle getreten ist; und weil ein politisiertes kollektives Gedächtnis, das biologische oder mystische Beständigkeit für sich reklamiert, sich der lebendigen Verbindung zwischen den Generationen zu bemächtigen sucht.[16]

Mit dieser Bemerkung wenden wir uns wieder der Literatur zu. Ein Grund dafür, daß die Literatur immer noch wichtig ist, liegt in der Tatsache, daß sie zum einen der Unpersönlichkeit und Unbeständigkeit des öffentlichen Gedächtnisses entgegenwirkt und zum anderen dem Determinismus und Fundamentalismus eines auf Identitätspolitik beruhenden kollektiven Gedächtnisses.[17] Die Literatur schafft sich ihre eigene Institution, die persönlicher und gezielter als das öffentliche Gedächtnis wirkt, aber weniger monologisch als die Gedenkfabeln ethnischer oder nationalistischer Affirmation. Gleichzeitig findet künstlerische

Tätigkeit heute oft unter dem Signum einer *abwesenden Erinnerung* (Ellen Fine) oder einer *mémoire trouée* (Henri Raczymow) statt, weil die Verbindung zwischen den Generationen, das »lebendige Guthaben« oder die »gelebte Vergangenheit« *(passé vecu)*, wie Halbwachs es nennt, gefährdet ist.[18] Durch eine mühsame, ja sogar geistige Anstrengung der Vorstellungskraft wird eine versäumte Begegnung wachgerufen, als ob das Bindeglied zwischen Erinnerung und Imagination verlorengegangen wäre.

Bei der Unternehmung, über die ich sprechen will, handelt es sich um ein Genre, das sich – wie z. B. in den Dokumentarfilmen *Eyes on the Prize* oder *Shoah* oder in den Holocaustschilderungen des Videozeugenarchivs an der Universität Yale – an dem Phänomen einer »abwesenden Erinnerung« orientiert. Das persönliche Zeugnis war lange Zeit ein bedeutender Bestandteil sowohl religiöser als auch weltlicher Literatur und wird gewöhnlich zur Gattung der Autobiographie gerechnet. Mit der Videokamera aufgezeichnete mündliche Zeugenaussagen sind jedoch zumindest teilweise ein Produkt moderner Technologie und haben so die Möglichkeit, dieses Umfeld zu beeinflussen. Als Form von Geschichtsschreibung versuchen sie, Informationen zu vermitteln, doch als mündliche Zeugnisse sind sie ein Akt des Erinnerns. Und als eine solche gesprochene und spontanere Form, die aufgezeichnet werden kann, ohne niedergeschrieben zu werden, trägt sie, vermittelt durch Geschichten, die im höchsten Grade individuell sind und sich doch einander annähern, zu einer Art Gruppenbiographie bei. Das kollektive »Gesamt-Gedächtnis« *(collective memory)* wird so ganz im Sinne von James Young zu einem »gesammelten Gedächtnis« *(collected memory)*: einem privaten und zugleich öffentlichen Vermächtnis, das der zerstreuenden Wirkung des Mediums Video mit Hilfe des Mediums selbst begegnet.

Jedes Zeugnis ist eine potentielle Rettungstat, wie der israelische Dichter Haim Gouri in einer Betrachtung zum Eichmann-Prozeß bemerkte: eine Errettung »aus der Gefahr, daß alle [Überlebenden] als Gleiche wahrgenommen werden, allesamt in dieselbe gewaltige Anonymität gehüllt.« Darüber hinaus wird durch die Aufzeichnung einer gemeinsam durchlittenen Erfahrung und durch den Umstand, daß jedes Mitglied der Gemeinschaft eine Stimme erhält – man sich somit nicht nur auf eine Elite beschränkt –, eine Dimension der Volkssprachlichkeit und Vielstimmigkeit eingefangen.[19] Die auf diese Weise gesammelten Erinnerungen sind zu vielfältig, um politisch instrumentalisiert oder sakralisiert zu werden. Aber am besten läßt sich dieses neue Genre – und das Archiv des Gewissens, das diese Zeugnisse bilden – vielleicht dadurch charakterisieren, indem man sagt, daß sie eher die *Gegenwärtigkeit* der Erinnerung betonen – wie schmerzhaft sie auch immer sein mag – als ihre Abwesenheit.[20]

Der Gedächtnisverlust, von dem die Figuren in der postmodernen Literatur befallen werden (denkt man etwa an den Unterschied zwischen Beckett und Proust) und der eine Vorhölle der Vergessenheit erzeugt, in der das Band der Erinnerung immer wieder von vorne anläuft und steckenbleibt – dieser Gedächtnisverlust spiegelt vielleicht ein öffentliches Gedächtnis wider, das – anonym geworden und von unpersönlichen Informationsnetzwerken in Beschlag genommen – sich in erster Linie *verräumlicht* hat und sich nicht mehr ohne weiteres *verorten* läßt. Als Gedächtnis ist es somit rein virtuell, wenn nicht abwesend. In mündlichen Zeugnissen hingegen macht sich eine belastete Erinnerung geltend und bildet eine komplexe Beziehung zum Riß zwischen den harten geschichtlichen Fakten und den symbolischen Speichern kollektiver Erinnerung. Nicht nur versuchen die informativen und performativen (oder rituellen) Funktionen des Gedächtnisses, sich wieder zu vereinigen, sondern auch die Gegenwart wird zu mehr als einer Stätte des Verlusts oder der sehnsuchtsvollen Erholung: mehr als ein Ort, der enthüllt, daß unsere Fähigkeit, Erfahrungen zu machen, im Schwinden begriffen ist oder daß man die Vergangenheit vergessen muß, um sie zu überleben.[21]

Selbst wenn die Erinnerung, wie dies Rimbaud von der Liebe sagte, immer wieder von neuem erfunden werden muß, ändert das nichts an der Tatsache, daß einige Arten von Erinnerung besser sind als andere. Obgleich Platon behauptete, daß die Schrift die Erinnerung gefährde, erwies sich diese – sowohl als Manuskript wie auch gedruckt – als unerläßlich für die Überlieferung von Gedanken. Etwas niederzuschreiben bedeutete, es weiterzugeben an einen Empfänger aus derselben Gemeinde oder Generation. Aber wer ist der Adressat des neuen elektronischen Schreibens, das Empfang und Übermittlung beinahe zeitgleich zu machen vermag? Jedes Fernsehprogramm trägt implizit die Überschrift »An alle, die es angeht« – was genau der Frage ausweicht, wen es angehen *muß*.

Jene auf Video gebannte *oral history* stellt einen wichtigen Kompromiß dar, weil sie in einer Zeit des Übergangs zwischen den Generationen entsteht, während der sich das kollektive Gedächtnis in die quasi zeitlose, panoramaartige Gleichzeitigkeit des öffentlichen Gedächtnisses aufzulösen beginnt, und dabei jene anspricht, die erst noch erwachsen werden müssen. Von Abel Gance und Walter Benjamin bis Jean Baudrillard ist diese Auswirkung der Technologie auf Gedächtnis-Institutionen wie Kunst und Geschichte Gegenstand intensiven Nachdenkens gewesen. Ich habe die moralischen wie kognitiven Schwierigkeiten schon betont, die es bereitet, auf die Bilder vor unseren Augen in einer kritischen oder affektiven Weise zu reagieren, wenn man den audiovisuellen Medien unentrinnbar ausgeliefert ist und diese die an die Zeit gebundenen Kanäle der persönlichen Erinnerung umgehen oder überfluten.[22]

Ich habe ebenfalls angedeutet, daß es so etwas wie Erinnerungs-Neid gibt. Er zeigt sich bei Schriftstellern, die versuchen, ein Bild der Vergangenheit ihrer Gemeinschaft wiederherzustellen – einer Vergangenheit, die von anderen bewußt zerstört wurde oder der man nicht erlaubte, sich zu einem Erbe zu formen. Vom Erinnerungs-Neid ist auch jene Generation betroffen, die sich als verspätete fühlt: die »Generation danach«, die nicht direkt teilhatte an einem großen Ereignis, das das Leben ihrer Eltern und vielleicht auch ihrer Großeltern bestimmte. In beiden Fällen fehlt es an Erinnerung als Basis für die Unversehrtheit einer Person oder Gruppe. Auf der kollektiven Ebene kann der Erinnerungs-Neid zudem die Form von Gründungs- oder Ursprungs-Mythen annehmen, die die Gruppenidentität festigen. Einige von diesen maßgebenden, aber auch auferlegten Identitäts-Fiktionen muß man als falsche Erinnerungen *(false memories)* bezeichnen.

Immer mehr gewinnen politisierte und vereinfachte Aspekte des kollektiven Gedächtnisses die Oberhand gegenüber dem eigentlichen künstlerischen Erbe. Wir haben immer noch die Kunst und insbesondere die Literatur, die uns in Erinnerung rufen, daß jeder von uns eine Persönlichkeit ist, die sich aus verschiedenen Persönlichkeiten zusammensetzt, und daß das Erbe der Vergangenheit pluralistisch und vielfältig ist. Doch in dem Maße, in dem das kollektive Gedächtnis nachläßt, gelingt es politischen Religionen (Eric Voegelins Bezeichnung für totalitäre Regimes), die Komplexität der Vergangenheit zu verfälschen und einer offiziellen Geschichte Geltung zu verschaffen, die versucht, uralte Haßgefühle zu wecken. Diese verfälschte Erinnerung mit ihren Gründungsmythen und fundamentalistischen Vorstellungen von nationaler Bestimmung und ethnischer Reinheit ist der Feind. Wir können ihr nicht erlauben, sich als Geschichte zu maskieren, wie es gerade bei der Pamjat-Bewegung in Rußland geschieht, beim Versuch in der Slowakei, Tissot zu rehabilitieren, und bei anderen Formen nationalistischer Nostalgie, ob das nun in Bosnien oder im Nahen Osten ist. Das Umsichgreifen einer unwirklichen Erinnerung läßt sich bekämpfen – aber nur, wenn uns die jüngeren Zuschauer (ob nun als Künstler oder Wissenschaftler) ihr eigenes Zeugnis vor Augen führen, ihre eigenen Balladen zu Gehör bringen. Und nur, wenn sie, wie der karibische Dichter Derek Walcott, die eher un-heile als heilige und eher zerstückelte als ganzheitliche Natur dessen akzeptieren, was er »episches Gedächtnis« nennt und das immer wieder von neuem zusammengesetzt – zur Darstellung gebracht – werden muß. Denn die mündliche Überlieferung, wie monumental auch ihr Anspruch sein mag, bleibt eine Kunst des Zusammensetzens. Um »diesen Schiffbruch aus Fragmenten, diese Echos, diese Scherben aus einem riesigen Stammes-Wortschatz, diese teil-weise in der Erinnerung zusammengefügten Gebräuche«[23] rekonstruieren zu können, bedarf es einer besonderen Liebe. »Zerbrich eine Vase«, sagt Walcott, »und die Liebe, die die Einzelteile wieder zusammenfügt, wird größer sein als die Liebe, die ihr Ebenmaß für selbstverständlich hielt, als sie noch ganz war.«[24]

*Acht*

# Der intellektuelle Zeuge und die Shoah*

Die Hochkonjunktur der Erinnerung an die Shoah könnte sich in kurzer Zeit abschwächen. Die Augenzeugen leben nicht für immer; ein Generationswechsel zeigt sich an in demselben Moment, in dem die dritte Generation das Erwachsenenalter erreicht und in der Gedenkkultur mitwirkt.

Aber es gibt auch Zeichen dafür, daß das Interesse an der Shoah sich nicht abschwächen läßt: daß dieses Ereignis eine andere Art zeitlicher Rezeption aufweist.[1] Riten der Erinnerung und wissenschaftliche Forschungen häufen sich von Jahr zu Jahr. Obwohl die öffentliche Erinnerung an die Shoah zunehmend von neuen Ereignissen überlagert wird – von der Gleichgültigkeit oder Unendlichkeit der Geschichte –, erschließen sich nicht nur neue Quellen (jüngst Dokumente aus den Archiven der Sowjetunion), sondern es melden sich auch viele »Adoptivzeugen«, die die Shoah nicht selbst erlebt haben, jedoch durch ihre Kenntnisse oder Einbildungskraft erschüttert sind. Diese nenne ich im folgenden »intellektuelle Zeugen«.

## *Der Bystander, der nicht dabei war*

Jenseits der ersten Generation deckt sich der intellektuelle Zeuge teilweise mit den Personen, die von Terrence des Pres und Lawrence Langer als »secondary witnesses« (»sekundäre Zeugen«) bezeichnet worden sind[2] – Denker und Künstler, die den Holocaust als ihre eigene, zeitgenössische Angelegenheit angenommen haben, deren Darstellung

* Dieser Text erschien erstmals im *Menora*-Jahrbuch 1998. © by Geoffrey Hartman.

einer Intensität bedarf, die der Aussage des Augenzeugen so nahe wie möglich kommt. Diese Intensität aber ist nicht nur durch zeitliche Distanz gefährdet, sondern auch durch die beständigere Distanz, die den Intellektuellen als solchen kennzeichnet.

Der Intellektuelle als Nachfahre von Adam Smiths »unparteiischem Betrachter« (»impartial spectator«)[3] spielt eine ähnliche Rolle wie der Bystander, der unbeteiligte Zuschauer. Oftmals wird er zum Bystander *ex eventu*, der sich von dem Bericht des Geschehenen betroffen fühlt. Die Analogie zum Theaterbesucher, so anstößig sie in diesem Kontext sein mag, ist bedenkenswert. Dieser geht ins Theater mit der bewußten Absicht, eine Tragödie zu sehen, und sein Urteilsvermögen bleibt erhalten, obwohl seine Einbildungskraft durch die gefühlsmäßige Teilnahme an den Entwicklungen auf der Bühne angeregt wird. Wenn überhaupt, wird die Distanz zwischen dem Zuschauer und dem tragischen Geschehen ohne jegliche psychologische Transvestie (die für die Schauspieler nicht nur erlaubt, sondern sogar erforderlich ist) überbrückt; und doch würde der Intellektuelle als Zeuge nicht zugeben, Gefallen an einem Leid zu finden, von dem man weiß, daß es nicht nur vorgestellt oder wahrscheinlich ist, sondern direkt auf der Wirklichkeit basiert. Weil wir das Gefühl von ästhetischer Befriedigung schwer einschätzen können, rechtfertigen wir unser freiwilliges Dabeisein als eine Art Arbeit.

Die auf den Holocaust folgende geistige Jagd nach der Entästhetisierung der Kunst verhinderte die Frage: Kann die ästhetische Befriedigung, wenn das Kunstwerk, das sie ermöglicht, eine Tragödie von enormen historischen Ausmaßen darstellt, auch einen ethischen Wert haben? Die Frage wurde durch die Schärfe des berühmten Diktums von Adorno verdrängt. Sogar Celans *Todesfuge* schien noch zu wohlklingend – zu nahe an der Musik in den Lagern, die die Opfer verhöhnt oder ihre Schreie erstickt hatte. Und doch ist es Adorno selbst – man siehe die »Nach Auschwitz« betitelten Seiten der *Negativen Dialektik*[4] –, der uns auffordert, aus dem alten und diskreditierten Wertesystem eine

Distanz zu retten, die den Häftlingen half, nach Auschwitz weiterzuleben.

Ob wir von einer Distanzierung sprechen, notwendig für eine objektive Kulturanalyse und die Schilderung der zu Auschwitz führenden und immer noch weit verbreiteten Tendenzen, oder ob wir uns auf das schmerzliche Gefallen konzentrieren, das uns dazu zwingt, weiter über die Schrecken der Geschichte nachzudenken, so ist doch eines klar: Der ethische Druck fällt nicht nur auf Kunst und Nachdenken, er kommt auch von ihnen her, er erhöht sich sogar, weil beide sich annähern. Der Grund für diese Annäherung ist die wachsende Unmöglichkeit eines persönlichen Kontaktes zur Shoah-Erinnerung in den »postmemory«[5]-Generationen. Wo organische Erinnerungen fehlen, wo von Eltern und ihrer Kultur nur gespenstische Namen und Fotos übrigbleiben, muß die Imagination sich einsetzen, obwohl sie sich immer und immer in der Öde bewegt.

Die moralische Gefahr ist nicht, wie Adorno es fürchtete, das Leid zu stilisieren, sondern ganz in ihm aufzugehen. Der Zeuge, der kein Überlebender ist, sollte sich nicht mit den Überlebenden identifizieren. Jeder Versuch einer solchen Identifikation wäre nur eine Überidentifikation; er führt dazu, daß die Identität anderer in Beschlag genommen wird. Die Distanz zwischen dem Ich und dem Anderen ist verletzt und die Möglichkeit eines intellektuellen Zeugnisses aufgehoben.

Daher ist Claude Lanzmanns starke Identifikation mit den Überlebenden der Shoah in seinem gleichnamigen Film zwangsläufig anti-intellektuell. Und doch: Trotz seiner quasi-religiösen Bemerkungen über die Obszönität des Versuchs, die Shoah zu verstehen,[6] und trotz der nahezu absoluten Privilegierung des Zeugen ist Lanzmann in seinem Film ein ironischer und manchmal sogar tyrannischer Fragesteller. Unerbittlich setzt er die Zeugen unter Druck, als wäre er an ihren menschlichen Bedürfnissen oder an ihrem Leben uninteressiert, insofern es über das traumatische Ereignis hinausgeht. Er ordnet alle anderen Überlegungen der Offenbarung des Ereignisses in seinem vollen Schrecken unter.

Kurz gesagt, wir können einer intellektuellen Position nicht entfliehen, auch wenn wir selbst eine extreme Erfahrung gemacht haben. Der Intellekt versetzt uns immer in die Position des Bystanders. Natürlich ist dies eine diffizile Lage, denn sie liefert uns nicht nur dem Trauma aus, sondern auch der Besorgnis, nicht genügend mitzufühlen. In dieser Situation haben wir sehr wenig, woran wir uns orientieren könnten. Denn historische Kenntnisse sind nicht genügend: Das *pathei mathos* des Kunstwerks ist mehr als ein Wissen. Wir sagen daher, daß es eine *teilweise* Identifikation oder eine Art Verbindung geben muß, die die Übertragung ermöglicht: ein rationales oder therapeutisches Einfühlungsvermögen, das weder in einer zwanghaften Bindung noch in einem ekstatischen Selbstverlust endet. Wie LaCapra sind wir dazu verleitet, Freuds berühmten Aufsatz *Trauer und Melancholie* zu benutzen, um zwischen »durcharbeiten« und »agieren« zu unterscheiden.[7]

Doch schöpferische Anstrengungen auf diesem Gebiet bleiben prekär und können zu einer Wiederholung führen, die die Grenze überschreitet. Ich möchte es noch einmal betonen: Wie sollen Nachgeborene, die keine direkten Erinnerungen haben, uns diese imaginativ erbeuten? Alles, was wir über das Mitleid wissen, deutet darauf hin, wie schwer es zu regulieren ist.

## *Medieneffekt und wachsende Schuld*

Durch den Holocaust wurde der Status des Intellektuellen noch problematischer. Der offensichtliche Grund dafür steht im Zusammenhang mit dem Verhalten vieler gebildeter Europäer, vor allem derjenigen, die Max Weinreich »Hitlers Professoren« genannt hat. (Die Deformation der Vernunft in dieser Schicht und das Versagen ihrer Zivilcourage sind ein Thema für sich.) Es gibt jedoch auch einen weniger offensichtlichen Grund: Während Schriftsteller,

Journalisten und Akademiker im nationalsozialistisch besetzten Europa oftmals aktive Mittäter waren, gab es daneben eine große Gruppe von *attentistes*, und deswegen scheint heutzutage das Konzept des Bystanders mit einem Makel behaftet. Ist es angesichts der Passivität so vieler, die Bescheid wußten oder hätten wissen können, ist es heutzutage überhaupt noch möglich, dazustehen und abzuwarten?

Ein deutliches Zeichen unserer Ungeduld mit der Mentalität des Bystanders ist die Kontroverse über die (relative) Untätigkeit der führenden Schicht in den USA und dem Yishuv während der Ausrottung der Juden. Darüber hinaus ist die fragwürdige These, daß die meisten Deutschen unwissende Zuschauer waren, die von den Mordereignissen entweder abgeschirmt waren oder nur zufällig darauf stießen, oft genug angefochten worden und wird nach Daniel Goldhagens kürzlich erschienenem Buch möglicherweise überhaupt nicht mehr zu halten sein.

Der wichtigste Faktor seit 1945 ist jedoch die Tatsache, daß die Technik der Live-Berichterstattung uns heute jede Katastrophe und alles Böse dieser Welt vor Augen bringt und damit jede Entschuldigung zunichte macht. Durch die Medien, die die Reichweite unserer Augen und Ohren so enorm erweitern, werden wir zu Zuschauern, die den Bildern alltäglicher Gewalt und weltweiten Elends auf die gleiche quasi-unfreiwillige Art ausgeliefert sind, wie die deutsche Bevölkerung nach 1933 den öfters unverhohlenen Taten und der bösen Propaganda direkt ausgesetzt war. Diese Bystander sahen zu, und doch sahen sie nicht, was vor ihren Augen passierte.

Der eben beschriebene Medieneffekt wird sicher dazu führen, daß die Spannung zwischen Wissen und Nicht-Wissen, zwischen schlechtem Gewissen und Beschönigung oder Verdrängung noch größer wird, als sie es bisher schon war. Der ständige Anblick des Elends führt zu einer unterschwelligen, anhaltenden Sorge. Uns schmerzt gerade die Abwesenheit des Fühlens anstelle des Schmerzes, den wir meinen eigentlich fühlen zu müssen. Wir leiden deswegen unter einer Spaltung: Ein Teil von uns kann die Gefühllosigkeit nicht akzeptieren, für die der andere im stillen Verzeihung verlangt. Nach Bitburg kommt zudem das Problem eines verfrühten Abschlusses oder, wie Adorno es genannt hat, das Problem der »erpreßten Versöhnung« ins Blickfeld. Anstatt das Vergehen von Zeit für eine Haftungsbegrenzung zu benutzen, könnte man die Retardation der Enthüllung, sogar ihre Nicht-Abschließbarkeit – wie es häufig in fiktionalen Erzählungen geschieht – als nötig für die völlige Aufdeckung von Trauma und Schuld erachten.

Ja, im Laufe der Zeit ist die Unschuld der Bystander weniger eindeutig geworden; und deswegen kehrt die Vorstellung von der kollektiven – oder unbewußten und unfreiwilligen – Schuld wieder. Sie ist zutiefst unangenehm, weil sie so leicht mißbraucht werden kann, wie es in der Sündenbock-Szene des Evangeliums geschieht, die die Grundlage für den Gottesmordvorwurf an die Juden bildet. In ihr wird jegliche Schuld am Tod Christi vom Justizsystem der Römer auf die Juden verschoben, die dazu gebracht werden, ihre Verantwortung öffentlich zu erkennen. Es ist kein Wunder, daß wir es vorziehen, die Schuld juristisch auf den einzelnen Täter oder die Generation der Täter zu begrenzen und die Rache der Überlebenden einzuschränken.

Wenn man jetzt Bystander als beteiligte Betrachter ansieht oder, einfacher gesagt, wenn man zu viel von ihnen verlangt, indem man voraussetzt, daß sie von den Verbrechen hätten wissen müssen, und sie der Mittäterschaft beschuldigt, dann ergibt sich ein Teufelskreis. Dann gerät nicht nur das Schuldbewußtsein außer Kontrolle, sondern als Reaktion darauf auch dessen Leugnung. Zu große Anforderungen können die Xenophobie, die Suche nach Sündenböcken, das Ableugnen und andere politische Pathologien wieder entfachen.

Ein solches Verhalten fällt mit der Unfähigkeit zusammen, das Leid direkt zu spüren oder das Schuldgefühl zu tilgen. Eine verzerrte Form dieses Unvermögens könnte auch dem Phänomen der Identifikation mit dem Täter unterliegen, wenn (auf paradoxe Weise) das, was man fürchtet oder nicht einmal in der Vorstellung ertragen kann, im Namen der Männlichkeit oder eines anderen Mutideals ausgeübt wird. Vielleicht genießen wir die Kunst der Tragödie deshalb, weil sie die Illusion bestärkt, daß das Schauen auf Leid eine Begrenzung hat, daß wir es aushalten können, ihm ins Gesicht zu sehen, oder daß es einen Abschluß gibt.

Man wird vielleicht einwenden, daß bestimmte Ereignisse jeden Bystander in einen beteiligten Beobachter verwandeln. Wie können wir Gleichgültigkeit oder Unparteilichkeit ertragen, wenn uns der blutige Boden entgegenschreit? Dennoch ist die folgende, modifizierte Erwartung vernünftiger: Unsere minimale Pflicht ist erfüllt, wenn wir die Möglichkeit ernsthaft in Betracht gezogen haben, daß eine von Menschen gemachte Katastrophe wie der Holocaust nicht in die Vergangenheit verbannt werden kann. Was geschehen ist, ist möglicherweise noch nicht beendet, sondern – in einem Sinn, der von Ernst Nolte und Joachim Fest nicht beabsichtigt war – eine *Vergangenheit, die nicht vergehen will*; eine Vergangenheit, in der die Bystander eine Rolle spielten, ob sie sich dessen bewußt waren oder nicht, oder nun eine Rolle spielen müssen, da die Ursachen der Katastrophe immer noch aktuell sind. Die eigentliche Stärke der Argumentation Adornos in *Was bedeutet: Aufarbeitung der Vergangenheit?* liegt gerade in der Annahme, daß die Vergangenheit immer noch präsent ist und daß die Ursachen oder ausschlaggebenden Faktoren, die den Holocaust herbeigeführt haben, auch schon vor dem Ereignis existierten.[8] In ähnlicher Weise behauptet Claude Lanzmann, daß die Shoah nicht in die »Ordnung der Erinnerung« gehört. Sein *mis-en-scène*, das die »Zeit rückgängig macht«, ist eher eine Wiederbelebung als eine Darstellung der Geschehnisse und macht seinen Film mehr zu einem Kunstwerk als zu einer Dokumentation auf der Basis von Archivmaterial.[9]

Wer sich angesprochen fühlt, versteht zudem, daß dieses Gefühl von Betroffenheit in anderen geweckt werden muß. Daher tritt hier die Frage der Pädagogik auf. Kann Bewußtsein so erzeugt werden, daß das Trauma und damit auch das Schuldgefühl nicht noch vergrößert werden? Welche Dosis Trauma benötigen wir, um Einfühlung zu stärken, um unsere Gefühle menschlicher zu machen, anstatt sie zu bewältigen und daher abzustumpfen?

Es ist moralisch schwierig, diejenigen mit einem ominösen Gefühl des Versagens, von Schuld oder innerer Abwehr davon abzuhalten, anderen die Schuld zu geben. Daß die Nazi-Manie, der sogenannte »Aufbruch«, es schaffte, sich als »geistige« Revolution darzustellen, liegt unter anderem in der Verschiebung aller Schuld deutschen Versagens und Ohnmacht auf die Juden. Diese Schuldzuweisung erwies sich zudem als machtvolles psychologisches und gesellschaftliches Mittel, um absoluten Gehorsam und ideologischen Zusammenhalt zu erzwingen.

## *Zeit und Enthüllung*

In den letzten fünfzig Jahren, in denen sich das wissenschaftliche und kritische Interesse vom Täter auf die Opfer (oder Retter) und wieder zurück verlagert hat, ist die Rolle des Bystanders relativ unbeachtet geblieben; wahrscheinlich, weil diese Kategorie recht vage ist und uns mit den Doppeldeutigkeiten dessen konfrontiert, was Primo Levi »die Grauzone« genannt hat.[10] Und doch ist es klar, daß der Bystander – als »Adoptivzeuge« – eine schwierige Beziehung zu der nicht selbst erlebten Vergangenheit hat.

Während sich die Katastrophe ereignet, gibt es zu wenig Zeit und zu wenig psychischen Raum, um nachzudenken; später scheint die Tatsache, daß das Ereignis wenn auch kein Ende, so doch einen Endpunkt oder zumindest eine datierbare Struktur hatte, eine durchdachte Reaktion zu erlauben.[11] Wir erleben, wie nach einem Alptraum oder einer schweren Krankheit, ein Gefühl von Erleichterung, sogar Dankbarkeit, weil die unmittelbare Gefahr vorüber ist. Das Unerträgliche, auch wenn wir es nicht selbst erfahren haben, weicht der Verwunderung: Wie konnte es geschehen, wie konnte man es geschehen lassen? Da jedoch nicht nur katastrophale, sondern auch alltägliche Belastungen solche Reflexionen auslösen, müssen sie aufrechterhalten und erneuert werden – trotz des Vorwurfs, ein Schaulustiger zu sein, und trotz der Verbitterung der Opfer: Wir waren dreckig und starben wirkliche Tode. Sie waren ›ästhetisch‹ und führten feinsinnige Debatten.«[12]

Intellektuelle Zeugenschaft ist jedoch keine Ausflucht; sie bedeutet nicht, daß alles in ein vergeistigtes Zwischenreich verlagert wird. Wenn es ein Motto geben muß, sollte es das Hamlets sein: »The readiness is all« (Bereitschaft ist alles). Das Zögern unterstützt nicht unweigerlich das Vergessen. Man akzeptiert vielmehr die Zeit als notwendig für die vollständige Enthüllung. *Menschliche* Zeit ist gekennzeichnet durch diese Spannung, durch das konfliktreiche »Wagnis«, das Ringen um ein deutlicheres Resultat.

Worte als Medium dieser Spannung können daher nicht unberücksichtigt bleiben. Die Dichtung, sagt Wordsworth, betrachtet Worte nicht nur als Symbole der Leidenschaft, sondern als »aktive und effiziente Dinge, die selbst Teil der Leidenschaft sind« (»things, active and efficient, which are themselves part of the passion«).[13] Durch eine Art »negatives Vermögen« (»negative capability«), wie Keats es genannt hat, wird das emotionelle Verlangen ertragen und artikuliert. Ich möchte mich nun einem poetischen Experiment zuwenden, das dieses Dilemma reflektiert. Es ist auch ein Beispiel für Kenneth Burkes »Perspektive durch Inkongruenz« (»perspective by incongruity«).

### *Gedicht und Verfremdungseffekt*

Eines der eigentümlichsten Gedichte in den *Lyrical Ballads* von Wordsworth ist *The Thorn.* Ein faszinierter Sprecher beschreibt wiederholt den Eindruck eines verkümmerten Dornbuschs, eines Teiches und eines moosbewachsenen Hügels. Sein verrückter Blick weicht nicht vom Fleck, der dadurch zu einem Ort wird, an dem sich Wahrnehmung und Phantasie vermischen. Mit seinem Teleskop – eigentlich einem großen Auge – erscheint er wie eine Parodie des Wissenschaftler-Detektivs und letztlich des Künstlers selbst. Wie in Antonionis *Blow Up*, in dem die Kamera das Teleskop ersetzt, wird das Ominöse durch die Kraft der Konzentration auf einen einzelnen Punkt erzeugt. Ein an sich unbedeutendes Stück Landschaft oder eines, in dem Natur und Zeit das Geschehene überwachsen haben, evoziert beim Betrachter, dessen Verhalten an Besessenheit grenzt, eine Verbrechensszene.

Während seine Imagination von dem Gerücht entflammt wird, daß eine ledige Mutter hier ihr Kind getötet und vergraben habe, versucht der Erzähler, die Fakten zu ermitteln:

> »I've measured it [the Pond], from side to side:
> 'Tis three feet long and two feet wide.«[14]

Außerdem hält er fest, daß Martha, die vermeintliche Kindsmörderin, bisweilen gesehen wird, wie sie an diesen Ort zurückkehrt und dabei stöhnt:

> »Oh misery! oh misery!
> Oh woe is me! oh misery!«[15]

Dieser banale Reim – der im Grunde nur den einfachen Rhythmus der ganzen Ballade hervorhebt – wird dadurch legitimiert, daß Worte – wie bereits zitiert – nicht nur äußerliche Symbole einer Leidenschaft sind, sondern deren aktive Befriedigung suchen. Man könnte über den tautologischen Charakter von Marthas Aufschrei sagen, daß er ein »Sehnen im Geiste« (a »craving in the mind«)[16] ausdrückt, ein Verlangen, leidenschaftliche Gefühle trotz der Unangemessenheit der Worte zu kommunizieren.

Auch wenn man Wordsworths Bemühungen negativ beurteilt, muß man zugestehen, daß sie eine Wahrheit ausdrücken, die nicht ins Leere läuft; eine Wahrheit, die sich auf das Verlangen konzentriert, mit Sicherheit zu wissen und dies sogar am eigenen Fleisch zu spüren: das Verlangen, sich aus der Distanz und durch die Imagination der Qual eines anderen anzunehmen. Dieses »Sehnen« führt zu einer Art roher Dichtung, zu den dauerhaft nachklingenden rhythmischen Worten des Erzählers und der Frau. Und doch scheitert Wordsworths Experiment, es muß scheitern:

Der Gegensatz zwischen den verkümmerten Klagerufen Marthas und dem redseligen, um einen zum Fetisch gewordenen Ort kreisenden Erzähler ist nicht zu überbrücken. »Mitgefühl«, so sagt Hannah Arendt, »spricht nur, insoweit es unvermittelt auf die rein expressionistischen Laute und Gesten antwortet, durch die das Leiden in unserer Welt hör- und sichtbar wird.«[17]

Indem er eine allgemeingültige Wahrheit an einen bestimmten Ort bindet, hebt Wordsworth das zugleich komische und tragische Dilemma des Bystanders hervor, der mit dem Intellekt oder der Imagination versucht, sich dem Geschehenen anzunähern. Niemand kann der Unbeholfenheit entgehen, ein Zuschauer zu sein, und auch nicht dem daraus folgenden Voyeurismus. Allein ein Zeugnis im religiösen oder ekstatischen Sinn könnte diese Distanz aufheben. Das Gedicht selbst wird ebenfalls immer zwischen uns und einer vollkommenen Enthüllung stehen. Es läßt sich auch nicht vermeiden, daß Worte einen ästhetischen Genuß erzeugen oder zumindest ein beruhigendes Gefühl – ob es ihnen nun gelingt, ein ungeheures Leiden darzustellen, oder ob sie ein poetisches Äquivalent der Stummheit anstreben, eine, wie Wordsworth sagt, »stille, traurige Musik der Menschlichkeit« (»a still, sad music of humanity«). In beiden Fällen wird eine unannehmbare Erfahrung erzählbar und widersteht der traumatischen Auslöschung.

## *Zeit und hermeneutische Geduld*

Ebenso wichtig wie die Enthüllung selbst ist ihr Rhythmus, der die Kunst in eine Beziehung zur Ordnung der Zeit bringt. Einen feierlichen Eindruck davon bekommen wir bereits in der ritualisierten Schöpfungssequenz am Anfang der Bibel. Gott pausiert, um zu sehen und segnen, was ER geschaffen hat. Reine Macht modifiziert sich in dieser prädialogischen Bestätigung der Schöpfung durch den Schöpfer. Ein Problem taucht jedoch auf, wenn der Akt der Schöpfung ins Gegenteil verkehrt wird und die Katastrophe uns überkommt. Wie sprechen wir mit dem traumatisierten Teil in uns oder anderen? Welche Art von Dialog, welche Bestätigung ist möglich?

Die Toten und Opfer der Katastrophe verschwinden nicht völlig. Das Gefühl einer »geheime[n] Verabredung zwischen den gewesenen Geschlechtern und unserem«, von der Benjamin sprach,[18] steigert sich, je unmöglicher sie ist. Unbestattet, verfolgen uns die Toten so sehr, daß die eigene Stimme zerfällt oder verstummt. Geschriebene Worte, so still und doch nicht stumm, mögen einen Kompromiß darstellen; die Tradition der Kunst mit ihren rhythmischen und rituellen Erinnerungsformen versucht, etwas von der zerstörten Welt wiederherzustellen, trotz Schmerz und Trauma. Die Kombination aus Form und Gefühl in der Kunst oder eine andere, diskursivere Wiederherstellung von hermeneutischer Geduld ist besonders wirkungsvoll, um einen zeitlichen Modus der Enthüllung zu erreichen. Habermas betont, daß die Gemordeten der Shoah einen Anspruch haben auf die »schwache anamnetische Kraft einer Solidarität« der Nachgeborenen und daß eine solche Kraft nur durch das Medium der Erinnerung ausgeübt werden kann.[19] Er denkt, solidarisierend, an Benjamins »schwache messianische Kraft«[20], den redemptorischen Funken in der Vergangenheit, wenn das historische Wissen mehr als Wissen ist und im Gemüt aufblitzt.

Doch richtet sich der Akt des Bezeugens ebenso wie Kunst im allgemeinen nicht nur auf die Vergangenheit, sondern auch auf die Zukunft. Die Übermittlung kann nur durch eine bestimmte Person geschehen: Wenn er oder sie verloren ist, ist zu viel verloren oder zu wenig übermittelt. Das, was geschrieben oder geleistet wird, geschieht »im Andenken«, grenzt jedoch gleichzeitig an eine Zukunft, die mehr als bloße Wiederholung ist. Man muß nicht nur den Geschehnissen der Vergangenheit ins Auge sehen, auch die Zukunft benötigt ein Gesicht: Der Traum von Kommunikation wird sich ohne ein Gegenüber oder einen Adressaten kaum durchsetzen können. Diese Ich-Du-Beziehung ist in lyrischer Dichtung oft explizit ausgedrückt.

Der intellektuelle Zeuge, um es kurz zu sagen, stellt durch einen Akt der Restitution eine Verbindung her zwischen dem verlorenen Objekt (einer Person, einer Gemeinschaft, einer Kultur) und der gegenwärtigen Erinnerung. Dieser Akt verringert die Qualität des Gespenstischen an dem Verlorenen. Die Katastrophe wird zum Lehrer – auch wenn der Zeuge nicht genau weiß, was die Lehre ist. Dessen waren sich auch schon die Augenzeugen bewußt. Dubnows legendärer Ausruf »schreib un farschreib« (»hör nicht auf, es niederzuschreiben«) während seiner Aufzeichnungen der Rigaer Massaker, die auch sein eigenes Leben forderten, drückt eine leidenschaftliche Zukunftshoffnung aus, eine Hoffnung, die wir mit der Aufklärung assoziieren. Dubnow stand bis zum Ende unter dem Einfluß des *aude sapere*, des *wage, zu wissen*, des in Kants berühmtem Essay *Was ist Aufklärung* zitierten Mottos. Wenn diese Hoffnung stirbt und der Holocaust die Welt, in der er geschah, unbeeindruckt läßt – wenn man die Zukunft aufgibt, weil man denkt, sie wäre genauso unempfänglich wie die Gegenwart –, wird der Selbstmord zur Option, wie das Schicksal Jean Amérys zeigt. Eine schwächere Option, ein geringerer Selbstmord sozusagen, ist die Aufopferung des Intellekts.

In unserem Zeitalter des Glaubens an Erziehung müssen gerade die Worte oder Medien, mit deren Hilfe wir kommunizieren, untersucht werden. Sie implizieren eine moralische Entscheidung, ein zugleich ethisches und rhetorisches Urteil darüber, wieviel wir auf uns nehmen können. »Menschen können nicht viel Wirklichkeit ertragen«, schrieb T. S. Eliot in seinen *Vier Quartetten.* Aber gibt es eine andere Art, die Wirklichkeit zu ertragen, als die, die geradewegs das Menschliche in uns anspricht?

### *Das vernünftige Gespräch*

Diese Frage, so offen sie auch bleiben mag, veranlaßt ein Gespräch, das Schweigen und Solipsismus verhindert. Obwohl in diesem Kontext »Gespräch« eine unzulängliche Bezeichnung ist, finde ich doch kein besseres Wort. Wenn man Fakten über die Shoah in eine zwanglose Unterhaltung einbringt – oder, wie ich aus eigener Erfahrung weiß, sogar wenn man dies in der weniger ungezwungenen Atmosphäre des Seminarraums tut –, bewirkt dies eine peinliche Stille. Potentielle Gesprächspartner sind plötzlich mundtot. Und doch kann diese Art des Schweigens propädeutisch sein, ein Schritt in Richtung auf einen Dialog, auf jene »Mündigkeit«, die Kant als Kennzeichen des aufgeklärten Menschen bezeichnet hat, oder, um es noch einmal mit Kants Worten zu sagen, ein Schritt in Richtung auf den kollektiven Auszug der Menschheit aus ihrer selbst verschuldeten »Unmündigkeit«.

Das intellektuelle Zeugnis besteht im Kern aus einem Gespräch, das solche harten und doch naheliegenden Fragen beinhaltet wie die folgenden: Ist das Leiden dazu bestimmt, in einem Buch oder Film zu enden? Ist die Faszination, die von Verbrechen und Katastrophen, vom »Herz der Finsternis« ausgeht, die Voraussetzung für jede spannende Erzählung? Hat sich die Kultur geändert, in der das Leiden geschah? Lehrt der Holocaust eine moralische Lektion, die mehr ist als ein sentimentaler Appell an humanitäre und demokratische Werte? Nachdem die Erzählungen und Bilder, durch die wir versuchen, gegen den Schrekken anzukämpfen, nun diesen Schrecken abgeschwächt haben, können wir es uns erlauben, über die Probleme der Vermittlung des Holocaust als ein lebendiges Erinnern nachzudenken. Aber was tun wir, wenn ein solches Erbe, wie man es jetzt nennt, Verzweiflung oder Trauma bei der Jugend hervorruft? Und schließlich: Gibt es eine Grenze der Anklagelogik, oder hängt sie immer von den Prioritäten bestimmter Ideologien ab?

Für dieses Gespräch sind die Bedenken, die auf intellektuellen Essays lasten, sogar schwerwiegender als diejenigen, die in bezug auf künstlerische oder schriftstellerische Unternehmungen vorgebracht werden. In der Kunst sind Skrupel bezüglich der Darstellung zentral: Kann und sollte die Shoah anschaulich und realistisch dargestellt werden?

Können wir die »Ordnung der Erinnerung« überwinden? Für den intellektuellen Zeugen ergibt sich die Einschränkung jedoch eher aus einem Äquivalent des dritten als aus dem des zweiten Gebots: nicht »Du sollst dir kein Bild machen«, sondern »Du sollst den Namen des Holocaust nicht mißbrauchen«.

Wir stehen natürlich immer unter der Verpflichtung, nicht mehr Worte als nötig zu verwenden. Bezüglich der Shoah nimmt jedoch das »Schweigen« einen besonderen Wert an und ist Anzeichen einer Sorgfalt des Sprechens und des Schreibens. Diese Sorgfalt verlangt mehr von uns, als in fiktionalen Modi, die oftmals mit Schock experimentieren, und durch die Magie der Kunst das zu erschaffen, was Boileau »angenehme Ungeheuer« genannt hat. Das Schweigen als einen Wert zu betrachten, bedeutet nicht, den Mund zu halten; vielmehr weckt es in uns einen Schwellengeist. Die Art unseres Schreibens über die Shoah hat Auswirkungen auf die Lebensfähigkeit einer Kultur nach der Shoah.

Meine eigene Verwendung der Begriffe »Zeuge« und »Zeugnis« ist demnach ebenfalls bedenklich. Sie riskiert etwas und besteht auf der Bedeutung des Intellekts. Durch den Vergleich mit unmittelbaren oder religiösen Zeugen wertet sie die Rolle des intellektuellen Zeugen auf. Warum »intellektuelles Zeugnis« und nicht einfach »Studium«, »Lektüre«, »Kommentar«, »Analyse«? Meine Begriffswahl ist jedoch nicht durch die personalistische Entwicklung der aktuellen Literaturkritik beeinflußt – die selbst wahrscheinlich der zunehmenden Prävalenz des »testimony mode« verpflichtet ist. Die Grundlage meiner Begriffswahl ist vielmehr das Versagen der Intellektuellen und der Eliten in der Zeit des Nationalsozialismus.

Daher wird der Begriff »intellektueller Zeuge« überdeterminiert: Er bezieht sich zum einen auf die Zeugen zweiten Grades – diejenigen, die die »Gnade der späten Geburt« *nicht* annehmen, sondern sich durch Imagination und Einfühlung der Sache stellen und, als wären sie Bystander gewesen, die Katastrophe bedenken und nacherleben. Der Begriff bezieht sich aber auch *a contrario* auf die Fehlleistung der privilegierten Klasse der Professoren, Theologen, Juristen, Mediziner im Dritten Reich, auf ihren Verrat an der Vernunft und das Versagen ihrer mitmenschlichen Gefühle.

Meiner Überzeugung nach sollten besondere Ansprüche an den Schriftsteller gestellt werden, der die öffentliche Auseinandersetzung sucht: nicht nur, weil etwas Monströses oder Unerklärliches im Holocaust dies verlangt, sondern weil nach diesem Geschehen ein zusätzliches Engagement auf die Untersuchung aller Formen der Kulturpolitik und die Rolle der Akademiker und Intellektuellen in ihr verwendet werden muß.

Eine große Zahl entrüsteter Kommentare hat sich bereits darauf konzentriert anzuprangern, wie wenig es der europäischen und deutschen Hochkultur gelungen ist, sich in der Nazizeit den klaren Verletzungen ihrer eigenen Werte zu widersetzen. Wenn diese didaktischen Deklarationen auch ein moralisches Bedürfnis befriedigen, so können sie doch die Analyse nicht ersetzen. Die Klage über das Versagen der Kultur und ihrer Träger erklärt nicht den Jubel der Massen, erklärt nicht, wie die Faschisten ihre Menschenverachtung zur Rechtfertigung eines neuen Menschen- und Männertypus verkehren konnten oder warum Tausende, vielleicht Hunderttausende von Deutschen und ihre Kollaborateure zu »Hitlers willigen Vollstreckern« wurden. Auch die entgegengesetzte Reaktion scheint nicht im geringsten befriedigend: ein dekonstruktives und negatives Wissen, das uns, in Blanchots Worten, »zu Wächtern der fehlenden Bedeutung« macht.[21] Obwohl wir, vergiftet durch unser Wissen, einem nervösen und kritischen Denken – das man auch postmodern nennt – nicht entgehen können, geschieht es zu oft, daß wir uns mit dieser Haltung selbst eine Niederlage zufügen oder, schlimmer noch, uns nur selbst schmeicheln.

Gegen die offene Thematisierung geschichtlichen Traumas könnte man einwenden, daß der Weg der schweigenden Inschrift besser geeignet sei, die ideologische Ausbeutung traumatischer Ereignisse zu vermeiden. In der unmittelbaren Nachkriegszeit haben sowohl der New Criticism als auch die Dekonstruktion diesen subtilen Pfad beschritten. Spätere Versuche, diesen Modus der schweigenden Inschrift zu entziffern oder ihn von dem der Verdrängung oder Vermeidung zu unterscheiden, haben jedoch eine starke Unbestimmtheit zurückgelassen – und die Verlockung ist beträchtlich, diese Unbestimmtheit in einen literarischen Wert zu verwandeln. Ist aber diese Wertschätzung der Indirektheit eines impliziten oder auch doppeldeutigen Schreibens, das man unmöglich zu einer vollständigen Aussage bringen kann, nicht die spirituellste Art der Ausbeutung? Und ist sie vielleicht im Grunde doch nichts anderes als Heideggers »Vermeidung«, die so sorgfältig von Derrida in *De l'esprit: Heidegger et la question* (1987) untersucht wird?

### *Über Zeugenschaft und die Farben der Dunkelheit*

Lichtgewinn, meßbar, aus
Distelähnlichem:
einiges
Rot, im Gespräch
mit einigem Gelb.
Der Luftschleier vor
deinem verzweifelten Aug.[22]

Abschließend möchte ich zu den positiveren Aspekten des intellektuellen Zeugen zurückkehren. Die auf den Holocaust folgenden Debatten über das Vernunftevangelium der Aufklärung sprachen die Leichtigkeit an, mit der die Vernunft instrumentalisiert und der Mensch als Mittel zum Zweck benutzt, verbraucht und weggeworfen wurde. Aber auch eine instrumentalisierte oder im Dienste der Verwaltung stehende Vernunft, so stimmt man heute allgemein überein, kann Himmlers und Hitlers rassistische Morde nicht völlig erklären. Wegen dieses enigmatischen und resistenten Kerns des Ereignisses gehen die Debatten über die negativen Aspekte der Aufklärung mehr in Richtung einer

Kritik der Rationalität als einer moralistischen oder fundamentalistischen Denunziation. Der Akt intellektuellen Bezeugens ergreift, kurz gesagt, Partei für sich selbst; auf Erfahrung und Vertrauen beruhend, bringt er jene Aspekte des Rationalen hervor, die zur Menschlichkeit beitragen; er bringt jene Schriftsteller hervor, die sich weigern, ihren Intellekt trotz der Ungeheuerlichkeit der modernen Erfahrung zu opfern. Ich möchte an dieser Stelle nicht genauer auf die Auseinandersetzungen um Gadamers Ideal des »Gesprächs« oder Habermas' »Kommunikatives Handeln« eingehen, aber beide bringen Rationalität und Demokratie in Zusammenhang und fahren fort, eine skeptische oder realpolitische Doktrin des sozialen Überlebens in Frage zu stellen. In solchen Debatten wird der Intellekt mehr zum Zeugen seines eigenen Überlebens, als daß er zu Schuldgefühlen, Selbstgeißelung und Verzicht verleitet wird.

Ein weiterer positiver Aspekt des intellektuellen Zeugnisses zeigt jedoch die aporetische Seite eines instinktiven Bemühens um Verständlichkeit. Intellektuelle (und mir ist klar, daß wir niemals nur Intellektuelle sind) wollen verstehen, was passiert, was zu schnell vorbeigeht, zu schnell hereinbricht. Wir finden einen Weg, das Geschehen zu verlangsamen, zu vergrößern, zu wiederholen, synchronische Verbindungen zwischen Gedanken und der Sprache, zwischen Gefühl und Sprache herzustellen. Das Ziel ist Verständlichkeit, in der Hoffnung, das nächste Mal besser vorbereitet und dem Trauma und ungeeigneten Verteidigungsstrategien weniger ausgeliefert zu sein. Und doch kann sich der intellektuelle Zeuge nicht ganz diesem Ziel unterwerfen, denn er muß gleichzeitig von vorderster Front berichten, sich selbst an die Frontlinie begeben oder versuchen, diese »Front« zu lokalisieren. Das Ziel solcher Akte ist nicht, das Unverständliche verständlich zu machen; möglicherweise sind die Ereignisse zu schrecklich oder zu traumatisierend dafür. In dieser Art des Bezeugens wird paradoxerweise oft nicht der verstehbare, sondern der enigmatische Anteil vermittelt, gerade das, was dem Rahmen der Überzeugungen entgeht, die den Akt des Schreibens motiviert zu haben scheinen. Der Intellekt repräsentiert die Bedeutung des (noch nicht) Verständlichen.

In diesem Sinne werden wir immer eher zu Zeugen von Erfahrungen, als daß wir sie verstehen; das Verstehen kommt später, wenn überhaupt. Die normalisierenden Beweggründe, die unser Engagement motiviert haben oder uns vor Gedächtnisschwund, Sprachverlust und einem entmächtigenden Gefühl der Unwissenheit bewahren, fallen weg. Der Begriff »intellektueller Zeuge« weist demnach den gleichen Widerspruch zwischen Adjektiv und Substantiv auf wie der Begriff »traumatisches Wissen«. Der Widerspruch kann jedoch Anreiz für eine Erweiterung von Interpretationsraum sein, für die Pflege einer Geduld innerhalb der Ungeduld, die uns überkommt, wenn wir unsere Gedanken nicht ordnen können. In diesem vergrößerten Zeitraum werden sowohl kognitive als auch emotionale Dissonanzen zugestanden, und sowohl das innere Gespräch als auch unsere Auseinandersetzung mit anderen gehen weiter. *Überleben* wird, wie in Ruth Klügers bewegenden, aufrichtigen und manchmal verletzlichen Erinnerungen, zum *weiter leben.*

Der Akt des Bezeugens kann zudem, wie ich bereits gesagt habe, nicht ohne eine gewisse Zukunftshoffnung stattfinden, nicht ohne Hoffnung auf eine generationenübergreifende Weitergabe. Vielleicht setzt alles Schreiben diese Hoffnung voraus: das Manuskript in der Flasche ebenso wie die vergrabenen Milchkannen von Ringelblums *Oneg Shabbat.* Die vom Nationalsozialismus verbrannte Verständlichkeit und neuere Versuche, in einer Zeit der immer schnelleren Veränderungen etwas von dieser Verständlichkeit zu retten, haben jedoch eine Unsicherheit hervorgerufen, eine Unsicherheit darüber, wer es sein könnte, der übermittelt oder der sich lange genug mit einem Selbst identifiziert, um ein Subjekt zu werden und ein beständiges Gefühl der Zugehörigkeit zu etablieren.

In formaler Hinsicht wirkt sich diese Unsicherheit auf den Kern dieses Konzepts der Zeugenschaft aus. Wer spricht, wer legt Zeugnis ab, falls Paul Celan recht hat, wenn er sagt: »Spricht wahr, wer Schatten spricht«? Hier ergibt sich die volle und notwendige Funktion des sekundären Zeugen; er zeugt für den Zeugen, er ist der Bewahrer und nicht der Aufklärer einer Sprache, die die Dunkelheit des Geschehnisses widerspiegelt. Für »blackbird« Celan, für Ansel/Amsel, bricht das Licht nicht in die Finsternis ein, um sie zu tilgen: Es offenbart diese. Das Ich des Dichters wird fragwürdig, ein sprechender Schatten, ein traumatisiertes, undurchsichtiges Ding. Dies schattenhafte Ich ist mit einer weiteren Ungewißheit verbunden, mit dem fehlenden Du oder Wir, mit allem, was Michael Pollak »Bewahrung der sozialen Identität« nennt.[23] Die Hingabe an Worte benötigt ein »Du« als Zeichen des Vertrauens in Gemeinschaft oder deren Wiederherstellung. Der intellektuelle Zeuge ist der Repräsentant dieses »Du«. Wie die Literatur selbst, so bewegt er sich im Raum des beschädigten Gesprächs. Das intellektuelle Zeugnis weist ein besonderes Bewußtsein auf, ein Bewußtsein, das von dem Verrat in der Vergangenheit weiß und den Wert der Zeit für düstere Enthüllungen akzeptiert.[24]

*Neun*

# Von Überlebenden lernen

## Das Videozeugen-Projekt in Yale

*Das Fortunoff-Video-Archiv für Holocaust-Zeugnisse an der Universität Yale, 1981 gegründet, widmet sich der Aufzeichnung der Erlebnisse jener Menschen, die den Holocaust überlebt haben, und solcher, die nicht unmittelbar verfolgt wurden, aber in der einen oder anderen Form Zeugen des Völkermords wurden. Mit Aufnahmen in England, Frankreich, Belgien, Deutschland, Griechenland, Jugoslawien, der Slowakei, Israel und Argentinien sowie in den USA ist das Yale-Video-Archiv eines der größten audiovisuellen Projekte seiner Art. Bis August 1998 haben bereits über 4000 Betroffene ein »mündliches Zeugnis« abgelegt. In Anerkennung des erzieherischen Werts des Mediums Fernsehen laufen die Planungen des Archivs für den verbleibenden Rest dieses Jahrzehnts, vermutlich des letzten, in dem man noch die Menschen selbst wird sprechen lassen können, die ein unmittelbares Wissen über die Ereignisse zwischen 1933 und 1945 haben.*

Ein wichtiger Grund für mündliche Zeugnisse vom Holocaust ist, daß den Überlebenden die Möglichkeit gegeben wird, für sich selbst zu sprechen. Wir sollten nicht für sie sprechen; vielmehr haben wir die Pflicht, ihnen zuzuhören und einen Dialog wiederherzustellen mit Menschen, die durch ihre Erlebnisse so gezeichnet sind, daß ihre vollständige Integration ins Alltagsleben immer nur scheinbar sein kann – auch wenn dieser Schein von entscheidender und trostspendender Bedeutung ist. Mit das erste, was wir von den auf Band festgehaltenen Memoiren lernen, ist, daß die Sprache der Überlebenden ihre eigene, nicht kalkulierte Poesie besitzt: eine Poesie, die mit der, wie wir sie von Gedichten kennen, nur selten in Deckung zu bringen ist – von Prosa einmal ganz abgesehen.[1]

Mir wird mit einem Male bewußt, wieviel von meinem eigenen Sprechen monologisch ist und wie wichtig es ist, die Stimmen von anderen zur Geltung kommen zu lassen. Nicht nur, weil ich ein einzelner bin und sie, die Überlebenden, so viele sind; nicht nur, weil ihre Unartikuliertheit selbst, bewirkt durch die extremen Erfahrungen, von denen sie – oft zum ersten Mal in einem öffentlichen Kontext – erzählen, beredtes Zeugnis ablegt, sondern auch, weil wir, die wir nicht »dort« waren, immer nach etwas Ausschau halten, was uns die Überlebenden nicht bieten können. Obwohl die Überlebenden als Gruppe genau wie wir der Verlockung zur Mythenbildung unterliegen sowie der Versuchung, das Schlimmste nicht auszusprechen, kann man die Zeugnisse des Video-Archivs in Yale nicht auf einen Nenner bringen: sie verstören uns und bestürzen sogar die Interviewer. Auge in Auge mit jener Welt, sind wir es, die bei ihrer Suche nach einem Sinn entlarvt werden, so als müßten *wir* getröstet werden wegen dem, was *sie* erlitten haben. Für uns, die wir nicht dort waren, gilt das klassische Axiom, daß uns »nichts Menschliches fremd ist«; für sie hingegen gilt: »Nichts Menschliches ist uns vollkommen vertraut«. Der Sinn für das Menschliche muß stets wiederhergestellt werden.

Anders als die Modernisten können wir uns auch nicht über den Perspektivismus dieser Zeugenberichte freuen; das heißt, über die auf interessante Weise unterschiedlichen Blickwinkel und mitschwingenden Details, durch die jede einzelne Geschichte von allen anderen abweicht. Denn die Geschichten sind sich auch auf eine fatale Weise ähnlich, wiederholen dasselbe Trauma, dieselben Katastrophen. Das Gesamtbild des Holocaust, das sich aus diesen persönlichen Schilderungen herausschält, tut nichts, um die Moralapostel unter uns zu bestätigen. Wenn wir dabei irgend etwas lernen, dann das, wie ein Leben aussieht, in dem jegliche Sinnsuche aufgegeben werden mußte: wir werden gezwungen, unser Augenmerk auf den Umstand zu legen, was es hieß, unter Bedingungen zu leben, in denen jede Form von sittlicher Wahl von den Verfolgern systematisch unmöglich gemacht wurde und in denen es so gut wie ausgeschlossen war, ein Held zu sein.[2] Daß es solche Fälle von Heldentum dennoch gab – wie zum Beispiel beim Aufstand im Warschauer Ghetto –, grenzt an ein Wunder.

Die Verwendung des Begriffs »oral history« zur Beschreibung der hinter dem Video-Archiv stehenden Bestrebungen legt die Folgerung nahe, daß, obwohl individuelle Zeugnisse im Mittelpunkt stehen, diese den Zweck erfüllen, ein kollektives Schicksal zu dokumentieren, ein in seinem mörderischen Ausmaß und in seinen anhaltenden, weitreichenden Konsequenzen einzigartiges Ereignis mit Hilfe von Zeugenberichten zu beschreiben. Ohne die gewaltige Papierspur, die die in ihrem Triumph gleichermaßen pedantischen wie selbstgewissen Täter hinterließen – ohne diesen Berg von Beweisen, zusammengesucht und interpretiert von akademischen Historikern, wären wir natürlich gar nicht in der Lage, uns ein adäquates Bild zu machen. Und doch würde es das Bild einer sich selbst dokumentierenden Maschine bleiben, mit bürokratischen Vermerken und Tagesbefehlen, Zugfahrplänen und amtlichen Verfügungen und tonnenweise verschleierndem Jargon oder »aufgeblasenen Klischees« (wie Hannah Arendt die Rhetorik Eichmanns beschrieb). Gäbe es nicht die Schilderungen der Überlebenden, würden die Opfer gar nicht gehört werden und nur auf erniedrigenden und grausamen Bildern präsent bleiben. Die Aufmerksamkeit würde weiter von ihnen weg und hin zu einer Faszination durch das Böse, die Macht und die Indifferenz gelenkt – auf das Rätsel der Mörder und Zuschauer.

Gelegentlich finden wir in den Reaktionen von Historikern eine Haltung, die zwar Engagement verrät, gleichzeitig aber erstaunlich engstirnig ist. Sie sagen: diese Memoiren können keine Primärquellen für die Geschichtswissenschaft sein. Denn die *oral history* ist noch weniger zuverlässig als Briefe und Tagebuchaufzeichnungen. Eure verspäteten Zeugenberichte sind nur scheinbar spontan, aber tatsächlich in hohem Maße vermittelt: bei einem derartigen zeitlichen

Abstand zum Ereignis verblaßt die Erinnerung oder spielt einem Streiche oder ist durch das, was der Überlebende gehört oder gelesen hat, infiziert. Und wenn es um die Geschichte des Holocaust geht, ist es zudem besonders wichtig, ganz genau zu sein, weil jene Verleumder, die sich selbst Revisionisten nennen, jede kleinste Abweichung zum Vorwand nehmen werden.

Diese Einwendungen sind bedenkenswert, und ich werde auf sie zurückkommen.

Es ist wichtig, auch Augenzeugenberichte zu haben, die zeitlich etwas näher an den Ereignissen sind, und vielleicht werden wir bald mehr davon haben, nun, da die sowjetischen Archive geöffnet wurden. Und dennoch brauchen wir die Meinung, daß die mündliche und die schriftliche Version der Geschichte übereinstimmen müssen – und der mündliche Teil dabei eine Art Gehilfen bei der Arbeit am großen Buch der Unbestrittenen Tatsachen abgibt –, nicht zu akzeptieren. Gewiß wird es schwieriger, sich an bestimmte Tatsachen oder Gedanken zu erinnern, wenn man sich von einem Ereignis zeitlich entfernt; aber gibt es nicht vielleicht einen Ausgleich dafür – worunter gerade auch jene Dichte oder Vermitteltheit der Wahrnehmung zu zählen wäre, die der Historiker als problematisch ansieht?[3] Umgekehrt: können wir sicher sein, daß der Geschichtsschreibungs-Diskurs, der so widersprüchlich und revisionsbedürftig ist – manchmal, wenn es um die Fakten geht, aber immer, wenn deren Interpretation ansteht –, einen Deut weniger vermittelt ist? Bloß weil »die Geschichte« von einer einzigen Person geschrieben wird – mag sie auch noch so gut informiert sein –, heißt das noch lange nicht, daß sie einen Wahrheitswert besitzt, der über jenen gemischten Chor von Stimmen hinausreicht, welcher in literarischen Memoiren oder mündlichen Dokumentationen so gegenwärtig und lebendig ist.[4] Darüber hinaus ist in letzter Zeit die Überzeugung gewachsen, daß lokales Wissen, das sich von innerhalb einer Situation äußert und nicht in objektivierender Weise von außerhalb, eine verästelte Wahrheit zum Vorschein bringen kann, die denjenigen entgeht, die eine voreilig vereinheitlichte

Stimme wählen. Forschung und Kritik gelingen am besten, wenn sie – wie Clifford Geertz, Michael Walzer und Carol Gilligan beobachtet haben – von einem *connected critic*, einem teilnehmenden Beobachter, kommen.

Selbst wenn reine Spontaneität eine Illusion ist – zumal über fünfzig Jahre nach dem Ereignis –, so würde es doch von wenig Vertrauen zeugen, wenn man die Stimmen der Überlebenden einfach durch den trockenen Tonfall des akademischen Historikers ersetzen würde. Dies würden im übrigen wenige Historiker bestreiten: und ebensowenig würden Nicht-Historiker den Wert einer Geschichtsschreibung bestreiten, die uns durch das Dickicht verwirrender Einzelheiten führt, indem sie sämtliche Quellen siebt, darunter auch persönliche Erinnerungen. Wir brauchen jenen gewissenhaft erarbeiteten Überblick, den man Geschichte nennt, deshalb, weil – wie Thomas Friedman in der *New York Times* über den Demjanuk-Prozeß schrieb – »die Erinnerung an das Böse, gleichgültig wie extrem, ihre Grenzen hat.«[5]

Trotz dieser Grenzen besitzt das Böse eine größere Macht, Einzelheiten in unser Gedächtnis zu ätzen, als das gute oder gewöhnliche Leben. Die Einzelheiten selbst sind natürlich keineswegs nur auf das Böse beschränkt. Einige Lagerinsassen wußten, daß sie der Vernichtung entgegensahen, und machten aus ihrem Gedächtnis eine Schriftrolle, auf der sie sich alles notierten. Andere merkten sich nur weniges. Aber die allgemeine Genauigkeit des Erinnerns ist erstaunlich: man hat vermutet, daß die Überlebenden in Abwesenheit materieller Überbleibsel aus ihrem vorherigen Leben (wie zum Beispiel Fotos oder persönliche Gegenstände, mit denen sie etwas verbanden) jedes Bruchstück an Erinnerung wie einen Schatz hüteten. Der Möglichkeit beraubt, Beerdigungen und förmliche Rituale abzuhalten, mag oft gerade die Schmerzhaftigkeit ihrer Erinnerungen zu einem für die Trauerarbeit wichtigen Identitätsmal geworden sein, das auch in der Zeit nach der Befreiung weiterwirkte.[6]

Mündliche Memoiren versuchen folglich nicht, aus Überlebenden Historiker zu machen, sondern wissen ihren Wert als menschliche Zeugen einer entmenschlichenden Situation zu schätzen. Wir können nicht zulassen, daß in unserem Gedächtnis nur die von den Tätern gemachten Bilder wohnen. Die Aufzeichnungen, die wir in Yale sammeln, bieten dem Überlebenden die Chance, sein eigenes geistiges Erinnerungs-Buch »aufzuschlagen«: sie sind zugleich formal beglaubigte Aussagen, informelle Chroniken, ausdrucksstarke Memoiren und Zeugnisse, die auf die Errichtung eines Vermächtnisses hinwirken. In einer Welt, die zusehends ihrer mündlichen Tradition beraubt wird, halten sie etwas davon lebendig. Diejenigen, die diese Zeugnisse sammeln, bilden kleine Überlieferungs-Gruppen und helfen dabei, die Isolation der Überlebenden – aber auch ihre eigene – zu lindern.

In jedem Fall verblaßt die Unterscheidung zwischen mündlicher und schriftlicher Geschichte, wenn wir uns vergegenwärtigen, daß man von Auschwitz nichts mitbekommen sollte, weder schriftlich noch mündlich. Auschwitz als Negation von Berg Sinai sollte absolut sein. Auf seine eigene schreckliche und unvorhersehbare Weise hat die Welt des Holocaust jedoch tatsächlich die Juden aus der Diaspora zusammengebracht – in einer Kette von Orten, die ein einziger Ort waren. Sie blickten, wie es ein Opfer ausdrückte, in ein schwarzes Morgengrauen. »Ich schwöre euch, es war nicht die Sonne, es war schwarz ...«[7] Eine düstere Offenbarung von Niedertracht tut sich immer noch vor uns auf, wenn wir auf jenen Versuch blicken, Sinai auszulöschen. Ich stimme denjenigen zu, die sagen, daß sich das Erinnern nach Auschwitz von jenem davor unterscheidet. Es hat sich etwas verändert: wir können nicht mehr *history as usual* betreiben.

Durch ihre persönlichen Aussagen, niedergelegt in einem einfachen Raum, der kein Gerichtssaal ist, und eingedenk der uralten Verfügung »Du sollst Zeugnis ablegen« haben Tausende von Überlebenden und Augenzeugen die Abstraktion »sechs Millionen« aufgebrochen und zurückgeführt auf das Schicksal einzelner Personen und einzelner Familien. Mit Hilfe dieser Prozession individueller Zeugnisse werden die Grenzen der Erinnerung an das Böse – und manchmal auch an das Gute – ausgeweitet. Einige Barrieren und Grenzen bleiben natürlich.

Eine Begrenzung kommt von innerhalb des Individuums, dessen physisches Überleben in der Folge einen erneuerten Vertrag mit dem gewöhnlichen Leben notwendig machte – einen psychischen Vorstoß in die Zukunft, der Erleichterung verschaffte und Vergessen zuließ. Dennoch ist ein bemerkenswerter Grad an Genauigkeit geblieben, weil die Erinnerung an das Böse die Erinnerung an eine Beleidigung ist, unabhängig von der Schwere des Unrechts, das man erleiden mußte. So verdüstert sich die Miene eines Zeugen an einem bestimmten Punkt, als er über seine Schulzeit spricht, kurz bevor der Fortgang seiner Geschichte enthüllt, was diesen Wandel im Gesichtsausdruck verursacht hat. Selbst heute noch überkommt ihn der Schmerz darüber, wie er zum ersten Mal von einem Lehrer geschlagen wurde, bloß weil er Jude war (Jean Améry hat ja beschrieben, wie vernichtend dieser »erste Schlag« sein kann).[8] Schwer nur kann ich vergessen, wie der Erzähler, auf einer anderen Kassette, plötzlich zögert, ein verzerrtes Grinsen aufsetzt, um dann davon zu berichten, wie plötzlich sämtliche Zigeuner im Lager – praktisch über Nacht – verschwunden seien. Diese zwei Ereignisse, die Ohrfeige des Lehrers und das Schicksal der Zigeuner, mögen inkommensurabel erscheinen, doch die Tatsache, daß sie nicht Bestandteil einer statistischen oder unpersönlichen Erzählung sind, daß wir die Veränderung in einer Person sehen, während die Erinnerung zurückkehrt, macht sie gleichermaßen unvergeßlich. Wir können Jean Amérys Protest gegen das »Auf-Eis-Legen der Geschichte« besser verstehen. »Kein Er-innern [ist] zur bloßen Erinnerung geworden. (...) Nichts ist vernarbt. (...) Wo steht geschrieben, daß Aufklärung emotionslos zu sein hat?«[9]

Und doch müssen wir uns fragen, wenn Narben offengelegt werden und tausend Stimmen ihre Emotionen auf so direkte Weise zum Ausdruck bringen, ob wir jene Gruppe – und damit Tausende von weiteren Menschen, für die jede einzelne Person steht (»Ich bin mein Stadtarchiv«, bemerkte jemand) – mit einem schlimmen Privileg ausstatten? Gibt es die Unterstellung, wie stillschweigend auch immer, daß jüdische Überlebende des Holocaust ein Monopol auf Leiden haben? Und selbst wenn es diese Unterstellung nicht gibt: weist die Wirkung ihrer Zeugnisse in jene Richtung? Ich hoffe nicht; aber hier zeigt sich ein Interpretationsbedarf wegen der Unmittelbarkeit dessen, was erinnert wird.

In jedem Bekenntnis liegt, unabhängig vom Inhalt, etwas zu Nachdrückliches. Der Unterschied zwischen Bekenntnis und Zeugnis muß immer noch definiert werden: ich kann hier nur soviel sagen, daß das Bestehen auf persönlichem Erleben beim *Zeugnis* nicht dazu dienen soll, uns zum Schweigen zu bringen, sondern eine kollektiv durchlittene Geschichte aufzuzeichnen und zu achten. Die Autorität der Zeugenschaft ist verbunden mit einer Unmittelbarkeit, die das, was sich verallgemeinern läßt, eher verstärkt als verdrängt. Sie rührt nicht von der Singularität oder dem extremen Charakter des Durchgemachten her. Denn die Ungerechtigkeit ist universell: sie weckt Gefühle des Bedauerns und der Empörung, die man miteinander teilen kann, selbst wenn man an den zugrundeliegenden Erfahrungen nicht teilhaben kann.

Obwohl es zutrifft, daß der von den Nazis erdachte Holocaust, was seine Planung als auch seine Durchführung anbetraf, einzigartig war – er instrumentalisierte die Tötung aller Juden mittels Lager und Fabriken, deren formales Produkt der Tod war –, so betäubt diese schreckliche Wahrheit schlicht sowohl Herz als auch Verstand. Wir können auf den Tod nur reagieren, indem wir uns an das Leben erinnern: daran, wie lebendig jemand noch vor einer Stunde war, wie er oder sie aussah, liebte, sprach. Die Zeugen auf dem Bildschirm anzusehen ist nicht gleichbedeutend damit, das Leid von anderen auszublenden, sondern erinnert uns an jede Art von Ungerechtigkeit, die menschliches Leben vergeudet, wie groß oder klein diese auch immer sein mag.

Dieser Punkt ist von besonderer Bedeutung, weil andere verfolgte Gruppen das Gefühl bekommen könnten, die Juden versuchten, den Holocaust auf Kosten ihres eigenen historischen oder noch anhaltenden Leidens zu etwas Einzigartigem zu machen. Toni Morrisons Roman *Menschenkind* enthält die Widmung »Sechzig Millionen und mehr« und fordert uns damit auf, uns die Leiden der versklavten Afro-Amerikaner seit der *Middle Passage*,* ihrem erzwungenen Abtransport nach Amerika unter unmenschlichsten Bedingungen, ins Gedächtnis zu rufen. Es ist also entscheidend zu betonen, daß die Behauptung der Einzigartigkeit sich auf die Durchsetzung einer Ideologie bezieht, die Juden nur aus jenem einzigen Grund zur Vernichtung aussortierte: daß sie Juden waren. Alle sollten getötet werden, sei es durch Erschießen, Vergasen oder indem man sie sich zu Tode arbeiten ließ – auch die Kinder. Diese Tatsache ist es, und nicht die Zahl der Umgekommenen, die den Krieg der Nazis gegen die Juden zu einem einzigartigen Akt des Völkermords machte, den wir durch den besonderen – wenn auch unzureichenden – Ausdruck »Holocaust« bezeichnen.

In den Karikaturen der Nazis wurden »Neger« mit Juden gepaart, weil sie von dieser kranken Ideologie ebenfalls als eine degenerierte Rasse angesehen wurden. Die sich als Wissenschaft gerierende »Rassenlehre« der Nazis stellte eine Pseudo-Hierarchie der Rassen auf, in denen die »Arier« ganz oben standen, während diejenigen, die ganz unten auf der Leiter standen – Slawen, Schwarze etc. – zur Sklaverei verurteilt waren. Die Juden waren besonders gefährlich, weil sie unter Umständen äußerlich als Nicht-Juden durchgehen konnten, und mußten deshalb vertrieben oder getötet werden. Auf der Wannsee-Konferenz vom Ja-

* der mittlere Teil der Strecke von Afrika nach Amerika, d. h. die Überquerung des Atlantiks, bei der ein großer Teil der versklavten Menschen aus Afrika ums Leben kam, Anm. d. Ü.

nuar 1942 wurde diese Vernichtungs-Politik schließlich besiegelt und koordiniert.

Ich habe gesagt, daß die Unmittelbarkeit dieser Schilderungen aus der Ich-Perspektive jenes Eis durchbricht, auf das man die Geschichte gelegt hat. Sie verleiht Erinnerungen oder Bildern Konturen, die andernfalls nur sentimentale oder informierende Wirkung haben würden.[10] Der Unterschied zwischen Holocaust und Alltags-Erfahrung bleibt bestehen, aber das Wissen wird nun von Emotion und Anteilnahme begleitet – in ähnlicher Weise, wie auch die Literatur unsere mitfühlende Einbildungskraft weckt. In der Tat könnten diese persönlichen Schilderungen, obwohl sie weniger schockierend und festlegend sind als viele Fotos, den Betrachter überwältigen oder unangemessene Abwehrreaktionen hervorrufen. Dies gilt insbesondere für die Jungen: wenn sie sich zu verletzlich fühlen, wenn sie – wie unbewußt auch immer – den Schluß ziehen, daß sie sich auf den Schutz ihrer Eltern nicht verlassen können, kann es passieren, daß sie sich als Reaktion darauf mit irgend jemandem identifizieren, der stärker ist.

Auch ältere Menschen lassen gelegentlich Unbehagen erkennen. Dringt ihr nicht, fragen sie, in die Privatsphäre der Überlebenden ein? Die Frage wird sogar dann gestellt, wenn bekannt ist, daß sich sämtliche Zeugen aus freien Stücken entschieden haben, unter Umständen nach jahrelangem Zögern, und daß im allgemeinen der einzige Druck, der ausgeübt wird, von den Kindern der Überlebenden ausgeht, die finden, daß es wichtig ist auszusagen – um ihrer Eltern und um der Zukunft willen. Diejenigen, die solche Vorbehalte zum Ausdruck bringen, haben das Gefühl, daß man mit derlei intimen und schmerzhaften Schilderungen in *ihre* Privatsphäre eindringt.

Warum beklagen wir uns nicht über vergleichbare Szenen in Filmen, Theaterstücken oder Romanen? Stellen diese nicht genauso einen Eingriff in unsere Intimsphäre dar? Der Grund dafür ist sehr einfach, wenn auch kein Ruhmesblatt für uns: wir trösten uns mit der Tatsache, daß dies ja

Fiktion sei, ein Ablenkungsmanöver, wie wenn wir die Augen schließen, weil wir nicht mehr hinsehen können, oder innerlich das Gesicht abwenden. Bei den Zeugnissen der Überlebenden ist diese Art Ausweichmanöver schwieriger. Wenn wir wissen wollen, was passiert ist, wie es wirklich war, können wir uns nicht einfach abwenden. Sowie sich eben jener Wunsch als hohl oder halbherzig erweist, ist Unbehagen oder sogar Angst die Folge.

Fiktionale Literatur unterscheidet sich davon recht erheblich in ihrer Wirkung. Unser Bewußtsein von ihr als Mimesis, als Rekonstruktion oder Neuschöpfung ermutigt eine Haltung, die etwas spekulativer und dialogischer ist: wir können Kritik an ihr üben und mit uns oder anderen offen darüber sprechen. Während das Zeugnis des Überlebenden seine eigene Art von Dialog hervorruft, ist dieser nur zum Teil ein Dialog mit *uns*. Die Überlebenden sehen sich nicht nur einer lebendigen Zuhörerschaft gegenüber – beziehungsweise akzeptieren diese Zuhörerschaft mittlerweile und beharren nicht mehr auf dem nicht-transitiven Charakter dessen, was sie erlebt haben –, sondern sie sind auch damit konfrontiert, daß ihre Familie und Freunde ausgelöscht wurden: Das erste Buch in englischer Sprache mit Berichten, die den Holocaust mündlich dokumentierten, trug den Titel *I Did Not Interview the Dead*: »Die Toten habe ich nicht befragt«.[11]

Die Augenzeugen sind es, die zu den Toten hinabsteigen. Obwohl sie die Lebenden frontal angehen, indem sie häufig Warnungen und Ermahnungen äußern, sprechen sie auch für die Toten oder zumindest in deren Namen (und machen dies normalerweise im Verlaufe ihres Berichts auch explizit deutlich). Das birgt seine Gefahren: hinunterzugehen zu den Toten mag, wie Vergil gesagt hat, leicht sein, aber wieder aufzutauchen, *revocare gradum ad auras* – das ist die schwere Aufgabe. »Ich bin nicht unter den Lebenden. Ich bin in Auschwitz gestorben, und niemand merkt es«, heißt es bei Charlotte Delbo.[12]

Also erinnern sie sich an die Toten, erinnern sich daran, daß sie ebenfalls in diesen Totenhäusern waren – und doch sind sie keine Gespenster, sondern ganz und gar hier, wo sie ihr Wort an uns richten und uns lehren. Mit all diesen Aspekten kann ich mich hier nicht auseinandersetzen, außer insofern, als sie Einfluß haben auf die Authentizität einer Darstellungsform, die – wenn überhaupt, dann als einzige – vielleicht die Kraft haben könnte, der Apathie und dem Vergessen entgegenzuwirken: einer Apathie, die von emotionaler Erschöpfung herrührt, aber auch von der ständigen, routiniert-kompetenten, glatten Präsentation extremer Situationen durch die Medien.

Es ist wichtig, die Zeugenberichte nicht zu etwas Heiligem zu machen, sondern sie als Darstellungsform zu sehen, die eine besondere, dem »Kino-Effekt« entgegenwirkende Integrität besitzt.[13] Wenn ein Film für realistische Zwecke benutzt wird, so bleiben wir uns dennoch bewußt, daß es ein Film ist: ein Scheinbild, etwas, das sich für etwas anderes ausgibt, etwas Künstliches mit einem herkömmlichen Schluß. Dokumentarfilme haben ebenfalls eine Art, realistische Extreme abzufedern: sie werden präsentiert, wobei durch die Stimme des Erzählers eine Form von Distanz entsteht.[14] Selbst Sensationsbilder – Archivmaterial, das erniedrigende Aufmärsche, Deportationen, Exekutionen, Leichenhäuser zeigt – verleiten uns oft dazu, eine Abwehrhaltung einzunehmen, indem wir uns einreden, das sei alles »Schnee von gestern«. Die Vergangenheit isoliert jene anonymen Opfer. Aber in den *video testimonies* (oder *testimonial videos* im allgemeinen)[15] gibt es nichts, das zwischen den Überlebenden und uns steht; genausowenig wie zwischen den Überlebenden und ihren Erinnerungen, wenn ein Interview einmal richtig in Gang gekommen ist. Die Wirkung, die dabei erzielt wird, kann daher außerordentlich intim sein – und es ist schwer, nicht zu weinen. Es sind Tränen des Kummers und der Wut: auf der einen Seite würden wir gerne – wie Primo Levi in der *Atempause* seine Gefühle im Moment der Befreiung beschrieben hat – unser Gewissen und unser Gedächtnis von dem Schmutz reinwaschen, auf der anderen Seite würde nie mehr etwas geschehen können, was gut und rein genug wäre, um die Vergangenheit wegzuwischen. Die Narben der Freveltaten würden uns für immer begleiten und in den Erinnerungen derer, die sie gesehen hatten, an den Orten, wo sie sich ereignet hatten, und in den Geschichten, die wir erzählen sollten, ihre Spuren hinterlassen. Genau diese Intimität, aber auch die Verdichtungen oder Zufälligkeiten der Erinnerung und das, was Lawrence Langer eine »Sprachverwirrung« *(confusion of tongues)* genannt hat – die beim Zusammenprall der Gegenwarts-Welt des Überlebenden und seines Interviewers mit den wort-brecherischen Realitäten der KZ-Welt entsteht[16] –, sind es, die jedes Zeugnis zu einem Text machen, der der Interpretation bedarf. Die Studierenden der Geisteswissenschaften haben zudem gelernt, daß ein gewisses Maß an Identifikation eine nachdenkliche, analytische Reaktion nicht ausschließt. Vor allem im Klassenzimmer ist es angesichts der hochaufgeladenen Natur der Zeugnisse sinnvoll, zunächst mit einer Einführung zu beginnen, die dann ergänzt wird von einer Diskussion und anschließender Lektüre. Die (infolge der Interviews) erneuerte Beziehung der Überlebenden zu ihrer Erfahrung und der Mut, den die Überlebenden zeigen, indem sie die Erinnerung an einen Tod mitten im Leben zulassen, sollten den Zuschauer nicht überwältigen. Herauskommen sollte ein Dialog, nicht Lähmung oder ein sekundäres Trauma. Dann ist auch für das historische Wissen wieder Raum und für alle möglichen schwierigen Fragen nach dem Wie und Warum.

Lassen Sie mich ein einziges Beispiel dafür geben, wie unerläßlich die Interpretation ist. Ein belgisches Mädchen findet Zuflucht in einem katholischen Haus und erinnert sich an ihre Aufregung, als ihr Vater sie zum ersten Mal seit ihrer Trennung besucht. Dieser Vorfall ist so mit Gefühlen belastet, daß sie in der Erinnerung mehr daraus zu machen versucht, als möglich ist. Das Ergebnis ist eine widersprüchliche Erzählung: sie berichtet uns, daß sie sich hinter der Tür versteckt habe, weil sie nicht wußte, wer kommt, und sie erzählt uns, daß sie sich versteckte, weil sie so glücklich gewesen sei und ihren Vater habe überraschen wollen. Die Widersprüchlichkeit ist gewiß verständlich; wir können dabei nicht nur die emotionale Seite, sondern auch den Aspekt der Einbildungskraft zugestehen. Da der dominierende Umstand hier ist, daß sie sich versteckt, verrät die Verdoppelung des Motivs nicht nur eine Mischung aus Angst und Erwartung, sondern enthüllt auch das unterschwellige Thema des Versteckspiels im Versteck.[17] Die gewöhnliche Situation (das Kind, das hervorspringt, um den Vater zu überraschen) steht in Kontrast zu den ungewöhnlichen Umständen und deutet auf eine tiefer gehende Form von Rückzug.

Ein Problem, das bei den Bedenken gegenüber mündlichen Memoiren eine große Rolle spielt – besonders in den Fällen, wo diese einige Zeit nach dem Ereignis aufgenommen wurden –, ist die Anfälligkeit der Erinnerung für Veränderungen: aufgrund von später Gelesenem, Hörensagen oder Wunschdenken. Diesem Problem sollte man sich stellen. Zeugenschaft verlangt Wachsamkeit und jene Art von Vorsicht, die wir gegenüber allen Formen von Erzählungen walten lassen sollten, ob sie nun spontaner oder ganz offenkundig gekünstelter Natur sind. Die *prise de parole* ist immer von Bedingungen umgeben und beeinflußt.[18] Primo Levi unterteilt die Überlebenden in verschiedene Klassen von Zeugen, deren Wissen durch ihren Status in den Lagern oder die moralische Belastung durch eben diesen Status begrenzt wurde. Er schlußfolgert, »daß die Geschichte der Lager fast ausschließlich von denen geschrieben wurde, die, wie ich, nicht den tiefsten Punkt des Abgrunds berührt haben. Wer ihn berührt hat, ist nicht mehr wiedergekommen, oder seine Beobachtungsgabe war durch das Leid und das Nichtbegreifen gelähmt.«[19]

»Die menschliche Erinnerung«, so schreibt er ebenfalls, »ist ein wunderbares, aber unzuverlässiges Instrument.« Das ist der Schlüsselsatz im ersten Kapitel seines Buchs *Die Untergegangenen und die Geretteten*. Levi entschuldigt sich für den Umstand, daß sein Buch »durchdrungen« sei von der »verdächtigen Quelle« einer »entfernten Erinnerung«.

Und doch hält ihn all das nicht davon ab, die Vergangenheit mit einer Energie zu untersuchen, die sich aus dem Bedürfnis, sich mitzuteilen, speist, das er sich in Auschwitz zugezogen hat und das ihm selbst vierzig Jahre nach der Befreiung noch geblieben ist.[20] Viele Überlebende erwähnen ihre wiederkehrende Wunschvorstellung nach der Befreiung, jemanden zu finden, der sie ausreden läßt – eine Wunschvorstellung, die in den meisten Fällen nicht erfüllt worden ist und nach einem anfänglichen Strom von Erzählungen zu einem Verstummen geführt hat.

Genau wie die sorgfältige Untersuchung schriftlicher Übertragungen so typische Fehler wie die Dittographie (oder das Springen von einem Wort in einer Zeile zu dem gleichen Wort in einer anderen Zeile, unter Auslassung aller Wörter dazwischen) entdeckt hat, können wir parallel dazu auch in der Erinnerungsarbeit mündlicher Zeugnisse solche (unvergleichlich interessanteren) Sprünge beobachten. Abgesehen von Namens- und Datums-Unstimmigkeiten gibt es noch den sogenannten Rashomon-Effekt*, der vermutlich durch den von privaten Assoziationen ausgeübten Druck hervorgerufen wird. Es gibt Verdichtungen, die denen ähneln, die Freud an Träumen beobachtete; es gibt auffallende Fehler (wie das Beispiel jener Frau, die erzählt, sie habe ihre »goldenen Ohren« abgenommen, wo sie doch die Ohrringe meint, die sie – während sie sich versteckt hielt – für ein Ei zu ihrem Geburtstag verkaufte); es gibt Vereinfachungen, die sich als Metonymien beschreiben lassen (jeder Auschwitz-Überlebende scheint eine Selektion bei Mengele mitgemacht zu haben, so als ob dieser 24 Stunden am Tag auf seinem Posten gewesen wäre); und dann gibt es noch jene Momente, die sich so oft wiederholen, daß sie archetypisch zu sein scheinen, ob sie nun buchstäblich wahr

* Der Begriff geht zurück auf den Film *Rashomon* des japanischen Regisseurs Akira Kurosawa. In diesem Film wird klar, daß es eine »objektive Wahrheit« nicht gibt, sondern lediglich subjektive Eindrücke und Wahrnehmungen ein Bild von Wirklichkeit vermitteln. (In *Rashomon* schildern verschiedene, an einem Verbrechen beteiligte Personen vor Gericht dieses Ereignis.) Anm. d. Verl.

sind oder nicht. Viele Zeugen zitieren zum Beispiel einen Freund oder Verwandten, der ihnen – wie der sterbende Hamlet dem Horatio – eingeschärft habe, seine Geschichte weiterzuerzählen. Insbesondere diese letzte Tendenz sorgt für ein »kollektives Gedächtnis«, eine Geschichte, die typisch genug ist, daß sich die meisten mit ihr identifizieren können. Es ist, wie wenn man ein Gruppenfoto gezeigt bekäme, das vor langer, langer Zeit gemacht worden ist, und man versuchen würde, sich selbst darauf zu entdecken. Man wird geneigt sein zu sagen »Das da bin ich«, auch wenn das Bild so schlecht belichtet und fremdartig aussieht, daß man sich nicht sicher sein kann.[21]

Zeugnisse von Überlebenden, die lange nach dem Ereignis zu Protokoll genommen wurden, zeichnen sich nicht dadurch aus, daß sie einen Beitrag leisten zu den *vérités de fait* oder zur positivistischen Geschichtsschreibung. Sie *können* eine Quelle für historisches Wissen sein oder dieses bestätigen, doch ihre wahre Stärke liegt darin, die psychologischen und emotionalen Begleitumstände des Kampfs ums Überleben zu registrieren – und dies nicht nur im Hinblick auf damals, sondern auch auf heute. Es ist kein Geheimnis, daß die Interviewer sich gegenseitig interessante Anekdoten von schwierigen Fällen erzählen, wenn sie über ihre Arbeit diskutieren. Die Identifikation der Überlebenden mit ihren verlorenen Gefährten kann solche Ausmaße annehmen, daß sie zu einer Überidentifikation wird und zu einer Verwechslung unterschiedlicher – wenn auch sich einander annähernder – Schicksale führt. Immer noch mahnt die Stimme der Toten die Überlebenden zur Einhaltung eines Versprechens. Es hat sogar Fälle gegeben, in denen sich Überlebende die Geschichte derjenigen angeeignet haben, die umgekommen sind, so als handle es sich um ihre Geschichte.

Eine andere Art von Überidentifikation, die den Aufzeichnungsvorgang beeinträchtigt, geht von Zuschauern (oder auch Interviewern) aus, die sich zu beschützerisch verhalten. Sie gestehen den Überlebenden nicht immer eine eigene Stimme zu. Zwar erkennen die Interviewer natürlich die schrecklichen Dinge an, die während jener Zeit des Leidens geschehen sind, aber sie gleichen dies häufig mit der Überbetonung der Tatsache des Überlebens aus, die dann als etwas nicht nur Zufälliges, ja fast schon Heroisches präsentiert wird. Es gibt in dieser Hinsicht nichts Schlimmeres als Talk-Shows, wo der Moderator sich gar nicht mehr beruhigen kann vor lauter »Oohs« und »Aahs« angesichts der schrecklichen Vergangenheit und des tapferen, *so bemerkenswerten* Menschen, der darüber in seiner Sendung auf diese Weise zu plaudern vermag. Sogar auf einer etwas anspruchsvolleren Ebene der Auseinandersetzung ist diese Suche nach heroischer Bedeutung immer eher ein Bedürfnis des sich übermäßig identifizierenden Zuhörers als des Überlebenden selbst. Sie ist jedoch weit davon entfernt, unschuldig zu sein: denn die Versuchung, das Verhalten von Menschen, die sich extremem Streß ausgesetzt sahen, »reinzuwaschen« – und dabei auch den bleibenden Fleck beseitigen zu wollen, den dieser Streß hinterlassen hat –, weist darauf hin, daß wir hinsichtlich unserer moralischen Reaktionen noch nicht genug aus dem Holocaust gelernt haben. In einem derartigen Wunsch, die Opfer »reinzuwaschen«, drückt sich die Furcht aus, daß der Überlebende mit einem Makel behaftet sein könnte. Primo Levi trifft erneut die Wahrheit, wenn er von dem »furchtbaren Privileg« spricht, daß seine Generation die unheilbare Natur des Verbrechens begriffen habe, das sich wie eine ansteckende Krankheit auf die menschliche Seele gelegt habe. Es sei töricht zu glauben, daß menschliche Gerechtigkeit ihr die Wurzeln nehmen könne. Das Verbrechen sei eine unerschöpfliche Quelle des Bösen, welches Körper und Geist der Unterdrückten breche, ihnen die Luft nehme und sie erniedrige; es kehre als Schande zurück zu den Unterdrückern, perpetuiere sich als Haß bei den Überlebenden und schwärme auf tausend verschiedene Arten umher, gegen den erklärten Willen aller ... Den Zeugen diese Art von Ehrlichkeit zu nehmen heißt, sie als Patienten anstatt als eigenständig agierende Menschen zu behandeln. Aber indem sie ihre Geschichten erzählen, werden die Überlebenden tatsächlich zu handelnden Personen, nicht zu Helden und lassen vielleicht sogar das Schlimmste ungesagt – doch der Mut, dessen es bedarf, um sich einer solchen Vergangenheit zu stellen, strahlt sichtbar vom Bildschirm und wird zu einer lebenswichtigen Tatsache.

Dreimal gab es nach dem Krieg Phasen, in denen die Überlebenden des Holocaust ihre Stimme wiedererlangten und sich auch ein Publikum für sie fand. Die erste war unmittelbar nach dem Krieg, als die Lager geöffnet wurden. Diese Phase hielt nicht lange an: Europa mußte wieder aufgebaut werden, außerdem waren das ungläubige Erschrecken oder die Schuldgefühle, welche die grausamen Erinnerungen hervorriefen, eher dazu angetan, die Überlebenden zu isolieren als zu integrieren. Was folgte, war eine Zeit, die man zutreffend als »Latenzperiode« bezeichnet hat.[22] Ein zweiter Anlauf wurde um 1960 im Zuge des Eichmann-Prozesses unternommen, und zu einem dritten kam es, als 1978 die Fernsehserie *Holocaust* herauskam. »So viele haben ihr Leben lassen müssen – wird man ihnen jetzt auch noch ihre Lebensgeschichte nehmen?« lautete die Klage. Jeder Überlebende konnte eine Geschichte erzählen, die in ihren Einzelheiten wahrer und schrecklicher und authentischer in ihrer Beschreibung war.

35 Jahre nach der Befreiung hatten sich die nach Amerika gegangenen Überlebenden und Flüchtlinge dort bereits vollständig eingelebt. Ihre Kinder waren schon erwachsen und die dritte Generation bereits in Sicht. Es war schon spät: jetzt oder nie war die Zeit, über alles zu sprechen; sie waren nicht länger zögerlich, sondern wollten ihre Erfahrung als »Vermächtnis« weitergeben.

So entstand in New Haven, Connecticut ein *grassroots*-Projekt, nachdem feinfühlige Nachbarn sich klargemacht hatten, daß sie so gut wie nichts über die Überlebenden in ihrer Mitte wußten. Als die Universität Yale ihre Hilfe anbot, hatte das »Holocaust Survivors Film Project« – 1979 von Laurel Vlock, Dr. Dori Laub und William Rosenberg gegründet – bereits die Idee einer Video-Zeugenbefragung vorangetrieben und zweihundert Zeugenberichte hinterlegt. Das *Video Archive for Holocaust Testimonies* wurde 1981 gegründet und öffnete 1982 seine Pforten.[23]

Es gibt keinen Grund, weshalb *oral testimony*-Projekte wie das in Yale nicht auch die Erinnerungen anderer Gruppen sammeln könnten: diejenigen von Vietnam-Veteranen zum Beispiel oder die historische Erfahrung von Afro-Amerikanern, Indianern und Migranten. Der Fernsehjournalismus kann wegen seiner kurzen Aufmerksamkeitsspanne keine Alternative zur *oral history* sein, denn er vermag sorgfältiges und ausdauerndes Zuhören nicht zu ersetzen. Allerdings darf es nicht wieder dreißig Jahre dauern, bis die Überlebenden detailliert dokumentieren können, was sich etwa in Bosnien abgespielt hat.

Wenn wir innegehalten hätten, um all die Probleme zu lösen, die unser Unterfangen mit sich brachte – wozu die Frage gehörte, welchen exakten Wert die *oral history* für die Geschichtswissenschaft hat –, wären wir über erste versuchsweise Aufnahmen nie hinausgekommen. Diese erwiesen sich jedoch als so ergreifend und die Überlebenden als so tatkräftig in ihrer Unterstützung, daß das Filmprojekt weiterging, indem wir uns auf eine Interviewform verließen, die darauf verzichtete, das Gespräch zu lenken, und die zur Spontaneität ermutigte.

Das Prinzip, den Überlebenden ihre eigene Stimme zu geben, hat sich bewährt. Ebenso jenes, dieser Stimme eine Gesicht zu geben: indem man der Video-Aufnahme den Vorzug vor der Audio-Aufnahme gibt – wegen der Unmittelbarkeit und Beweiskraft, die sie zusätzlich ins Interview bringt. Das »leibhaftige« Auftreten der Überlebenden, ihre Gestik und Haltung sind Teil des Zeugnisses. Sie tragen entscheidend zu dessen Ausdruckskraft bei. Außerdem befanden wir, daß – zumindest im Unterricht – die Tage des Radios gezählt waren (auch wenn das für Politik und Propaganda nicht gilt). Unser Publikum heute und in der Zukunft würde sicher ein audiovisuell erzogenes sein.[24] Wir beschlossen, Videoaufnahmen von sendefähiger Qualität zu machen und ein Archiv des Gewissens aufzubauen, auf das sich zukünftige Pädagogen und Filmemacher stützen konnten. Näher als durch diese lebensechten Porträts können unsere Nachkommen einer allmählich aussterbenden Generation nicht kommen.

An dieser Stelle möchte ich betonen, daß wir keine Filmemacher sind. Wir sammeln authentische Aussagen, so wie andere wertvolle Handschriften sammeln. (Viele von denen, die Zeugnis ablegen, hatten keine Chance, in den Genuß einer höheren, geschweige denn ununterbrochenen Schulbildung zu kommen: folglich bewirkt diese Form von *oral history* mehr als eine Verdoppelung oder Bestätigung des bereits schriftlich Festgehaltenen.) Aus dieser Sammlung, die wir analysieren und katalogisieren,[25] stellen wir Ausschnitte von einer Länge zwischen 15 und 50 Minuten zusammen, die für jede Art von Publikum – mit Ausnahme kleiner Kinder – geeignet sind.

Ich mache mir nicht vor, daß wir die perfekte Interview-Methode entwickelt hätten. Vielleicht gibt es so etwas auch gar nicht: die Qualität jeder *oral history* wird beeinflußt von der Chemie zwischen Interviewer und Interviewten und selbst von Tag und Ort der Filmaufnahmen. Wir haben gelernt, dieses Zufalls-Element zu akzeptieren. Manchmal hört man Fragen, die verbohrt oder aufdringlich wirken, aber überraschenderweise spielt das nicht immer eine Rolle. Wenn er erst einmal in Gang ist, ist der Erinnerungsfluß so stark, daß derlei Fragen einfach beiseite gefegt werden – oder aber zu überraschenden Ergebnissen führen. In einem guten Interview hat immer die interviewte Person das Heft in der Hand. Die Bereitschaft der überlebenden Person ist alles. Sie muß nun nur noch von der Wichtigkeit, an die Öffentlichkeit zu gehen, überzeugt sein und Vertrauen in die Gruppe haben, die ihm oder ihr diese Möglichkeit bietet. Der Vorgang des Interviewens erzeugt tatsächlich eine Art Ad-hoc-Gemeinschaft. Und ob der Umstand, endlich die eigene Geschichte erzählen zu können, den traumatischen Streß nun mildert oder nicht: diese Erfahrung von Gemeinschaft ist mit Sicherheit ein Trost.[26]

Unsere zusammengeschnittenen Programme haben ein

erzieherisches Ziel: bei der Vorführung dieser Zusammenstellungen sind junge Erwachsene unter den Zuschauern, weshalb eine pädagogische Herangehensweise von entscheidender Bedeutung ist. Nach Claude Lanzmann – und sein Film *Shoah* spaltet in der Tat die Geschichte der Darstellung des Holocaust in ein »davor« und ein »danach« –, nach Lanzmann läßt sich nur schwer daran denken, Kindern irgend etwas von dieser Vernichtungshölle zu vermitteln, in der Kinder gezielt umgebracht wurden. Wenn Helen K. sagt: »Ich kann nicht glauben, was meine Augen dort gesehen haben«, dann bezieht sie sich auf die Ausrottung von Kindern und – wenn es überhaupt noch etwas Schlimmeres geben konnte – darauf, was es hieß, Tag für Tag in Erwartung der Vernichtung Schlange stehen zu müssen.[27]

Aber das Video-Archiv hat sich nicht zum Ziel gesetzt, eine Anatomie des Holocaust zu liefern oder eine schonungslose Sammlung einzelner Etappen des Vernichtungsprozesses. Indem wir das Instrument des Interviews in einer von Mitgefühl geprägten Weise verwenden, gelangen wir zu einer Beschreibung der alltäglichen psychologischen Verfassung dieser im Holocaust gefangenen Menschen, ohne dabei den Umstand auszublenden, daß sie vor und nach dem Krieg in verschiedenen Ländern lebten.

Der Holocaust ist »ereignisreiche« Geschichte, vielleicht handelt es sich sogar um ein Ereignis, das einen Bruch darstellt in unserem Verständnis dessen, was die menschliche Natur ausmacht. Viele ausdrucksstarke Details dieser Zeugenberichte gehören jedoch zu den relativ ereignisarmen und undramatischen Geschichten von Männern und Frauen, die nach einem Leben unter extremen Umständen zur Normalität zurückkehren und ihre Erinnerungen aufarbeiten.[28] »Das wachsende Wohl der Welt ist teilweise abhängig von Taten, die nicht historisch sind«, heißt es im letzten Absatz von George Eliots *Middlemarch*. Es ist die ganze Person, die sprechen soll, nicht nur derjenige Teil, der sich an Schrecken und schwere Prüfungen erinnert.

Dennoch weigern wir uns, die Interviews zu »programmieren« und darüber zu spekulieren, welche speziellen Interessen zukünftige Generationen einmal haben könnten. Die wiederaufsteigenden Erinnerungen sind das Wesentliche, nicht irgendein besonderes Forschungsinteresse, wie wichtig dieses für das Gesamtbild auch immer sein mag.

Ich behaupte nicht, daß die Interviewer nicht ihre eigene starke Motivation hätten und von daher auch ihre eigene Agenda.[29] Auch sie gehören schließlich zu einem bestimmten Gedächtnis-Umfeld: sie bilden durch diese rechtzeitige gemeinsame Arbeit tatsächlich eine Art Brücke zwischen den Generationen. Aber indem sie ein Gedächtnis bewahren, das auf Erinnerungen beruht, auf individuellen und vielfältigen Erzählungen, schwören sie einer allwissenden Perspektive ab und gestatten den Zeugnissen eine freiere Entfaltung ihrer Wirkung.

Ich habe beschrieben, was die Zeugnisse als Darstellungsform sind: ein eigenständiges Genre, das neue und sehr alte Elemente miteinander verbindet. Meine Erfahrungen mit der Aufzeichnung der Zeugnisse waren denen ähnlich, die Lanzmann während der Aufnahmen zu seinem Film machte: »Es gab einen vollkommenen Bruch zwischen dem Bücherwissen, das ich mir angelesen hatte, und dem, was diese Leute mir erzählten. Ich verstand gar nichts mehr.«[30] Ich hoffe, daß jeder, der sich die Zeugnisse ansieht, mir zustimmen wird, wenn ich sage, daß es für diejenigen, die einer derartigen Entmenschlichung ausgesetzt waren, einen lebensbejahenden Schritt bedeutet, das Schweigen zu brechen, zum Teil auch gerade wegen ihrer Bereitschaft, gewöhnliche Worte zu verwenden, deren Zulänglichkeit als auch Unzulänglichkeit akzeptiert werden müssen.

*Zehn*

# Holocaust-Zeugnis, Kunst und Trauma

> Und aus ihrem Mund glitt ein Stein in meinen
> offenen Mund.
> »Das ist der Stein, der Zeugnis ablegt«, sagte sie,
> »und jedes Herz zum Stehen bringt.«
>
> Allen Grossman, *The Ether Dome*

Ich möchte, ganz gegen meine Art, mit einer Behauptung beginnen. Das Verhältnis zwischen Wissen und Wissensvermittlung hat sich heute geändert. Dies tritt um so klarer zutage, wo es sich um den Holocaust handelt. Wir können auf der einen Seite ein Übermaß an Wissen registrieren, eine wahre Überfülle an Details zur »Endlösung«, mit denen uns die Techniken moderner Geschichtsschreibung und die pedantischen, vor Selbstgewißheit strotzenden Aufzeichnungen der Täter versorgen. Auf der anderen Seite stehen uns wirkungsmächtige visuelle Medien zur Verfügung, um dieses Wissen in Abbilder der ursprünglichen Ereignisse zu verwandeln. Daraus ergibt sich beinahe zwangsläufig die Frage nach den Grenzen der Darstellung: und zwar weniger jene, ob sich ein derart extremes Ereignis darstellen läßt, sondern vielmehr die, ob der Wahrheit dadurch gedient ist, daß wir uns weigern, der Darstellung Grenzen zu setzen.

Man sollte also, mit anderen Worten, nicht davon ausgehen, daß die Frage nach der Repräsentation des Extremen lediglich technischer Natur sei (d. h.: wie können wir *Mittel* finden, die Geschehnisse abzubilden?) und nicht vielmehr auch ein Ausdruck von Skrupel angesichts des *Zwecks*, Ausdruck eines Zweifels, ob es ratsam ist, sich an die Geschehnisse zu erinnern. In der Vergangenheit wurden diese Skrupel oft formelhaft zum Ausdruck gebracht. So zögern die jüdischen Chronisten der Kreuzzüge auf der Schwelle:

»Kein Herz besitzt die Stärke, und die Hand versagt auf dem Papier, wenn sie berichten soll vom Ausmaß des Zorns und der Raserei.« Wir neigen dazu, dieses Herz und diese Hand zu vergessen. Die Unerschütterlichkeit unserer Leidenskraft wird genauso wie die Unvermeidlichkeit unserer Sensationsgier als selbstverständlich hingenommen; und die Kritik an diesem Realismus und seiner Weigerung, Grenzen zu setzen, überläßt man vollkommen den Dogmatikern unter uns.

Die Formen der Darstellung ernst zu nehmen heißt, ihre Macht anzuerkennen, daß sie uns bewegen, beinflussen, beleidigen und verletzen können. Dies ist auch der Grund, warum das konservative Thema der Grenzen aller Darstellung so wichtig ist und warum dieses Problem bis vor kurzem so zentral für die Poetologie war. Derzeit wird die Frage der Grenzen – sei es in den Medien oder in der Kunst – nur in bezug auf Kinder gestellt. Es wird einfach angenommen, daß sich mit der Zeit auf den Augen der Erwachsenen eine Hornhaut bildet – in dem Maße, in dem sie sich gegen Erfahrungen abhärten. Die Episode, in der uns Augustinus von seinem Freund Alypius berichtet – dem sich bei seinem ersten Besuch im römischen Zirkus die unauslöschliche Lust, Blut zu sehen, einprägt –, muß uns heute auf rührende Weise naiv erscheinen. Doch die Frage werden wir nicht ganz los – wegen einer eigentümlichen neuen Art von psychischem Streß, der von der technologischen Vergrößerung unseres Gesichtsfelds durch die Medien ausgeht.

Dieser Streß hängt mit der Tatsache zusammen, daß die Medien uns alle zu unfreiwilligen Zuschauern jeglicher Art von Greueln gemacht haben, die sie uns stündlich in aller Anschaulichkeit berichten. Aus dieser Medienberichterstattung über traumatische Ereignisse, diesem erbarmungslosen Fluß von Bildern der Gewalt könnte leicht ein »sekundäres Trauma« entstehen, das diesmal die Besucher unserer eigenen römischen Zirkusse beträfe. Auch wenn in der Regel jeder von uns im Verlaufe seines Lebens hin und wieder dem Anblick von Leid und Tod ausgesetzt ist: das

Beunruhigende hier ist die Routinemäßigkeit, mit der wir diesen Bildern ausgesetzt werden – eine Routine, die letztlich zur Indifferenz führt.[1]

Es ist also nicht die potentiell traumatische Wirkung der Bilder an sich, die problematisch wäre. Ja, es *gibt* eine Schockwirkung, häufig gefolgt von Faszination; es ist schwer, jene Bilder aus dem Kopf zu bekommen, auf denen kniende vietnamesische Dorfbewohner zu sehen sind, kurz bevor sie mit einer Kugel in den Kopf hingerichtet werden. Oder die, auf denen jüdische Frauen nackt auf den Tod warten. Oder jene nach der Befreiung von Bergen-Belsen aufgenommenen Fotos, die zeigen, wie bis zum Skelett abgemagerte Leichen in Massengräber gekippt werden. Oder das Bild jenes kopflosen Körpers, der nach der Bombardierung eines Marktplatzes in Sarajewo weggeschleift wird. Aber man muß zur Tatsache des Schocks auch dessen Routinemäßigkeit hinzufügen: das ständige Betrachten extremer Bilder, ihre Verbreitung als Ikonen, und die Kälte, mit der wir schließlich solche und andere Bilder anstarren.

Das Unempfindlichwerden, von dem ich gesprochen habe, führt zu einer rationalen Form von Angst: Ist unsere Kapazität für Mitgefühl endlich und schnell erschöpft?[2] Wenn dem so ist, dann könnte es in der Tat wichtig sein, erste Eindrücke zu behalten, selbst die schmerzhaften und schockierenden. Sie werden gleichsam zu Talismanen: feste Vorstellungen unserer einstmaligen und zukünftigen Fähigkeit, etwas zu fühlen, *irgend etwas* zu erleben. Auf der Suche nach solchen bestimmenden Erinnerungen geschieht es dann, daß wir die Frage nach den Grenzen der Darstellung links liegenlassen und versuchen, uns »eine Wunde zuzufügen« – so wie Psychotiker, die sich auf diese Weise ihrer Existenz vergewissern. So als ob uns nur ein persönliches oder historisches Trauma (Ich blute, also bin ich) an das Leben binden würde.[3]

Idealerweise sollten Eindrücke immer auch erste Eindrücke sein; und doch: von größerer Bedeutung ist die Möglichkeit, mit Hilfe einer Geschichte die – eigene oder fremde – Betäubung zu durchstoßen. Die Wunschvorstellung, die so viele Holocaust-Überlebende hegten – daß sie nach ihrer Befreiung jemanden finden würden, der ihnen zuhören würde, ihren Erfahrungen lauschen und mit ihnen mitfühlen würde –, war teilweise motiviert von dem Wunsch, wieder auf andere reagieren zu können: eine Fähigkeit, die sie in den Lagern verlernt hatten.[4] Diejenigen, die hofften, daß ihre Geschichte diesen Effekt haben würde, wurden enttäuscht.

Und doch gibt Dori Laub genau diesem unerfüllbaren Wunsch eine wichtige strukturelle Funktion, wenn er die Rolle beschreibt, die der Zuhörer im Zeugenprojekt von Yale hat:

> Der Zuhörer ... ist mit von der Partie bei der Neuschöpfung von Erkenntnis. Die Zeugenschaft vor dem Trauma schließt also auch den Hörer mit ein, der sozusagen die leere Leinwand abgibt, auf die sich das Ereignis zum ersten Mal einschreibt.[5]

Erzeugt die Geschichte den Zuhörer, oder ermöglicht der Zuhörer die Geschichte? Diese Frage zu stellen heißt, zu begreifen, daß die *prise de parole* im Zeugnis, daß dessen »Produktionsbedingungen« eine aktive Zuhörerschaft nötig machen. Wie oft der Interviewer auch ähnliche Schilderungen gehört haben mag, er nimmt sie so auf, als wäre es das erste Mal.[6] Das ist deshalb möglich, weil – obwohl die historischen Fakten weitestgehend bekannt sind – jede dieser Geschichten von etwas belebt wird, das über das übliche Geschichtswissen hinausgeht: von einem Verlangen nach einem Empfänger, nach der Wiederherstellung einer »affektiven Gemeinschaft«.[7]

Doch die Zeugnisse sorgen sogar auf der Ebene der Tatsachen noch für Überraschungen: bei jener Art von Fakten, denen Historiker selten Gehör schenken, wenn es zum Beispiel um den Alltag im KZ oder um Verstecke geht. Zu oft überlagern die großen stilisierten Ereignisse der *histoire événementielle* alles andere: »L'Histoire avec sa grande Hache avait répondu à ma place: la guerre, les camps.« (»Die Geschichte (Histoire) mit ihrem großen H [bzw.: mit ihrer großen Axt] hatte schon an meiner Stelle geantwortet: der Krieg, die Lager«[8]). In den Zeugnissen spricht niemand anstelle des Überlebenden. Die Erzählungen laufen zusammen, aber die Stimmen bleiben individuell, heimgesucht von Gegenwart wie Vergangenheit, von querschießenden Gedanken über das Leben heute (viele Jahre danach) und zeichnen sich oft durch eine ungeschliffene Poesie[9] und eine Direktheit aus, die die Zeugnisse insgesamt zu einer Literatur der Weisheit machen.

In Dori Laubs Kommentar treffen viele Dinge aufeinander: die Hebammen-Rolle der befragenden Person, die Hoffnung, daß die hervorgelockten Worte sich in das Gedächtnis des Zuhörers einschreiben werden; und die Erneuerung der Fähigkeit zum Mitgefühl.[10] So verstanden, wird das Interview zu einer sozialen Handlung, wie vorübergehend und anfechtbar diese auch bleibt. Es gibt den Überlebenden ein gewisses Vertrauen zurück, sowohl in die Mitteilbarkeit ihrer Erfahrungen als auch in die Welt, die nach wie vor ein Ort voll von Verrat ist. Die Identität des Zeugen angesichts einer andauernden Traumatisierung wird so gestärkt.[11]

Aber es gibt einen Aspekt, den ich vor allen anderen betonen möchte. Die Begegnung, die während des Zeugenberichts stattfindet, vermeidet jene Gefahr eines »sekundären Traumas«, die ich zuvor beschrieben habe. Die Schilderung *(narrative)*, die sich aus dem Bündnis zwischen Zeuge und Interviewer ergibt, stellt – so schlimm ihr Inhalt auch sein mag – weder eine Serie eingefrorer Bilder dar, die das Auge beleidigen, noch einen unpersönlichen historischen Abriß. Sie ähnelt jener natürlichsten und beweglichsten Form menschlicher Kommunikation: der Geschichte *(story)*[12] – einer Geschichte zumal, die, selbst wenn sie eine Welt des Todes beschreibt, von einer lebendigen Person berichtet wird, die Antworten gibt, sich erinnert, nachdenkt, weint, weitererzählt. Die Hoffnung muß also sein, daß das sekundäre Trauma, insofern es mit gewalttätigen, aber zur Routine gewordenen Bildern verbunden ist, weder die sich erinnernden Zeugen verletzt noch junge Erwachsene und spätere Zuschauer, denen Auszüge der Zeugnisse gezeigt werden.

Ich bin wohl kaum der erste, der sich Sorgen macht über die zunehmende psychische Abstumpfung, gepaart mit Faszination, die üblicherweise Konsequenz eines *primären* Traumas ist. Es wäre eine traurige Ironie, wenn alles, was die Erziehung erreichen kann, wäre, daß sie späteren Generationen ein Trauma in sekundärer Form übermittelt. In diesem sechsten Jahrzehnt nach dem Zusammenbruch der nationalsozialistischen Herrschaft hat das Desaster immer noch nicht ganz seinen Lauf genommen.[13] Kein Ende ist in Sicht: die widersprüchlichen Imperative des Erinnerns und Vergessens sind genauso wirksam wie zuvor.

In der Tat haben sie möglicherweise sowohl auf der institutionellen als auch auf der persönlichen Ebene einen toten Punkt erreicht. Die öffentliche Explosion von Erinnerungen in Gestalt von Zeugnissen, Denkmälern, Büchern, Filmen und Museen sendet ein Gefahrensignal. »Jeder, der den Holocaust mitgemacht hat«, so warnt uns Aharon Appelfeld, »wird vor der Erinnerung ebenso auf der Hut sein wie vor dem Feuer. Es war unmöglich, nach dem Holocaust zu leben, wenn man nicht die Erinnerung zum Schweigen brachte.«[14] Was wird dann in unserer Zeit geschehen, in der der Stumme dieser Erinnerung ent-rückt ist?

Bei einer großen Anzahl von Überlebenden ist die zum Schweigen gebrachte Erinnerung nicht verblaßt; sie wurde zu dem, was Charlotte Delbo »tiefe Erinnerung« nennt, eine Erinnerung aber, die neben dem normalen Bewußtsein aufbewahrt wird. »Sie leben also mit Auschwitz? – Nein, ich lebe daneben.«[15] Unsere Erfahrung in Yale war, daß sich die Überlebenden mit erstaunlicher Klarheit erinnern. Gleichzeitig fühlen sie sich oft so, als hätten sie jenen Ort, an dem so viele Menschen zugrunde gingen, nie verlassen. Auch sie scheinen während dieser schrecklichen Jahre gestorben zu sein – nun sind sie Geister, die sich selber heimsuchen. »Ich bin nicht mehr unter den Lebenden. Ich bin in Auschwitz gestorben – und niemand merkt es«, schrieb Charlotte Delbo.[16]

Dieses Gefühl von Unwirklichkeit deutet auf einen andauernden Tod-im-Leben hin, und auch die Zeugenschaft vermag diesen Fluch nicht immer aufzuheben. »Tatsächlich sind [Zeugnisse] Akte der Verdrängung«, sagt Appelfeld überraschenderweise. Sie stellen laut Appelfeld weder eine Selbstprüfung noch irgend etwas Ähnliches dar, sondern vielmehr das sorgfältige Verweben äußerlicher Fakten, um die innere Wahrheit verhüllen zu können. Mit »innerer Wahrheit« meint Appelfeld nicht das Feuer der Erinnerung selbst, sondern jene Dunkelheit, in die sie Licht bringt: das Gefühl der Nicht-Identität beim Überlebenden, eines geisterhaften Selbst, das beschädigt wurde »durch ein jahrelanges Leiden, [welches] das innere Bild, ein Mensch zu sein, langsam auslöschte ...«[17]

Da jeder Zeuge seinen eigenen Kampf mit der Erinnerung auszutragen hat, ist es recht wahrscheinlich, daß einige von ihnen die Introspektion vermeiden werden und vor einer wirklichen Abrechnung in Richtung eines bloßen Rezitierens äußerlicher Fakten flüchten. Und doch sind viele Zeugenberichte aus dem Yale-Archiv deshalb so packend, weil es *gelingt*, diese Verdrängung zu überwinden, und die Erinnerung zurückkehrt. Nicht alles wird erzählt, doch der Kampf, der – klar zu erkennen – dabei stattfindet, ist Teil des Zeugnisses. Nur jemand wie Appelfeld, der die Erinnerung als Feind kennt und der um die Notwendigkeit des Vergessens weiß, hat das Recht, so zu reden. Tatsächlich gibt Appelfeld zu, daß auch er vor der Erinnerung geflüchtet ist – in die Kunst. Die Abwendung von der Erinnerung an die Geschichte hin zur Kunst war für sein Innenleben nach dem Holocaust von entscheidender Bedeutung. »Wir müssen diese furchtbare Erfahrung aus der Kategorie der Geschichte in die der Kunst überführen.«[18]

Diese Überführung – von persönlicher Erinnerung in ein kulturelles Gedächtnis – ist, wie gesagt, ein entscheidender Punkt. Dennoch glaube ich, daß Appelfelds Verständnis des Genres *Zeugnis* zu eng ist. Er unterscheidet dessen Funktion nicht genügend von derjenigen der bloßen Auskunft über die Geschichte. Um »diese furchtbare Erfahrung« übermitteln zu können, brauchen wir *alle* unsere Gedächtnis-Einrichtungen: die Geschichtsschreibung wie das Zeugnis, das Zeugnis ebenso wie die Kunst. Das Zeugnis, nicht nur als ein Produkt, sondern als ein vermenschlichender und vermittelnder Vorgang verstanden, leistet genau das, was Appelfeld von der Kunst verlangt: es arbeitet an der Vergangenheit, um den »einzelnen, mit seinem eigenen Gesicht und seinem eigenen Namen«[19] zu befreien von jenem Ort des Terrors, wo ihm Gesicht und Name genommen worden waren. Darüber hinaus berührt das Zeugnis – vor allem als Video – auch die Gegenwart: eine Gegenwart, die häufig von einem sekundären Trauma gekennzeichnet ist. Es bietet eine alternative Form der Vermittlung des Furchtbaren, eine nicht-traumatische Darstellungsweise, die weder so hypnotisch ist wie die Kunst noch so augenscheinlich unpersönlich wie die Geschichtsschreibung[20] und auch nicht so überwältigend und zugleich kalt wie die üblichen Videodarbietungen.

Was ich bisher gesagt habe, ist, daß die Videozeugnisse sowohl eine »tiefe Erinnerung« als auch spezifische, informative Details des Terrors und der Leiden wieder zum Vorschein bringen. Es werden oft auf unvergeßliche Weise traumatische Ereignisse geschildert, deren Erinnertwerden Vergegenwärtigung und Nachdenken bedeuten und nicht ein zwanghaftes *Flashback*. Obwohl das Sprechen gelegentlich ins Stolpern kommt, sich selbst vorauseilt, zeitweise den Faden verliert, so sind es doch sowohl *Stimme* als auch *Gedächtnis*, die sich in solchen Momenten des Schweigens und der Ohnmacht wiederfinden.

Und noch eine andere Vorstellung nimmt wieder Gestalt an: nämlich die, daß der Überlebende ein Mensch ist. Das visuelle Medium Video existiert nicht um der Erzählung willen, sondern um dem Überlebenden seinen Körper zurückzugeben und jene erniedrigenden und verletzenden

Nazi-Bilder zu ersetzen, die bis vor kurzen noch die Holocaust-Museen beherrschten. Wir können nicht zulassen. daß nur die von den Tätern gemachten Bilder unser Gedächtnis bewohnen.[21]

Es wäre jedoch falsch, die Zeugenberichte als eine Kunstform etablieren zu wollen: sie widersetzen sich dem Paradigma künstlerischer Beherrschung so wie auch anderen Formen psychischer Verarbeitung. Sie sind an sich repetitiv und akkumulativ – wir müssen uns ihnen einzeln widmen, einem nach dem anderen. Sie eignen sich nicht so ohne weiteres für Verallgemeinerungen, auch wenn sie von sozialen und literarischen Konventionen[22] beeinflußt sein mögen, die extreme Erfahrungen abfedern und somit vermittelbar machen.

Was bislang nicht richtig zur Kenntnis genommen wurde, ist, daß die Zeugenberichte in doppelter Hinsicht mit der sozialen Wirklichkeit zu tun haben: zunächst natürlich aufgrund ihres expliziten Inhalts, der diese Wirklichkeit in ihrer extremsten Form zeigt, dann aber auch – auf subtilere Weise – aufgrund von Zeit und Ort der Aufnahme, des Milieus, in dem die Erinnerung sich abspielt.[23] Wir erfahren etwas über die soziale Wiedereingliederung der Überlebenden und über ihre derzeitigen Lebensumstände.

Die Vorstellung, daß es sich bei den Berichten um öffentliche Zeugenaussagen handelt, hilft dabei, eine Ad-hoc-Gemeinschaft von Interviewern und Organisatoren aufzubauen. Genauso wie man von einem literarischen Werk sagt, es habe einen impliziten Leser, mit dem der Autor in Beziehung tritt, ja sogar fast so etwas wie einen Vertrag abschließt, beschwören die Zeugnisse – mit Hilfe der Bereitschaft des Überlebenden, sich aufnehmen zu lassen, und der Bereitschaft der Ad-hoc-Gemeinschaft, ihm zuzuhören – einen »generationenübergreifenden« Empfänger.[24]

Das *testimony project* basiert auf der Hoffnung, daß der Zeuge seinerseits einen Zeugen finden möge. Tatsächlich aber läßt sich die Spannung, die diese kommunikative Anstrengung umgibt, nie ganz beseitigen: viele Überlebende bezweifeln, ob eine Erfahrung wie die ihre als »Vermächtnis« taugt – sprich: eine Zuhörerschaft finden oder in unser Bildungssystem integriert werden kann.[25]

Ich halte die Videozeugnisse mit ihrem ausgewogenen Verhältnis zwischen Realismus und Zurückhaltung für eine weniger problematische Darstellungsform als etwa die Dokudramen, die versuchen, den Zuschauer mit schonungslosen Bildern zu überwältigen, oder, auf der anderen Seite des Spektrums, jene symbolische Darstellungsformen, die auf Rätselhaftigkeit oder Allgemeingültigkeit aus sind. Dennoch empfinde ich es als notwendig, beide dieser miteinander abwechselnden Darstellungsweisen einer genaueren Betrachtung zu unterziehen. Zunächst möchte ich mich mit dem Thema visueller Realismus oder Simulation beschäftigen, bevor ich mich als einem erstaunlichen Beispiel extremer Zurückhaltung Paul Celan zuwende.

Das Hauptargument dafür, dem Realismus keine Beschränkungen aufzuerlegen, kommt schlechterdings aus der Realität selbst. Angesichts der Tatsache, daß wir in zunehmendem Maße der Gewalt auf den Straßen oder in den Medien ausgesetzt sind, neigen zeitgenössische Künstler nicht nur dazu, einen brutalen Realismus auf die Spitze zu treiben, sondern auch sich eines Stils zu bedienen, der eher Ereignisse als Charaktere betont und der anschaulichen Horror gegenüber indirekter Enthüllung bevorzugt.[26] Darüber hinaus ließe sich argumentieren, daß es gar keine Möglichkeit gibt, dem sekundären Trauma zu entkommen – es sei denn, man geht der Wirklichkeit selbst aus dem Weg. Die Rückkehr zu hochgradig stilisierten und ausgefeilten Genres hat einen Nachteil, den bereits der Erfinder der Hirtendichtung eingesteht. So sagt Vergils Sprachrohr in der neunten Ekloge: »Nein, unsre Gedichte, Lycidas, richten nicht mehr aus im waffenklirrenden Kriege als, nach dem Sprichwort, chaonische Tauben bei Ankunft des Adlers.«[27] Ein ehrlicher Umgang mit extremen Erfahrungen kann auch extreme Mittel der Darstellung nötig machen sowie die Anerkennung der Tatsache, daß das Ausmaß an Desensibilisierung Nebenprodukt eines Medien-Realismus ist.[28]

Aber selbst wenn wir den Wert extremer Darstellungen bejahen sollten und sagen, daß das Leben einen gewissen Grad an Abstumpfung des Empfindungsvermögens nötig macht, so bleibt immer noch eine Konsequenz des sekundären Traumas, die sich nicht verteidigen läßt. Ein derart wuchtiger Realismus, der sich keine Zurückhaltung in der Darstellung auferlegt und in dem die Tiefe der Illusion keine Entsprechung findet in einer Tiefe der Reflexion, sorgt nicht nur für einen Desensibilisierungs-Effekt, sondern produziert das Gegenteil dessen, was beabsichtigt war: einen *Unwirklichkeits-Effekt*, der auf fatale Weise den Anspruch des Realismus unterminiert, die Wirklichkeit zu beschreiben. Doch genau diesen Effekt wirft man gewöhnlich dem ästhetischen Element in der Kunst vor, der man fälschlicherweise ankreidet, daß sie nicht nahe genug an den Realitäten ist. Das Ästhetische, eine Modalität der (bewußten) Distanzierung, wird angeprangert wegen seiner angeblichen Kälte sozialen und historischen Belangen gegenüber oder aber, weil es diese ausbeutet, indem es dem Zuschauer erlaubt, sich an den Leiden anderer zu erbauen.

Seit dem Holocaust gibt es eine sehr starke Tendenz, alles zu de-ästhetisieren – das gilt für Politik und Kultur, aber auch für die Kunst. Wie es Adorno in einer seiner schärfsten und berühmtesten Formulierungen ausdrückte, ist es ein Zeichen der Barbarei (das heißt: mangelnder Kultur), nach Auschwitz noch Gedichte zu schreiben. Er weigerte sich sogar, den Künsten eine Rolle bei der Trauer über die Vernichtung zuzubilligen, weil sie diese zu sehr stilisieren und so den Anschein erwecken würden, als könne ein derart unvorstellbares Schicksal irgendeine Bedeutung haben.[29] Und doch erzeugt die Kunst ihren Unwirklichkeits-Effekt in einer Weise, die *nicht* entfremdend oder desensibilisierend wirkt. Im besten Fall verschafft sie uns sogar eine Art Schutzraum für Emotionen und Mitgefühl. Die Tränen, die wir vergießen, sind – wie jene des Äneas, als er auf den Mauern Karthagos die Zerstörung Trojas abgebildet sieht – ein Zeichen dafür, daß wir uns zur Vergangenheit bekennen, und nicht dafür, daß wir sie ausbeuten.[30]

Ein letztes Argument für einen realistischen Purismus ist der Umstand, daß die Kunst schlichtweg weniger zuverlässig ist als die Geschichte, wenn es darum geht, sich einem befürchteten Rückzug der Wirklichkeit entgegenzustemmen. Die meisten Historiker sind enorm mißtrauisch gegenüber jeglicher Art der diskursiven oder kreativen Darstellung, die vom Realismus abweicht bzw. auf klare Bezugspunkte verzichtet. Sie sehen positivistische Genauigkeit als die letzte verbleibende Bastion gegen Relativismus und Revisionismus. Andere, die keine Historiker sind, konzentrieren sich auf eine von den Medien abgesonderte Fiktionalität, auf die Wiederholung von Bildern, die dadurch zu Metonymien für die Realität werden. Hier befürchtet man, daß die technische Reproduzierbarkeit mit ihrer glatten Effizienz nach und nach die Grenzen zwischen Geschichte und Fiktion auflösen wird.[31]

Das Bemühen um historische Wahrhaftigkeit in Ehren – aber wir können dabei das Paradox nicht vernachlässigen, daß der Realismus des Kinos seinen eigenen Unwirklichkeits-Effekt produziert. Wie ich im Kapitel sechs am Beispiel von *Schindlers Liste* ausgeführt habe, schafft Spielberg auf der Leinwand Tatsachen und überläßt es den Zuschauern, moralische Einwände zu formulieren.

Die modernen realistischen Medien bleiben also selbst in der Hand eines so brillanten Filmemachers wie Spielberg überschattet von einem Unwirklichkeitseffekt, der subversiver als jeder Ästhetizismus ist. Wir sehen gebannt hin, und doch sagt irgend etwas in uns: »Das ist (ja nur) ein Film.«[32] Der Künstler muß heute nicht mehr nur die Kunst überlisten, sondern auch die Technik oder das, was Adorno die Fetischisierung der Technik nannte.[33] Im Kontrast dazu ist die Wirkung der Zeugenberichte außergewöhnlich intim. Denn ohne ästhetische Distanz oder einen simulierten Realismus gibt es keinen Unwirklichkeits-Effekt. Das Gespenstische beschränkt sich hier darauf, daß der Zeuge als *Wiedergänger* erscheint, der eine »tödliche Wahrheit« (Charlotte Delbo) überbringt.

There is a pain – so utter
It swallows substance up –
Then covers the Abyss with – Trance
So Memory can step
Around – across – upon it –
– Emily Dickinson

(Auf deutsch etwa:
Da ist ein Schmerz – so endgültig
Daß er jede Materie verschlingt –
Dann den Abgrund überdeckt mit – Trance
Damit die Erinnerung
Darum herum – darüber – darauf
Gehen kann)[34]

Der springende Punkt ist also eigentlich nicht, ob eine realistische Kunst möglich ist (sie ist es), sondern ob Erfahrung möglich ist bzw. unter welchen Bedingungen sie möglich ist. Diese kantische Wende deutet sich schon in Adornos Bemerkung über »das Äußerste« an, das sich dem Begrifflichen entziehe.[35] Dieselbe Frage stellt die Traumatheorie.

In seinem Aufsatz »Der Erzähler« in den *Illuminationen* verweist Walter Benjamin auf das entgegengesetzte Verhältnis zwischen den Feuerproben, denen die Veteranen des Ersten Weltkriegs ausgesetzt waren, und deren Fähigkeit, diese darzustellen. Auch Freud demonstrierte nach dem Krieg, daß das Trauma Resultat einer extremen Erfahrung war, die durchlebt, aber nicht *er*lebt worden war – seelisch oder gefühlsmäßig nicht verarbeitet worden war. Die mit dem Trauma zusammenhängenden Störungen sind laut Freud ein Versuch des Organismus, sich rückwirkend auf einen Schock einzustellen, der bereits stattgefunden hat, ihn einzuholen und zu bewältigen. Die Erinnerung – und insbesondere diejenige Erinnerung, die in das Geschichtenerzählen Eingang findet – ist nicht einfach nur eine sekundär herausgebildete Nachgeburt des Erlebten: sie gestattet dem sogenannten »Wirklichen«, Einlaß in das Bewußtsein und in die verbale Darstellung zu erlangen und etwas mehr zu sein als ein Trauma, das anschließend auf saubere – und letzlich illusionäre – Weise aus dem Gedächtnis gestrichen wird.[36]

Die Erinnerung beschränkt und ermächtigt uns also zugleich. Wenn wir von einem Trauma sprechen, meinen wir damit Ereignisse oder Gefühlszustände, die diese Schranken in Gefahr bringen: extremen körperlichen oder seelischen Schmerz zum Beispiel, aber auch extreme Freude. Sie sind Unterbrechungen gelebter Zeit und existieren nur als Phantasmen. Aber das Gedächtnis ist ein Beleg für Kontinuität: nämlich dafür, daß die Zukunft eine Vergangenheit haben wird. Werbeanzeigen von Reiseveranstaltern, die uns erzählen, was für eine Freude wir haben würden, uns an ein Fleckchen Erde zu erinnern, das wir noch gar nicht gesehen haben, übertreiben die Wahrheit lediglich ein bißchen. »Geschichtlich zu leben«, schrieb Arthur Danto, »heißt, die eigenen Erlebnisse als Teil einer Geschichte zu sehen, die später erzählt werden soll.«[37]

Es ist genau dieser zukunftsorientierte Aspekt des Gedächtnisses – in Gefahr gebracht durch traumatische Umstände, die die Opfer zu beleidigen trachteten, indem sie sie als »Muselmänner« (wie es im KZ-Jargon hieß) bezeichneten – , der in den Erfahrungsberichten der Überlebenden (und vielleicht im Geschichtenerzählen generell) wieder eingefordert wird. Was einst erniedrigende Passivität war, zeigt sich nunmehr als eine zum Leben erweckte Fähigkeit, zuzuhören und hinzuschauen. Aber sie wacht nicht vollständig auf, denn der hypnotische Charme der Erzählung – beziehungsweise unsere Weigerung, uns die Illusion zerstören zu lassen – verweist auf die Vermittlung sowohl einer Art Trance-Zustand als auch einer Erfahrung. Wer mit Coleridges *Der alte Seefahrer* vertraut ist, wird den Effekt wiedererkennen: wie das Glitzern in den Augen des Seemanns und dessen Erzählung den Zuhörer wider Willen in seinen Bann ziehen. Es ist, als würde die Kunst jene Trance erzeugen, um das Trauma zu umschiffen und sowohl Autor als auch Zuhörer auf ein furchtbares oder erhabenes Erlebnis vorzubereiten, das stets unmittelbar bevorsteht oder das sich bereits ereignet hat.[38]

Demnach scheint das Geschichtenerzählen zugleich eine Erfüllung vorwegzunehmen und zu verschieben. Das Verlangen nach Erleben, danach, *ein Zeitzeuge seines eigenen Lebens zu sein, welches einem völlig gegenwärtig ist,* deutet auf eine Erwartung hin, die nur an einem gedachten Horizont befriedigt werden kann, der das Erhabene und den Tod miteinander verschmilzt. (Emily Dickinson findet ein wirksames, wenn auch ironisches Bild für jenen »epiphanischen« Horizont, wenn sie schreibt: »Ich hörte eine Fliege summen – als ich starb«. Anders gesehen erzwingt jener Horizont als ein Ursprung, als ein für die Entwicklung notwendiges, tief in der Vergangenheit wurzelndes Ereignis die beinahe endlose Bemühung um das Wiederausgraben eines verschütteten Traumas, das bewußt gemacht werden muß. So betrachtet wird das Leben zu einer Suche, die sich um jenes bestimmende, aber unbewußt erlebte Ereignis dreht. (Resnais' und Robbe-Grillets Film *Letztes Jahr in Marienbad* versinnbildlicht mit seinen Doppelungen und Wiederholungen diese Suche.) Die Suche endet erst dann, wenn das Ereignis völlig sichtbar geworden, das heißt: als ein Identitätsmal bloßgelegt worden ist.[39]

Im Idealfall wird diese Wieder-Holung des Erlebten – und dessen Überführung in eine bewußte, deutlich gegliederte Form mit Hilfe von Zeugnis, Kunst oder Therapie – das Trauma nicht (durch Ansteckung) reproduzieren. Wordsworth scheint diesen Sachverhalt begriffen zu haben, wenn er in seinem Erinnerungs-Gedicht *The Prelude* das Muster seiner Entwicklung entdeckt. Er beschreibt das Gemüt des Dichters als in der Lage, einen psychischen Schock zu überwinden, bis es »von jeder inneren Verletzung frei ist«.[40] Eine solche Unverletzlichkeit kann freilich an Indifferenz und Unempfindlichkeit grenzen: denn wie kann es ohne einen Schock zu mitfühlender Identifikation kommen? Vielleicht ist dies der Grund, weshalb Coleridge – im Gegensatz zu Wordsworth – das Geschichtenerzählen *innerhalb* eines Zwangs zur Wiederholung beläßt und es als eine Art reinigendes Feuer beschreibt, das vom Seemann Besitz ergreift, ihm aber nur zeitweilig Erleichterung verschafft.

Forthwith this frame of mine was wrenched
With a woeful agony,
Which forced me to begin my tale;
And then it left me free.

Since then, at an uncertain hour,
That agony returns;
And till my ghastly tale is told,
This heart within me burns.

(Auf deutsch etwa:
Fortan ward dieses mein Gerippe von einem
Jammervollen Krampf geschüttelt,
Der mich anzufangen zwang die Geschichte hier;
Und mich erst dann in Frieden ließ.

Seitdem, zu unbestimmter Stund'
Kehrt jener Krampf nun stets von neuem wieder
Und ehe sie erzählt ist, jene schauderhafte Mär,
Findet mein brennend Herz nicht Ruhe mehr.)[41]

Das Gefühl, etwas hochgradig Bösartiges, Überwältigendes und Unheimliches überlebt zu haben, findet oft durch eine teilweise unbewußte Mimesis Eingang in die Kunst. Um die Rolle des unbewußt Mimetischen zu klären, werde ich mich daher kurz Freuds Auffassung vom Wiederholungszwang zuwenden.

In *Jenseits des Lustprinzips* spielt Freud auf Tassos Tancred an, der seiner Geliebten zweimal – und zwar beide Male unabsichtlich – eine schwere Verletzung zufügt. Ist Tancreds böses Schicksal, so fragt sich Freud, Ausdruck eines unbewußten Wunsches, d. h. von frühen infantilen Einflüssen herrührend? Indem er die symbolische Struktur erkennt, erweist sich Freud als ein exzellenter Literaturanalytiker: Bedeutung wird durch eben jene Bewegung vom Unmarkierten zum Markierten ermöglicht. Aber stellt die Wiederholung durch Tasso ein Symptom oder ein Symbol dar? Die Sequenz, die jenen Unterschied zwischen zwanghaftem Symptom und verhülltem oder verarbeitetem Symbol auflösen könnte, zieht sich über das gesamte Stück hin.

Von daher gibt es auch häufig, zumal in Werken mit einer starken Geschichte, eine »keusche Gedrungenheit, welche sie psychologischer Analyse entzieht« (Benjamin) – d. h. einer psychologischen Reduktion oder Dekodierung.[42] Eine solche Kunst verlangt von uns erhebliche »Zurückhaltung«.[43] Die Episode aus Tassos *Das befreite Jerusalem* läßt das Unheimliche zum Vorschein kommen, doch entmystifiziert sie dabei nicht das christlich-romantische Thema der notwendigen, wenn auch ambivalenten Beziehung, die eine von der Liebe geschlagene Wunde zur Heiligkeit hat. Lassen Sie mich Ihnen darüber hinaus noch eine andere Wunden-Doppelung in Erinnerung rufen, diesmal eine unmarkierte. Alypius öffnete seine Augen, als er den Aufschrei der Massen im römischen Zirkus hörte, und »sog« das Blut in sich auf. Dies ist eine unmarkierte Wiederholung, weil man Alypius als Doppelgänger von Augustinus ansehen kann. Denn selbst wenn das Nachdenken über die Wunden Christi zu Augustinus' Zeiten noch nicht so innig war wie im späteren Katholizismus, ist es unmöglich, hier nicht die Aufhebung des römischen Blutsports durch ein christliches Opfer zu erkennen.[44] Was schwierig zu beschreiben bleibt, ist der Mechanismus, mittels dessen eine Wiederholung, die ihr Thema aus dem Unbewußten heraus zur Versprachlichung bringt – bzw. aus einer unmarkierten in eine elliptische Form des Markierens überführt –, am Vorgang des Wunden-Verschließens und Heilens teilhat.[45]

Das Lesen oder Zuhören als Teil des therapeutischen Prozesses respektiert die Worte, indem es die Wunde in den Worten respektiert, das »Wundgelesene« (Paul Celan). Und doch heißt die Wunde zu lesen nicht einfach nur auf die Wunde hin zu lesen. Es bedeutet nicht, das Trauma in reduktionistischer Manier zu lokalisieren oder Figuren und Phantasien im Namen des Realismus wörtlich zu nehmen, sondern fragt danach, wie die Kunst »jene Wunde, die sich nicht zeigen lassen will«, symbolisieren kann.[46] Mit einem von Celans seltenen Prosaaufsätzen, dem »Gespräch im Gebirg«, sowie einem seiner Gedichte würde ich meine Betrachtungen gerne schließen und zeigen, daß Respekt vor

Zurückhaltung, vor den Grenzen der Darstellbarkeit für diesen Dichter keine Formel war, sondern Ausdruck obsessiver Skrupel. Da wir Celans Leben nicht aus seinem Werk herauslesen können, sehen wir uns folglich vor die Frage gestellt, wie dieses Werk mit dem Holocaust zusammenhängt. Kann eine derartig zurückhaltende Kunst, deren Stil eine Abwesenheit markiert, eine Form des Zeugnisses sein?

Die uns zur Verfügung stehenden Fakten sind mager: Celan wurde 1920 in Czernowitz geboren; seine Eltern kamen in der Shoah um; er selbst überstand harte Arbeit und möglicherweise ein Straflager. Er wurde gemütskrank und beging im Jahre 1970 Selbstmord. Sogar sein Name, Ancel*, wird in eine Chiffre umgeändert: während »Ancel« an die Amsel erinnert, ist »Celan« nur noch ein obskures Anagramm. Er ist der größte deutschsprachige Dichter der Nachkriegszeit; die Interpretationsindustrie hat ihn fest im Griff, ohne daß sich über die Bedeutung seiner Worte Einvernehmen erzielen ließe. Eines ist jedoch ziemlich offensichtlich: es wird schwierig, wenn in seinen Schriften das intime Fürwort »du« auftaucht oder versucht aufzutauchen. Viele Gedichte wenden sich unmittelbar über dieses »du« an die Mutter des Dichters. Aber später wird dieser Akt der Anrede eines anderen oder eines verlorenen anderen oder eines verinnerlichten anderen problematisch.[47]

Celans »Gespräch im Gebirg« von 1959 zeigt einen Juden, der wortreich ein ebenso wortreiches Gegenüber heraufbeschwört: »hörst du mich, du hörst mich, ich bins, ich, ich und der, den du hörst, zu hören vermeinst, ich und der andre ...«[48] Dieser von Wiederholungen geprägte Prosastil verhält sich antithetisch zur zunehmenden Kargheit der Gedichte, die Celan damals in dieser Zeit schrieb,[49] wobei hier wie dort das *Du* oder *Semblable* eine geisterhafte Figur ist. Durch das »hörst du mich«, durch ein solchermaßen insistierendes Rufen wird ein Thema parodiert, das ebenso in »Der Meridian« erscheinen wird: »Das Gedicht will zu

* eigtl. An<u>cz</u>el

einem Anderen, es braucht dieses Andere, es braucht ein Gegenüber. Es sucht es auf, es spricht sich ihm zu.«[50] Die Einsamkeit am Ort der Begegnung selbst, auf die sich das Gedicht zubewegt, ist ein zu allgemeines Thema für eine Historisierung. Auch diejenigen, die weniger schwere Verluste erlitten haben als die Überlebenden des Holocaust, empfinden eine solche Einsamkeit und das Verlangen nach Gemeinschaft. Aber was Maurice Blanchot sagt, wenn er im Rückblick auf seine vor dem Holocaust entstandenen Novellen die Frage aufwirft, ob diese veraltet seien, scheint mir relevant zu sein. Könnten sie heute in genau demselben Stil verfaßt werden, oder muß sich unsere Art der Darstellung ändern? Blanchots Antwort ist, daß sie sich als Kunst – und nicht als etwas anderes – nicht ändern könne. »Ganz egal, wann sie geschrieben worden ist, wird von nun an [nach Auschwitz] jede Geschichte aus der Zeit vor Auschwitz sein.« Was auch immer sein Inhalt oder seine Entstehungszeit sein mag, das Geschichtenerzählen entfaltet stets »den Glanz einer deutlich sprechenden ›Erzählstimme‹, ohne daß diese je durch die Undurchsichtigkeit oder Rätselhaftigkeit oder die schreckliche Natur dessen, wovon sie erzählt, verdunkelt werden würde.«[51]

Und doch kann es sein, so Blanchot weiter, daß die erzählende Literatur nach einer derartigen Katastrophe »jene Grundlage verloren hat, auf der eine andere Sprache errichtet werden könnte – indem nämlich die Freude am Sprechen ausgelöscht worden ist ...« Die Sprache ist in ihren Wurzeln gefährdet – nicht weil sie technisch nicht dazu in der Lage wäre, das Geschehene wiederzugeben, sondern weil unsere Stimme etwas verloren hat, eine Unschuld (»die Freude am Sprechen«), die früher trotz allem immer aufrechterhalten geblieben war. Der *Wille zu sprechen* selbst ist in Gefahr.[52]

Es ist jene »Freude am Sprechen«, die aus Celans »Gespräch« gewichen ist. Der Zwang zu sprechen bleibt, doch die Hoffnung auf eine echte Begegnung, ein echtes Gespräch scheint eine verzweifelte. Der Schock, den die Sprache erlitten hat, kann nicht durch die Kunst oder einen natürlichen Balsam wiedergutgemacht werden. In Celans merkwürdiger Vorstellung wird die Stimme zu einem trostlosen Monolog verleitet.

Wie macht man Poesie aus der verlorenen Freude am Sprechen? Dieses Dilemma wird noch dadurch verschärft, daß das Deutsche mit seinem dichterischen Reichtum – Celans Muttersprache – ihn nun verspottet.[53] Das Überdauern eines leuchtenden, ästhetischen Moments, einer »Freude am Sprechen«, die Blanchot zufolge noch »vor allen Unterscheidungen zwischen Form und Inhalt« existiert, besiegt die Erwartung, daß unsere Wahrnehmung der Kunst und der damit verbundenen Kultur sich nach der Shoah verändern würde.[54] Celan bekennt: »Erreichbar, nah und unverloren, blieb inmitten der Verluste dies eine: die Sprache. Sie, die Sprache, blieb unverloren, ja, trotz allem. Aber sie mußte nun hindurchgehen durch ihre eigenen Antwortlosigkeiten, hindurchgehen durch furchtbares Verstummen, hindurchgehen durch die tausend Finsternisse todbringender Rede (...) In dieser Sprache habe ich, in jenen Jahren und in den Jahren nachher, Gedichte zu schreiben versucht: um zu sprechen, um mich zu orientieren, um zu erkunden, wo ich mich befand und wohin es mit mir wollte, um mir Wirklichkeit zu entwerfen.«[55]

Köstlich und traurig, mit gleichermaßen viel Pathos wie Ironie, inszeniert Celan sein »Gespräch« als ein erkennbar jiddisches Vor-und-Zurück.[56] Celans Deutsch wird heimgesucht von einer einst weitverbreiteten und heute fast geisterhaft anmutenden Art zu sprechen. In einer Karikatur des jüdischen Bemühens, den Götzendienst zu bekämpfen, indem man jeder Art von Bildern abschwor, stolpern die Wörter vor sich hin, blind gegenüber der Natur, und es heißt, sie würden die Stille des Gebirgs entweihen. Aber sie tun dies, ohne daß dabei eine Anrufung zum Ausdruck käme oder ein Gefühl, selbst angesprochen zu werden – wie bei Abraham *(Hörst du, Hörst du)*[57] – oder von einer göttlichen Macht ergriffen und geläutert worden zu sein. Was Celan selbst eine »verpaßte Begegnung«[58] nennt, endet mit einem merkwürdig ekstatischen, sich dabei aber selbst unterlaufenden *hineni* (hebr. »hier bin ich«): »ich hier, ich; ich, der ich dir all das sagen kann, sagen hätt können; der ich dirs nicht sag und nicht gesagt hab ...«[59] Es gibt keine Offenbarung, kein Ereignis, in dem sich der Logos ausspricht.

Tatsächlich können einem Worte die Augen ausstechen: eine ursprüngliche Verlusterfahrung wird beschworen, eine jüdische Form der Askese, die zu einem unnatürlichen Wortschwall führt.

Es gibt ein Trauma im Trauma selbst, und es hängt mit der Sprache zusammen. Die Wunde ist auch eine Wort-Wunde, die an eine kollektive Identität und ein kulturelles Schicksal gebunden ist. Celan dehnt das biblische Bilderverbot aus und wendet es gegen die Bilder in den Worten. Auch wenn nicht alles in seinem seltsamen Gespräch negativ besetzt ist (die geschwätzigen Worte führen ihr Eigenleben und *richten sich aus* wie im Kräftefeld eines unsichtbaren Magneten),[60] so können wir uns doch zuweilen dem unangenehmen Eindruck von Selbsthaß nicht entziehen. »Aber sie, die Geschwisterkinder, sie haben, Gott sei's geklagt, keine Augen. Genauer: sie haben, auch sie, Augen, aber da hängt ein Schleier davor, nicht davor, nein, dahinter, ein beweglicher Schleier. Kaum tritt ein Bild ein, so bleibt's hängen im Geweb, und schon ist ein Faden zur Stelle, der sich da spinnt, sich herumspinnt ums Bild, ein Schleier-Faden ...«[61] Das unglückliche Sprachbewußtsein war immer schon da, ein jüdisches Schicksal bereits vor dem Holocaust.

Lassen Sie mich mit einem Gedicht Celans schließen, einer Parodie auf ein Morgenlied, in dem Celans karger elliptischer Stil, welcher sich deutlich von der »Gesprächs«-Prosa unterscheidet, der visuellen Askese noch eine verbale hinzufügt:

Nach dem Lichtverzicht:
der vom Botengang helle,
hallende Tag.

Die blühselige Landschaft,
schriller und schriller,
findet zum blutenden Ohr.[62]

Das Wort »Lichtverzicht« evoziert ein visuelles Opfer. Aber es kann ebensogut als eine Wiederholung des christlichen Vorwurfs gelesen werden, daß die Juden der neuen Offenbarung gegenüber blind waren oder von Gott in die Lage unvollkommener Zeugenschaft versetzt wurden (das »Gespräch« bezieht sich auf den »Schleier vor dem Auge«. Der Übergang vom Auge zum Ohr ist kein heilender: das Licht, die frohe Botschaft, wird schriller, während es seinen Weg zum blutenden Ohr findet. Eine Bewegung vom »Lichtverzicht« hin zum »Lichtzwang« ist die Folge.

Die Frage, die sich somit stellt – und ich glaube, sie stellt sich für Celans Dichtung insgesamt –, betrifft die Möglichkeit einer Zeugenschaft – insbesondere der jüdischen Zeugenschaft. Das Licht, welches im Dunkeln scheint, ist eher Teil des Traumas als der Lösung – unabhängig davon, ob wir es mit dem Christentum oder der Aufklärung gleichsetzen.[63] In Celans Welt ist die Sonne bereits untergegangen, gibt die Frühe schwarze Milch, wird die Kerze nur als eine herunterbrennende geliebt, bleibt das Wort im Dunkeln.[64] Er verlangt von sich selbst einen Akt der Zeugenschaft,[65] der einer blinden und vielleicht endlosen (Wied)Erholungsreise (engl. »journey of recovery«) gleicht. Einer Reise, die sich einer »schneckenartigen Wahrnehmung« (Keats) hingibt, oder dem kaum sichtbaren Atem, der »Atemwende« des Ausdrucks.[66]

Kein Wunder, daß Celan dem Glanz einer Erzählerstimme oder jeder Art von Glanz, der die Leere füllen könnte, abschwört und sich das Gebot auferlegt, sämtliche »Augenstimmen« zum Schweigen zu bringen. Zunehmend lakonischer werdend, nimmt er eine an Mallarmé gemahnende, nicht-bekenntnishafte Sprache der Zeugenschaft an: »ohne Ich und ohne Du, ganz allein Er, ganz allein Es, (...) ganz allein Sie, sonst nichts«.[67] Selbst die Grammatik, die sture Grundlage jeder sprachlichen Identität, ist davon betroffen. Celans Lyrik weist einen Typus von Ellipse auf, die das Verb ausläßt oder offenläßt, wer spricht oder angesprochen wird. Erhalten wir hier nicht einen flüchtigen Blick auf jene Geisterhaftigkeit, von der Überlebende so oft gequält werden? »Ich bin gestorben, und niemand scheint es zu merken.«

Nur die Sprache überlebt diesen Tod, oder das Schreiben als verwaistes Sprechen. Celans Lyrik neigt zur absoluten Konstruktion und wird letztlich zu so etwas wie einer zersplitterten Grab(in)schrift. Worin dieser Verlust auch immer seinen Ursprung hat: eine Wort-Wunde hat auf seinem gesamten Werk ihre Narben hinterlassen.

In seinem letzten Gedicht scheint Celan uns voller Hohn dazu herausfordern zu wollen, jene Wunde zu lesen. Vielleicht fordert er sich auch höhnisch selbst heraus.

»du liest

es fordert
der Unsichtbare den Wind
in die Schranken« [68]

Dieser Unsichtbare mag Celan selbst sein, der nach einer von größtmöglicher Zurückhaltung geprägten Selbst-Gegenwärtigkeit strebt.[69] Das Trauma erhält eine Struktur und verschwindet in dem Gestammel, das wir Lyrik nennen, in einer Spalte zwischen der Sprache auf dem Blatt – die scheinbar so absolut ist – und einer unsichtbaren Schrift, die vielleicht un-wieder-holbar ist. Somit ist Celans Sprachkunst in Wahrheit eine *disaster notation*, ein Verfahren zur Aufzeichnung der Katastrophe.

# Anmerkungen

## *Einleitung*

1 Berel Lang, *Act and Idea in the Nazi Genocide* (Chicago: University of Chicago Press, 1990), 160–61. George Steiner hat die Frage des Schweigens (und einer »korrumpierenden Faszination«) in seinen – etwas breiter angelegten – Büchern *Sprache und Schweigen. Essays über Sprache, Literatur und das Unmenschliche* (Frankfurt/M. 1969) und *In Blaubarts Burg. Anmerkungen zur Neubestimmung der Kultur* (Wien 1991) auf eine Weise artikuliert, die an Relevanz eher gewonnen als verloren hat.

2 Lawrence Langer, *Admitting the Holocaust: Collected Essays* (New York: Oxford University Press, 1995), 93. Vgl. auch seine skrupulösen Bemerkungen zu »spirituellem Widerstand« im Kapitel »Cultural Resistance to Genocide«.

3 Die Frage, wie man den Holocaust in theologischer Hinsicht erfassen kann – »Gott nach Auschwitz« –, sollte natürlich klar unterschieden werden von der Untersuchung der Frage, wie sich Theologen in der Nazizeit verhalten haben. Die Untersuchung dieser letzteren Frage enthüllt, auf andere Berufsgruppen ausgedehnt, nicht nur eine weitverbreitete *déformation professionelle*, sondern auch die Wirkung staatlich propagierter visionärer Ideologien. Exemplarisch ist hier Robert Liftons Studie *Ärzte im Dritten Reich* (Stuttgart 1988), die sich mit jener »biomedizinischen Vision« beschäftigt, mit deren Hilfe die Beteiligung der Medizin am Völkermord rationalisiert wurde. Andere aufschlußreiche Studien sind Ingo Müllers *Furchtbare Juristen. Die unbewältigte Vergangenheit unserer Justiz* (München 1987) und Richard H. Weisbergs *Vichy Lawyers and the French Holocaust* (New York: New York University Press, 1997).

4 Ophüls' Film mit dem Original-Titel *Le chagrin et la pitié* wurde in Deutschland auch unter dem Titel *Zorn und Mitleid* gezeigt.

5 Langer, *Admitting the Holocaust*, 179–184.

6 Raul Hilberg hat mit *Die Vernichtung der Europäischen Juden. Die Gesamtgeschichte des Holocaust* (Berlin 1982 – erstmals

1961 erschienen) Pionierarbeit geleistet. Seine Erläuterungen zu jener Politik, die zur »Endlösung« geführt hat, stellen einen Meilenstein in der Forschung dar. Gleichzeitig beharrt er jedoch darauf, daß sich auf die »große Frage« nach dem »Warum« des Holocaust keine Antwort finden lasse bzw. daß dadurch zu viele beantwortbare Fragen beiseite gedrängt würden.

7 Der Aufbau Israels als Nationalstaat ist Teil davon; die europäische Vergangenheit derjenigen Überlebenden, die immigriert waren, wurde freilich lange Zeit (zumindest bis zum Eichmann-Prozeß) von der vorherrschenden zionistischen Ideologie abgelehnt.

8 Einen intelligenten und umfassenden Überblick gibt Ilan Avisars *Screening the Holocaust: Cinema's Images of the Unimaginable* (Bloomington: Indiana University Press, 1988). Vgl. a. Annette Innsdorf, *Indelible Shadows* (New York: Random House, 1983).

9 Zu Pierre Vidal-Naquets Betrachtungen über den Historiker, vgl. »The Holocaust's Challenge to History«. Die Obsession mit dem Primat der Sprache und mit Problemen der Repräsentation behandelt Ellen Marks' *»Cendres juives«*. Beide Essays finden sich in dem Band *Auschwitz and After: Race, Culture and »the Jewish Question« in France*, hrsg. v. Lawrence D. Kritzman (New York: Routledge, 1994). Zur verwandten Frage der Wahrscheinlichkeit in der Holocaust-Kunst, vgl. Lawrence Langers Bemerkungen zu einer notwendigen Entstellung in *The Holocaust and the Literary Imagination* (New Haven: Yale University Press, 1975). Langers herausfordernde These ist, daß »es die Möglichkeiten einer ganz der Wahrscheinlichkeit verschriebenen Kunst übersteigt, die Wirklichkeit so anzuordnen, daß das Unvorstellbare für die Vorstellung annehmbar wird« (43).

10 John Felstiner, *Paul Celan: Poet, Survivor, Jew* (New Haven: Yale University Press, 1995) – Dt.: *Paul Celan. Eine Biographie* (München 1997). Es wäre interessant herauszufinden, ob hier auch ein geschlechtsspezifisches Phänomen vorliegt: gibt es ähnliche Verbindungen amerikanischer Frauen zu weiblichen Überlebenden? Die Generation der Überlebenden hat weniger weibliche als männliche Autoren und keine ähnlich stark gemeinschaftsorientierten Gruppen von Frauen hervorgebracht. Vorhandene Selbsthilfegruppen bringen in der Hauptsache Mitglieder der zweiten Generation zusammen. Ich vermute,

daß Wissenschaftlerinnen in Boyarins oder Youngs Situation eher feministischen Autorinnen wie Cixous und Duras zuneigen, die sich mit Themen wie Trauer und Erinnerung beschäftigen. Trotzdem gibt es eine bemerkenswert große Anzahl von Schriftstellerinnen und Künstlerinnen, sogar – gerade – in Deutschland. Vgl. Sander L. Gilman, *Jews in Today's German Culture* (Bloomington: Indiana University Press, 1995).

11 Vidal-Naquet, 27.

12 New Haven: Yale University Press, 1991.

*Eins*

1 William Blake. *Gedichte*. Übertragen von Georg von der Uring (Wiesbaden 1958).

*Zwei*

1 Dieses Kapitel entstand aus Anlaß der Veröffentlichung zweier Bücher: Yosef Hayim Yerushalmi's *Zachor: Erinnere Dich! Jüdische Geschichte und jüdisches Gedächtnis* (Berlin 1988); und *From a Ruined Garden: The Memorial Books of Polish Jewry*, herausgegeben und übersetzt von Jack Kugelmass und Jonathan Boyarin (New York: Schocken, 1982).

2 Friedrich Nietzsche, »Von Nutzen und Nachtheil der Historie für das Leben«, in G. Colli/M. Montinari (Hrsg.), *Friedrich Nietzsche – Sämtliche Werke. Kritische Gesamtausgabe* (Berlin/New York 1972), 3. Abt., Bd. 1, 246.

3 Institution in New York, die sich auf die Sammlung jüdischer Kultur aus Osteuropa spezialisiert hat.

4 Yehuda Amichai, »In den Bergen Jerusalems«, für den vorliegenden Band aus dem Englischen übersetzt von Axel Henrici.

*Drei*

1 Giovanni Leoni, »›The First Blow‹: Project for the Camp at Fossoli«, in *Holocaust Remembrance: The Shapes of Memory*, hrsg. v. Geoffrey H. Hartman (Oxford: Blackwell, 1994); James E. Young, »The Counter-Monument: Memory against Itself in Germany Today«, *Critical Inquiry*, 18 (1992): 273. In ihrem Aufsatz zu Auschwitz im Band *Holocaust Remembrance*

beschreiben Deborah Dwork und Robert Jan Van Pelt ein architektonisches Projekt von 1954, das sich zum Ziel gesetzt hatte, den toten monumentalen Raum der Gedenkstätten dadurch zu bezwingen, indem man Auschwitz zu einem Denkmal für das Vergessen macht – einem Denkmal, das gleichzeitig jenen Ort verflucht und das Ruinenhafte bewahrt hätte. In Leonis Aufsatz wird noch eine andere paradoxe Lösung vorgeschlagen. »Was versucht wird, ist nicht so sehr, den Opfern eine Stimme zu geben, als vielmehr ein *Bild*: sie inmitten einer Architektur, die Ausdruck des Unterdrücker-Willens ist, zu ›verkörpern‹.« In seinem oben zitierten Aufsatz zur Frage eines Gegen-Denkmals beschreibt James Young tatsächliche Versuche, ein solches sich selbst zerstörendes Mahnmal zu errichten. George Mosses Buch *Fallen Soldiers: Re-Shaping the Memory of the World War* (New York: Oxford University Press, 1990) erhellt auf scharfsinnige Weise den Zusammenhang zwischen Denkmälern und Erinnerung, indem es schildert, wie der Kult um die Kriegstoten – dem sämtliche europäischen Nationen huldigen – in Nazi-Deutschland seinen Höhepunkt erreichte, um dann nach dem Zweiten Weltkrieg nachzulassen. Die Frage des Monumentalismus konvergiert mit jener nach der Architektur im allgemeinen: eine Diskussion, die sich nicht mit dem Holocaust befaßt, findet sich in Dennis Holliers *Against Architecture: The Writings of Georges Bataille* (Cambridge: MIT Press, 1989).

2 Eleonora Lev, »Don't Take Your Daughter to the Extermination Camp«, *Tikkun* 2 (1987): 54-60.

3 Frühere Analysen Saul Friedländers zur (möglicherweise in der Natur der Sache liegenden) Unzulänglichkeit der Sprache der Historiker angesichts extremer Ereignisse – zumal angesichts von »Auschwitz« – sowie zur andersgearteten, aber verwandten Unzulänglichkeit von Literatur und Film finden sich in seinen Büchern *Kitsch und Tod. Der Widerschein des Nazismus* (München 1984) und (von ihm herausgegeben) *Probing the Limits of Representation: Nazism and the »Final Solution«* (Cambridge: Harvard University Press, 1992). Die »Übertragungs-Beziehung« des Historikers zu seinem Thema und die Art, wie dieses Thema verarbeitet wird, ist eines der Hauptanliegen von Dominick LaCapra: vgl. u. a. seinen Essay über die Historikerdebatte in Friedländers Band *Limits of Representation*.

4 Vgl. David Roskies, »The Library of Jewish Catastrophe«, in *Holocaust Remembrance*.

5 Annette Wieviorka, »On Testimony«, in *Holocaust Remembrance*.

6 Shoshana Felman und Dori Laub, *Testimony: Crises of Witnessing in Literature, Psychoanalysis, and History* (New York: Routledge, 1991).

7 Mary Felstiner, *To Paint Her Life: Charlotte Salomon in the Nazi Era* (New York: Harper Collins, 1994).

8 Saul Friedländer, *Wenn die Erinnerung kommt …* (Frankfurt/M. 1991).

9 Alain Finkielkraut, *Der eingebildete Jude* (München 1982). In der Einleitung habe ich bereits Jonathan Boyarins *Polish Jews in Paris: The Ethnography of Memory* (Bloomington: Indiana University Press, 1991) erwähnt. Indem er sich eher auf die ältere Generation (nämlich auf die Pariser *landsmannshaftn*) als – wie Finkielkraut – auf die heranreifende Generation stützt, zeichnet Boyarin nicht nur ihre Art zu leben auf, sondern fungiert gleichzeitig auch als eine Art fehlendes Glied zwischen den Generationen, das den Status eines teilnehmenden Beobachters »auf sich nehmen« muß. Eine Spannung bleibt freilich zwischen seiner Rolle als Ethno-Persona und als amerikanischer Jude. Denn warum ist dieser Amerikaner in Paris, wenn nicht deshalb, weil er die *landsmannshaftn* braucht? In seinem eigenen Land verfügen diese Alten nicht über den gleichen Zusammenhalt und sind nicht in einem solchen Maße gemeinschaftsorientiert. Eine einfühlsame Innenansicht liefert Helen Epsteins Porträt von Kindern der Überlebenden, *Children of the Holocaust: Conversations with Sons and Daughters of Survivors* (New York: Putnam, 1979).

10 Vgl. Saul Friedländer, »Shoah: Between Memory and History«, *The Jerusalem Quarterly*, 53 (1990): 115–26. Zur Gedächtnispolitik vgl. a. meinen Artikel im Jahrbuch der *Jewish Encyclopedia* von 1985 sowie das Kapitel zu Bitburg in diesem Buch.

11 Vgl. den Aufsatz von Vera Schwarcz in *Holocaust Remembrance*, »Chinese History and Jewish Memory«.

12 »German-Jewish Memory and National Consciousness«, in *Holocaust Remembrance.*

13 Jean Améry, *Jenseits von Schuld und Sühne. Bewältigungsversuche eines Überwältigten* (Stuttgart 1977 – Neuausgabe), 7f.

14 Vgl. *International Review of Psychoanalysis* 11 (1984): 417–27, und »Negating the Dead«, in *Holocaust Remembrance*. Die gründlichste Auseinandersetzung mit den Negationisten, Pierre Vidal-Naquets *Les Assassins de la mémoire* (Paris: La

Découverte, 1987) wurde mittlerweile von J. Mehlman unter dem Titel *Assassins of Memory: Essays on the Denial of the Holocaust* (New York: Columbia University Press, 1992) ins Englische übersetzt und enthält ein exzellentes Vorwort des Übersetzers.

15 Ein ausgewogenes Bild zu dieser Thematik liefert Michael R. Marrus. »The Use and Misuse of the Holocaust«, in *Lessons and Legacies: The Meaning of the Holocaust in a Changing World*, hrsg. v. Peter Hayes (Evanston: Northwestern University Press, 1991).

16 David Tracys Forderung, die christliche Theologie solle auf ihrem Weg »zurück zur Geschichte« fortfahren, geht in dieselbe Richtung, wobei er letzteres als eine »postmoderne« Entwicklung beschreibt. Ich selbst sehe dies eher als eine starke Gegenreaktion auf die Postmoderne und ihren »ether of discourse« (Charles Maier) an. Die Bedeutung des Wortes postmodern kann je nach Disziplin variieren. Vgl. David Tracy, »Christian Witness and the Shoah«, in *Holocaust Remembrance*.

17 Jean Baudrillard, *Die Transparenz des Bösen. Ein Essay über extreme Phänomene*, aus dem Französischen von Michaela Ott (Berlin 1992), 104, 106. Das zugrundeliegende Argument findet sich bereits in seiner früheren Schrift *Simulacres et simulation* (Paris: Galilée, 1981). Der Abschnitt über den Holocaust beginnt wie folgt: »Die Vernichtung zu vergessen ist Teil der Vernichtung, denn dies hat ebenfalls Auswirkungen auf die Erinnerung, die Geschichte, das Soziale etc.«

18 Erich Auerbachs *Mimesis*, ein ganz und gar europäisches Buch, im Exil geschrieben und 1946 veröffentlicht, bezieht möglicherweise einiges von seiner Anziehungskraft aus der Tatsache, daß es sich immer noch am entfernteren Ende dieser Verwerfung befindet – und etwas voraussieht, das bereits passiert ist.

19 Übersetzung für den vorliegenden Band von Axel Henrici.

20 Vgl. Alain Finkielkraut, *Die vergebliche Erinnerung* (Berlin 1989).

21 Vgl. Yosef Hayim Yerushalmi, *Zachor: Erinnere Dich! Jüdische Geschichten und jüdisches Gedächtnis* (Berlin 1988), Kapitel 4. Wer einen unaufgeregteren Blick auf den Riß zwischen Geschichte und »kollektivem« Gedächtnis bevorzugt, sei auf das ebenso gewaltige wie maßgebliche Werk Michael Kammens, *Mystic Chords of Memory: The Transformation of Tradition in American Culture* (New York: Knopf, 1991), verwiesen. Eine nachdenkliche Auseinandersetzung, die sich überblickshaft

mit der Frage »Kann es ein Zuviel an Erinnerung geben?« beschäftigt, findet sich in Charles Maiers Epilog zu *Die Gegenwart der Vergangenheit. Geschichte und die nationale Identität der Deutschen* (Frankfurt/M 1992). Weitere Erörterungen zu diesem Thema finden sich in J. Assmann & T. Hölscher (Hrsg.), *Kultur und Gedächtnis* (Frankfurt/M. 1988); A. Assmann & D. Harth (Hrsg.), *Mnemosyne: Formen und Funktionen der kulturellen Erinnerung* (Frankfurt/M. 1991), insb. 342–49; siehe auch den vom Colloque du Royaumont herausgegebenen Band *Usages de l'oubli* (Paris: Seuil, 1988), der Beiträge von Yerushalmi und anderen enthält. Dazu auch Amos Funkenstein, »Collective Memory and Historical Consciousness«, *History and Memory*, 1 (1989): 5–27. Der Begriff eines kollektiven Gedächtnisses verdankt sich natürlich Maurice Halbwachs' *La mémoire collective* (dt: *Das kollektive Gedächtnis*, Frankfurt/M. 1967), das 1950 posthum veröffentlicht wurde. Darin ahnt Halbwachs den Riß zwischen Geschichte und Gedächtnis voraus, denn die allgemeine Geschichte beginnt erst dort, wo die Tradition aufhört und das soziale Gedächtnis verschwindet oder abbricht.

22 Mircea Eliade, *Kosmos und Geschichte. Der Mythos der ewigen Wiederkehr* (Frankfurt/M. 1986). Was an Saturnalien noch übrigbleibt, kann als Fest des Erinnerungsvermögens beschrieben werden und oft das ganze Leben eines Menschen einnehmen, wie zum Beispiel in der Erforschung des Talmud. Die heutigen Quiz-Sendungen oder das »Glücksrad«, mit ihrer Ritualisierung der Kontingenz, sind dagegen triviale Feste und verweisen im Vergleich zu solcher Forschung auf eine für jedermann sichtbare Auszehrung des Gedächtnisses.

23 Siehe auch das weiter oben zitierte *Usages de l'oubli*. Die jüngste soziologische Forschung hat bedeutende Arbeit geleistet auf dem Gebiet der Untersuchung institutionellen bzw. systematischen Vergessens und zur »rhetorischen Organisation des Erinnerns und Vergessens«. Vgl. David Middleton und Derek Edwards (Hrsg.), *Collective Remembering* (London: Sage, 1990). In der britischen und amerikanischen Soziologie wird oft Halbwachs mit F. C. Bartletts *Remembering* (1932) kombiniert, weil dieser, obwohl er weiterhin die Betonung auf das Individuum legt, das »Erinnern als eine Form konstruktiver Aktivität [begreift], und betont, daß Erinnerung nicht das Abrufen gespeicherter Informationen ist, sondern das Zusammenfügen von Behauptungen über vergangene Zustände mit Hilfe eines

gemeinsamen kulturellen Rahmens.« (Das Zitat stammt aus Alan Radleys Aufsatz in *Collective Remembering*.)

24 Vgl. Pierre Nora, »Between Memory and History: *Les lieux de mémoire*«, *Representations* 26 (Spring 1989).

25 Zur Rolle des Literaturkritikers, vgl. z. B. James Young, *The Texture of Memory: Holocaust Memorials and Meaning in Europe, Israel and America* (New Haven: Yale University Press, 1993). Young versucht, jegliche monolithische Vorstellung eines kollektiven »Gesamt-Gedächtnisses« *(collective memory)* zugunsten eines »gesammelten Gedächtnisses« *(collected memory)* aufzubrechen, d. h. eines sozial konstruierten Prozesses, der es uns ermöglicht, unseren Erinnerungen, die trotz allem persönlich und disparat bleiben, mit Hilfe gemeinsamer Räume und Formen eine kollektive Bedeutung zuzuschreiben. Zur Rolle des Historikers, vgl. Hayden White, *Die Bedeutung der Form. Erzählstrukturen in der Geschichtsschreibung* (Frankfurt/M. 1990), Kapitel 3.

26 Vgl. Martin Broszat und Saul Friedländer, »A Controversy about the Historicization of National Socialism«, *New German Critique*, 44 (Spring-Summer 1988).

27 Neuerdings ist der Versuch unternommen worden, den kulturellen Diskurs selbst, in seinem Schwanken zwischen verschiedenen Spielarten von Nationalismus und Universalismus, zu analysieren. Aber dieser Versuch scheint unsere Bemühungen um eine absolute Fixierung von Schuld zu kompromittieren. Denn er enthüllt, daß sich Gruppen, die nach (stets auch räumlich verstandener) Autonomie strebten, schon immer auch einer diskriminierenden und – wenn auch nicht nazihaften, so doch – ebenso gewalttätigen wie selbstverherrlichenden Rhetorik bedient haben. Auf den schwierigen Schlußseiten seines Essays *Gesetzeskraft. Der mystische Grund der Autorität* (Frankfurt/M. 1991) weist Jacques Derrida (im Namen Benjamins, aber vielleicht auch im Namen der Dekonstruktion) darauf hin, daß wir in unseren Urteilen und Interpretationen, auch in der Geschichtsschreibung, immer noch eine Begrifflichkeit verwendeten, die homogen mit jenem Raum sei, in dem sich der Nazismus bis hin zur Endlösung und diese einschließend habe entwickeln können. Gibt es eine »Komplizenschaft« zwischen denjenigen Diskursen, die wir achten oder dulden, und dem schlimmsten dieser Diskurse, dem mörderischen Diskurs der Nazis? Vgl. »Deconstruction and the Possibility of Justice«, *Cardozo Law Review* 11 (1990): 1042–45.

28 Alain Finkielkraut spricht von einem »Szenario der verlorenen Illusion«, womit der Mythos gemeint ist, dem die Demystifizierer anheimfallen, beziehungsweise das Objekt ihres automatischen Respekts, wenn sie schwören, sich nie wieder täuschen zu lassen. Vgl. seinen Aufsatz »La mémoire et l'histoire« in *L'avenir d'une négation: réflexion sur la question de la génocide* (Paris: Seuil, 1982), 97. Von Oliver Stone ließe sich sagen, daß er in seinem Film *JFK* genau solch ein Szenario entwirft. Er nennt es eine »outlaw history« oder einen »Gegenmythos«. Historische Filme wie *JFK* sind komplexe Symptome, in denen die Tatsache zum Ausdruck kommt, daß, wie Anton Kaes bemerkt hat, bestimmte fotografische Bilder allgegenwärtig sind, so daß es »unmöglich ist, sie ins Wanken zu bringen oder zu zerstören«. Diese Bilder entwickeln ihr eigenes Leben im kollektiven Gedächtnis, bis das ursprüngliche historische Ereignis zu einem Kino-Mythos geworden ist oder zu dem, was Baudrillard in seinem früheren Buch über Simulakra als etwas Hyperreales, als Modelle des Realen, denen weder Ursprung noch Realität zugrunde liegen, bezeichnet hat. Vgl. Anton Kaes, »History and Film: Public Memory in the Age of Electronic Dissemination«, *History and Memory*, 2 (1990), sowie »History, Memory and Film«, seinen Epilog zu *From Hitler to Heimat: The Return of History as Film* (Cambridge: Harvard University Press, 1989).
29 Jean Améry, *Jenseits von Schuld und Sühne*, 14.
30 Primo Levi, *Ist das ein Mensch?* (München 1992).
31 Vgl. Ellen S. Fine, »The Absent Memory« in Berel Lang (Hrsg.), *Writing and the Holocaust* (New York: Holmes & Meier, 1988), und die Seiten 152f. in vorliegendem Buch. In seinem Roman *Betrifft: Sarahs Cousin* (Frankfurt/M. 1991) lotet Raymond Federman jene Abwesenheit aus anhand von zwei Kindern, die den Krieg überlebten, aber ihre Familie durch den Holocaust verloren. Norma Rosens Roman *Touching Evil* dehnt, was sie »Zeugenschaft mittels Vorstellungskraft« nennt, auch auf Nichtjuden aus. Vgl. auch ihren Beitrag »The Second Life of Holocaust Imagery«, in *Accidents of Influence: Writing as a Woman and a Jew in America* (Albany: State University of New York Press, 1992).
32 Vgl. Sidra Koven Ezrahi, »Conversation in the Cemetery: Dan Pagis and the Prosaics of Memory«, in *Holocaust Remembrance*. Ein Vergleich zwischen Pagis und Amir Gilboa legt den Schluß nahe, daß es, was die Darstellungsweise anbelangt,

keine durchgängige Trennlinie zwischen Autoren der ersten und der zweiten Generation gibt. Eines der schönsten Gedichte aus der zweiten Generation ist Gilboas »Isaac«, Anfang der fünfziger Jahre geschrieben. In seinem elliptischen Stil drückt sich ebenfalls eine »abwesende Erinnerung« aus: die des Sohnes, der nach Israel ging, bevor es zum Holocaust kam, und sich, viele Jahre danach, an den Vater erinnert, der – wie so viele Väter – dort blieb und zugrunde ging. Selten ist es einem kurzen Gedicht auf diese Weise gelungen – durch eine wirksame Modifikation der Akedah (der Geschichte von der Opferung Isaaks), aber ohne explizit auf den Holocaust Bezug zu nehmen –, den Schrecken zu vermitteln, den ein junger Mensch angesichts dieses Ereignisses empfindet, und die damit einhergehende Angst, daß es möglicherweise seine Generation amputiert hat.

33 »Writing after Auschwitz«, in *Two States – One Nation?* (New York: Harcourt Brace Jovanovich, 1990). Auch Moshe Kupfermans malerischer Minimalismus scheint jene »Grautöne« auszuloten: hier bedient sich die Kunst einer nicht-bildlichen Ausdrucksweise; Arbeiten auf Papier, die eine andere Art von »newspaper« erzeugen, die auf die Brüchigkeit von Papier verweisen, indem dieses seine immer »neuen« Konstruktionen ohne die ganze Palette der Malerei entwirft. Wo Adorno von einem »beschädigten Leben« und Grass von »beschädigter Sprache« sprechen kann, ist es dagegen schon schwerer, sich »beschädigte Farben« vorzustellen, was einer der Gründe ist, warum Grass die Farbe Grau feiert. Kitajs Gemälde »Varschreibt!« setzt sich zudem mit der Abwesenheit einer starken Tradition des Bildermachens im Judentum auseinander.

34 Obwohl sie sich tapfer auf die *normalen* Freuden und Leiden konzentriert, über die sich eine Verbindung zwischen dem Exil und ihrem früheren Leben herstellen läßt – »ein bißchen Liebe / ein paar Regeln / ein junges Mädchen / ein großes Bett / nach soviel Tod / ist das ein Leben …« – gelingt es Charlotte Salomon in ihrer »Operette in Bildern« dennoch, einem populären Genre etwas »Barbarisches« abzugewinnen und dies in recht drastischer Weise auf die Malerei zu übertragen.

35 Dan Pagis, *Erdichteter Mensch* (Frankfurt/M. 1993). Den Hinweis auf die Maimonides-Anspielung gibt Robert Alter in seiner Einleitung zu der amerikanischen Ausgabe.

1 Die Situation in Frankreich ist weitaus weniger klar. Selbst wenn man von Überlebenden spricht, ist das Wort »Deportierter« [»déporté«] gebräuchlicher als »Überlebender« [»survivant«], und Alain Resnais' berühmter Film *Nacht und Nebel* vermeidet es, die Lagerinsassen als in der Hauptsache jüdisch zu kennzeichnen. In einer Ausgabe der *Nouvelle Révue de Psychanalyse* 15 (1977) mit dem Titel *Mémoires* kommt der Holocaust gar nicht vor.

2 Theodor W. Adorno. *Gesammelte Schriften* (Frankfurt/M. 1977), Bd. 10.2, 555–572.

3 Jean Améry schreibt: »So wie das Leben des Frontsoldaten, wie immer dieser gelegentlich auch gelitten haben möge, dem des Lagerhäftlings nicht angeglichen werden kann, so sind auch Soldatentod und Häftlingstod inkommensurable Größen. Der Soldat starb den Helden- oder Opfertod: der Häftling den des Schlachtviehs. (...) Der entscheidende Unterschied lag darin, daß, anders als der Häftling, der Frontsoldat nicht nur Ziel, sondern auch *Träger des Todes* war.« *Jenseits von Schuld und Sühne. Bewältigungsversuche eines Überwältigten* (Stuttgart 1977 – Neuausgabe), 38 f.

4 Nachgedruckt in *European Judaism* 19:2 (Frühjahr 1985), 3–17. Die Kontroverse entzündete sich an einem Brief von Dr. A. C. J. Phillips, Kaplan des St. John's College in Oxford, der die folgenden Sätze enthält:

»Eine Theologie, die nicht willens ist, sich mit den Unterdrückern auseinanderzusetzen, wie abscheulich auch immer deren Verbrechen, macht sich zur Gefangenen ihrer eigenen Vergangenheit und gefährdet gerade jene Zukunft, für die sie sorgen will.

Ohne Vergebung kann es keine Heilung innerhalb der Gemeinschaft geben, keine Ganzheit und keine Heiligkeit. Löwe und Zicklein können nicht Seite an Seite liegen. Das Gegenteil tritt ein. Denn das Unvermögen zu vergeben ist keine neutrale Handlung: es fügt der Summe des Bösen in der Welt etwas hinzu und entmenschlicht die Opfer in einer Weise, wie es die Unterdrücker niemals alleine zustande gebracht hätten.

Indem sie sich an den Holocaust erinnern, hoffen die Juden, dessen Wiederkehr zu verhindern: indem sie sich weigern zu vergeben, fordern sie ihn, wie ich fürchte, unwissentlich heraus.«

5 *To Mend the World* (New York: Schocken Books, 1982), vgl. insbesondere Kapitel 4.

6 Vgl. Elie Wiesel, »In the Footsteps of Shimon Dubnov«, in *Against Silence: The Voice and Vision of Elie Wiesel* (New York: Holocaust Library/Schocken Books, 1985).

## *Fünf*

1 Jede Woche lese ich zwei oder drei wahrhaft bewegende Analysen und Mahnungen von ehrenwerten, herausragenden Persönlichkeiten wie Václav Havel, in denen politische und moralische Wahrheiten ersten Ranges ausgesprochen werden. Sind solche edelherzigen Erklärungen mehr als ein Balsam, mit dem sich- als wäre es Gras – ein weiteres, kürzlich ausgehobenes Massengrab bedecken läßt? Durch sie klammern wir uns – bestenfalls – an die Hoffnung, an die Erneuerbarkeit unserer Unverwüstlichkeit, während wir insgeheim um jeden grünen Flecken auf der Erde oder in unseren Seelen bangen.

2 Vgl. Michael Marrus und Robert O. Paxton, *Vichy France and the Jews* (New York: Basic, 1981). Paxtons *La France de Vichy* und Ophüls *Le chagrin et la pitié* hatten das Schweigen schon vorher durchbrochen. Mittlerweile ist die Rolle, die das Vichy-Regime bei der »Endlösung« spielte, in den wichtigen Arbeiten von Serge Klarsfeld, André Kaspi und (insbesondere was das Schweigen nach dem Krieg anbetrifft) Henry Rousso gut dokumentiert worden.

3 Vgl. Weisberg, »Legal Rhetoric under Stress: The Example of Vichy«, in *Poethics: And Other Strategies of Law and Literature* (New York: Columbia University Press, 1992), und sein eben erschienenes Buch *Vichy and the Holocaust in France* (Amsterdam: Harwood Academic, 1996). Einen Überblick über die fehlende Initiative zu institutioneller Selbst-Überprüfung bietet die Sondernummer von *L'Esprit*, »Que faire de Vichy?« (Mai 1992).

4 Vgl. z. B. Robert Brasillach in *Je suis partout* vom 15. April 1939, zitiert nach *Morceaux choisis*, hrsg. v. Marie-Madelaine Martin (Genf/Paris: Editions du cheval ailé, 1948), 114: »... nous pensons aussi que la meilleure manière d' empêcher les réactions toujours imprévisibles de l' antisémitisme d' instinct, est d' organiser un antisémitisme de raison« (wir glauben außerdem, daß der beste Weg, die stets unberechenbaren Reaktionen eines

instinktiven Antisemitismus zu verhindern, darin besteht, einen rationalen Antisemitismus zu organisieren).

5 Gabriel Malglaive, *Juif ou Français: Aperçus sur la question juive* (Paris: Editions C. P. R. N., 1942), 6–8. Wie ominös die »Transport«-Metapher, die Vallat hier benutzt, im Rückblick erscheint! Zu Vallat, vgl. insbesondere Marrus und Paxton, *Vichy France and the Jews*, Kap. 3. Als ihm nach dem Krieg der Prozeß gemacht wurde, verteidigte sich Vallat gegen Vorwürfe, er habe mit dem Feind kollaboriert und somit Hochverrat begangen, indem er sagte, sein Antisemitismus habe nichts mit den Nazis zu tun, sondern sei in Frankreich zu Hause.

6 Paris: Presses Universitaires de France, 1943, 6. Als *»dépot legal«* wird der 31. Dezember 1942 angegeben.

7 Zygmunt Bauman, *Dialektik der Ordnung* (Hamburg 1994).

8 Susan Sontag, *Über Fotografie* (Frankfurt/M. 1995).

9 *Morceaux Choisis*, 30–31. In Iris Barrys Übersetzung dieses Buchs sind die expliziten Verweise auf Juden herausgefallen, und aus Ungarn ist Polen geworden. »Wandernde Teppichverkäufer, fremde Männer aus Polen und Rumänien, Abenteurer jeglicher Art, die bereits die teilweise Kontrolle über das Kino erlangt hatten ...« *The History of Motion Pictures* (New York: Norton, 1938), 374. Das Beeindruckende an Bardèche und Brasillach ist, daß sie freimütig die Mittelmäßigkeit der meisten Filmproduktionen eingestehen und darauf insistieren, daß es sich um eine unabhängige Kunstform handle, die ihre eigene Ästhetik entwickeln müsse. Sie bedauern das Ableben des Stummfilms und einer im hohen Maße stilisierten visuellen Poesie.

10 Charles Maurras, *La seule France* (Lyon: H. Lardanchet, 1941), 197 und 198.

11 Jean Baudrillard, *Die Transparenz des Bösen* (Berlin 1992), 106.

12 *Nuremberg, ou La Terre Promise* (Paris: Sept Couleurs, 1948), 188–90. Daneben läßt sich Paul Claudels Artikel »Les morts de la déportation« stellen (*Le Figaro*, 3. Mai 1952), der sich an den Oberrabbi von Paris richtet. Bezug nehmend auf den Staat Israel – den er bittet, »sich offiziell der Trauer über die Beleidigung der Menschlichkeit anzuschließen« –, schreibt Claudel: »Ses morts sont les nôtres et les nôtres sont les siens.«

13 Jeffrey Mehlman zeigt auf, daß diese mörderische Nostalgie bereits bei Giraudoux und anderen Klassikern der modernen französischen Literatur schlummert. (Jeffrey Mehlman. *Legacies: Of Antisemitism in France*. Minneapolis: University of Minnesota Press, 1983).

1 Dieser heimtückische Optimismus wird durch das Leitthema verstärkt. J. Hoberman hat in einem in der *Village Voice* vom 29. März 1994 veröffentlichten Streitgespräch zu *Schindlers Liste* hervorgehoben, daß Spielberg eine Geschichte ausgewählt hat, in der die Bedeutung des tödlichen Selektions-Rituals in den Lagern umgedreht wird: »Die Wahl [selection] heißt hier ›Leben‹, und der Nazi stellt sich als guter Kerl heraus …«

2 *Manchester Guardian*, 3. März 1994, S. 15, übersetzt aus *Le Monde*.

3 In diesem und dem folgenden Abschnitt nehme ich die Debatte in *Zehn* »Holocaust-Zeugnis, Kunst und Trauma« (S. 217 bis 238) vorweg.

4 Eine Ausnahme hiervon bildet das Filmmaterial über den Eichmann-Prozeß in Jerusalem, welches ihn, wie viele seiner Landsleute, tief beeinflußt hat.

5 Alain Resnais' Film *Nacht und Nebel* stellt einen der frühesten Versuche – wenn nicht den frühesten Versuch – dar, mit Archivaufnahmen zu arbeiten (von denen uns heute viele – gerade durch diesen Film – bekannt sind). Was uns bei diesem Film am meisten umtreibt, ist das Dilemma: was kann man mit diesen grausamen Bildern in moralischer und visueller Hinsicht tun? In Resnais' »Essay« erscheinen freilich manche Szenen zu komponiert und der rezitierte Monolog, der als *voice-over* dient, als zu poetisch – selbst wenn dies mit Absicht geschieht.

6 » … das ist es, was die Weißen nicht verstehen können, wenn sie mit ihren Fernsehkameras und ihrer Hilfe ankommen. Sie erwarten, uns weinen zu sehen. Statt dessen sehen sie, wie wir sie anstarren, ohne zu betteln und mit einer hervortretenden Gemütsruhe in den Augen.« – »Ich öffnete zum letzten Mal die Augen. Ich sah all die auf uns gerichteten Kameras. Für sie waren wir die Toten. Während ich durch das gleißende Licht ging, sah ich sie als die Toten, ausgesetzt in einer Welt ohne Mitleid und Liebe.« Aus einer Kolumne des nigerianischen Autors Ben Okri in der *New York Times* vom 29. Januar 1993.

7 Dem Journalisten Richard Schickel zufolge soll Spielberg gesagt haben, daß er »mehr CNN-Berichterstattung machen« wollte, »mit einer Kamera, die ich in der Hand halten konnte«; er soll zu seinen Mitwirkenden ebenfalls gesagt haben: »wir machen keinen Film, wir machen ein Dokument«. Siehe *Time,* 13. Dezember 1993, S. 75.

8 Vgl. Terrence de Pres, *Praises and Dispraises*. Die schonungslose Verwendung von Archivmaterial kann natürlich auch eine solche Frage aufwerfen, wie in Resnais' *Nacht und Nebel*. Aber dieser richtungweisende Film hatte zum Ziel, die Zuschauer aus ihrer Unwissenheit oder Gleichgültigkeit herauszureißen. Sein Angriff auf die Zuschauer wird nur durch einen »essayistischen« Effekt gemildert, der durch Jean Cayrols *voice-over* und Resnais' Virtuosität in der formalen Gestaltung erreicht wird.

9 »The Awakening«, in *Holocaust Remembrance: The Shapes of Memory*,149. Vgl. auch Einleitung und erste Vorlesung von Appelfelds *Beyond Despair*. Im Falle der Überlebenden, die nach Israel emigrierten, wurde der »Schlaf« durch Unterdrückung von außen wie durch Verdrängung von innen herbeigeführt: die zionistische Ideologie hatte für die Juden aus der Alten Welt insgesamt nur Verachtung übrig und bestand darauf, sie umzumodeln.

10 Appelfelds amerikanischer Zeitgenosse Philip Roth weigert sich, nach Art der Franzosen zu fasten – die recht üppig bleibt – und gibt nichts von seiner eigenen Kunst und seinem komischen Talent auf, weil der Holocaust nicht sein Thema ist. Er schafft es sowohl, Anne Frank – als Amy Bellette Brennpunkt der Phantasien von Nathaniel Zuckermann in *Der Ghost Writer* – zu einem anderen Leben zu verhelfen, als auch Kafka in einen tschechischen Flüchtling zu verwandeln, der sein Werk überlebt hat und ein unbekannter Hebräisch-Lehrer in New Jersey geworden ist. Siehe dazu den vorzüglichen Artikel von Hana Wirth-Nesher, »From Newark to Prague: Roth's Place in the American Jewish Literary Tradition«, in *What is Jewish Literature?*, hrsg. v. H. Wirth-Nesher, Philadelphia: Jewish Publication Society, 1994.

11 Gertrude Koch bemerkt im *Village Voice*-Streitgespräch (siehe *Sechs* Anm. 1), wie sogar der »Realismus« von *Schindlers Liste* ein durch die Filmgeschichte vermittelter sei: »er hat jedes kleine Fitzelchen Film, das es gab, wiederaufbereitet, um diesen Film zu produzieren.« Sie meint, daß Spielberg uns – durch diese »Rhetorik«, die auf so eindrucksvolle Weise zeigt, was wir zu wissen scheinen oder tatsächlich bereits in anderen Holocaust-Filmen gesehen haben – dazu verleitet zu glauben, daß alles genau so passiert sei. Aber dieses Problem gibt es mit jedem realistischen Film, auch wenn man natürlich mit einigem Recht sagen kann, daß es hier um mehr geht. Ich ziehe es vor,

dieses Problem als eines der Ausblendung jeglicher Perspektive persönlicher Erinnerung zu behandeln.

12 Aus diesem Grund sucht kritisches Denken in jedem Produkt nach technologischen Rückständen – für den Fall, daß die Wahrheit abgeändert wurde, um die Vermittelbarkeit zu gewährleisten. Walter Benjamin ist die literarische Quelle für Überlegungen solcher Art, die von Guy Desbord und Jean Baudrillard weiterentwickelt wurden.

13 Zur Frage des Zeugenvideos allgemein, vgl. Avital Ronell, »Video/Television/Rodney King: Twelve Steps beyond *The Pleasure Principal*«, in *differences: A Journal of Feminist Cultural Studies*, 4 (1992): 1–15.

14 Bessie K., Holocaust Testimony (HVT-205), Fortunoff-Video-Archiv für Holocaust-Zeugnisse an der Yale University. Vgl. a. Lawrence L. Langer, *Holocaust Testimonies: The Ruins of Memory* (New Haven: Yale University Press, 1991), 49.

15 Nachdem ich dies geschrieben habe, ist es mir gelungen, *Muriel* ein weiteres Mal anzusehen. Der Amateurfilm, der innerhalb des Films gezeigt wird, ist in der Tat ohne Ton, aber er zeigt Muriels Folterung nicht direkt. Bernard (französischer Soldat und Algerienheimkehrer) erzählt die Mißhandlungen als ein *voice-over* zu Bildern aus dem Alltag der Soldaten, die zeigen, wie diese kämpfen oder üben, sich unter die Zivilbevölkerung mischen, für die Kamera posieren. Typisch für Resnais, wird hier ein wirksamer Kontrapunkt zwischen zwei inkompatiblen Erinnerungen gesetzt: eine Folge harmloser Bilder, bewegte Ansichtskarten, und eine quälend abwesende – phantasierte oder vertuschte – Wirklichkeit. Interessant ist vielleicht, sich ins Gedächtnis zu rufen, daß dieser Film – mit dem Untertitel »Le Temps d'un Retour« und nach einem Drehbuch von Jean Cayrol – zehn Jahre nach *Nacht und Nebel* herauskam.

16 Historiker wie John Boswell haben damit begonnen, das Ausmaß der Morde an Kindern zu dokumentieren (vgl. *The Kindness of Strangers*). Sie geben uns ein Bewußtsein davon, wie sehr die Liebe zu Kindern von Angst und Abneigung begleitet wird. Deborah Dwork protokolliert den Schmerz von Kindern, die sich in den Fängen des Holocaust befanden, aber auch die Liebe, die sie gerettet hat, und stellt damit die Bedeutung der *oral history* von überlebenden Kindern heraus. Judith S. Kestenbergs »Internationale Studie zur Organisierten Verfolgung von Kindern« ist dabei, ein wichtiges Archiv zu schaffen. Schließlich möchte ich Jean-François Lyotards *Kindheits-*

*lektüren* (Wien: Passagen, 1995) erwähnen, die im Grunde Meditationen über das *infans* (lat. »das noch nicht sprechende Kind«, Anm. d. Ü.) sind: über das Verhältnis zwischen dem Stummen und dem Darstellbaren im Menschen, ein Verhältnis, das nie jene drückende »Schuld« [«debt«] einzulösen vermag, die wir mit der Geburt auf uns genommen haben.

17 Ursprünglich unter dem Titel »Exil, mémoire, transmission« vorgelegt und aus »La mémoire trouée« übersetzt, *Pardès* 3 (1986): 177–82; ins Englische übersetzt als »Memory Shot through with Holes«, *Yale French Studies* 85 (1994): 98–105.

18 Das Wort »Beit Hamidrash« im Titel von Haim Nahman Bialiks Gedicht bedeutet ebenso »Haus des Lernens« wie »Haus des Gebets« und weist auf eine ehemalige Einheit hin, die nunmehr verloren ist.

19 Die Vorstellung vom Schreiben, die Raczymow entwirft, ist mit Sicherheit nicht nur vom »Neuen Roman« der Nachkriegszeit (den er erwähnt) beeinflußt, sondern auch noch von einer viel längeren Ahnenreihe, zu der man auch Mallarmé und Proust zählen darf. Die *kulturelle* Revolte in der französischen Literatur gegen den Realismus – und häufig genug innerhalb seiner Grenzen – war programmatischer und konsequenter als in England und Amerika. Darüber hinaus knüpfen einige wichtige Autoren, manche davon jüdisch, andere nicht – unter ihnen Blanchot, Jabès und Derrida – die Integrität des Schreibens an dessen »hebräische« Infragestellung des (realistischen) Bildermachens.

20 Raczymow, *Yale French Studies* 85 (1994): 104.

*Sieben*

1 Der Schock-Faktor schien größer während des Vietnam-Kriegs oder der Hungersnot in Biafra, gelegentlich sogar davor schon. So erlangten etwa die 1941 von den Japanern in China verübten Greuel oder die Bilder von Gewalt gegen Schwarze während der Bürgerrechtsunruhen in den Südstaaten große Aufmerksamkeit in der amerikanischen Öffentlichkeit.

2 Vgl. Zygmunt Bauman, *Dialektik der Ordung. Die Moderne und der Holocaust* (Hamburg 1994). Den Kontext seiner Überlegungen bilden die Nazi-Bürokratie und Hannah Arendts These von der Banalität des Bösen. Was die unmittelbare Medienberichterstattung über den Bosnien-Konflikt an-

geht, so fragt Slavenka Drakulic in der *New Republic* vom 21. Juni 1993 (S. 12): »Da sind sie nun, Generationen von Menschen, die in der Schule alles über Konzentrationslager und Todesfabriken gelernt haben; Generationen von Menschen, deren Eltern geschworen haben, daß so etwas nie wieder passieren könnte, zumindest nicht in Europa, wegen eben jener lebendigen Erinnerung an die jüngste Vergangenheit. Doch was hat sich durch all dieses Dokumentieren geändert? Und was ändert sich jetzt durch diese, wie es scheint, bewußte und genaue Buchhaltung des Todes?«

3 Kein Wunder, daß sich viele aus der jungen Generation, welche dafür am meisten empfänglich ist, von Horrorfilmen und anderen artifiziellen Fabeln angezogen fühlen, die immer roher, schauriger, gewalttätiger werden: wenigstens bei diesen kann man so tun, als handle es sich um reine Phantasie-Produkte.

4 Aus dem »Preface« zu den *Lyrical Ballads*. Man vergleiche dazu Goethes Notiz vom 8. August 1797 in seinem Tagebuch einer *Reise in die Schweiz*: »Sehr merkwürdig ist mir aufgefallen, wie es eigentlich mit dem Publikum einer großen Stadt beschaffen ist; es lebt in einem beständigen *Tummel von Erwerben und Verzehren*.« (Das erinnert an Wordsworths berühmte Zeile: »Getting and spending, we lay waste our powers ...«) Goethe fährt fort, insbesondere das Theater und die Vorliebe des lesenden Publikums für Romane und Zeitungen als die größten Zerstreuungen zu erwähnen. Diese frühen Symptome einer Konsum-Kultur zeigen, daß Sensationen von Anfang an zu den Waren gehörten, die produziert und auch konsumiert wurden.

5 Robert Rosenblum, »Warhol as Art History«, in A. Papadakis et al. (Hrsg.), *New Art* (New York: Rizzoli, 1991). Henri Lefebvres Theorie der »Alltäglichkeit« diagnostiziert eine »generalisierte Passivität«, die mit der zunehmenden Uniformität des Alltagslebens einhergeht (die wiederum selbst ein funktionalistisches Ergebnis der industriellen und elektronischen Revolutionen ist) und oft durch eine moderne Oberfläche verhüllt wird. »Die Geschichten in den Nachrichten und der Wirbel an Affektiertheiten in Kunst, Mode und sonstigen Ereignissen verhüllen, ohne je den alltäglichen Quatsch an der Wurzel zu packen. Bilder, Kino, Fernsehen zerstreuen den Alltag, indem sie zuweilen dessen eigenes Spektakel oder manchmal auch eindeutig Nicht-Alltägliches darbieten: Gewalt, Tod, Katastrophen, das Leben von Königen und Stars – derjenigen, die, wie man uns glauben macht, der Alltäglichkeit die Stirn bie-

ten.« Zu Lefebvre, siehe *Yale French Studies* 73 (1987): 7–11. Vgl. außerdem Gianni Vattimos Äußerungen zur »psychologischen Abstumpfung«: »Die technische Reproduzierbarkeit scheint in exakt entgegengesetzter Richtung zum *Schock* zu wirken: Im Zeitalter der Reproduzierbarkeit [Vattimo bezieht sich auf Walter Benjamins Aufsatz von 1936 zu diesem Thema] neigen in der Tat sowohl das große Kunstwerk der Vergangenheit als auch die neuen, für die Medien bereits als reproduzierbar erzeugten Produkte, wie eben gerade der Film, dazu, zu Objekten des allgemeinen Konsums zu werden, sich also auch immer weniger vom Hintergrund der verstärkten Kommunikation abzuheben ...« Gianni Vattimo, *Die transparente Gesellschaft* (Wien: Passagen Verlag 1992), 68.

6 Terrence des Pres, *Praises and Dispraises: Poetry and Politics, the 20th Century* (New York: Penguin, 1989), Prolog.

7 Dies kann natürlich auch komische Folgen zeitigen, wenn man etwa an die Energie denkt, die manche darauf verwenden, den Beweis zu erbringen, daß sich hinter Shakespeare in Wahrheit Francis Bacon oder der Earl of Essex verbarg, oder daran, daß nun schon die Kinderliteratur sich diesen Revisionismus zunutze zu machen versucht, wie etwa in Alexander T. Wolfs *Wahrer Geschichte von den drei kleinen Schweinchen.*

8 des Pres, *Praises and Dispraises*, Prolog (meine Betonung). Das, was »wir nicht nicht-wissen können«, ist Henry James zufolge »das Wirkliche«.

9 Wie zum Beispiel, daß man dem »weißen Teufel« oder dem Juden die Schuld am Elend der Welt gibt, oder die Vorstellung von einem Reich des Bösen. Eine der wenigen Abhandlungen, die sich mit den Möglichkeiten für eine Ethik unter den Bedingungen des technologischen Zeitalters beschäftigen, ist *Das Prinzip Verantwortung* von Hans Jonas (Frankfurt/M.: Insel, 1979). Jonas argumentiert, daß unser Gefühl, im Besitze technologischer Macht zu sein, zu utopischen Erwartungen geführt hat: daß es allzu leicht ist, sich ein Handeln nach dem Muster des technischen Fortschritts vorzustellen, und daß wir deshalb eine neue »Bescheidenheit« als Basis unseres moralischen Aktivismus benötigen. Gleichzeitig verbreitet in Amerika der »Televangelismus« seine eigene edle Einfalt: die sündige Vergangenheit kann überwunden werden, wenn man sich einer Erlöserfigur zuwendet. Das Gefühl überall anzutreffenden Leidens, das die Medien (auf schmerzhafte Weise) vermitteln, wird hier (auf schmerzlose Weise) gelindert.

10 Jean-François Lyotard definiert unser »postmodernes Wissen« in der Tat als eine durch den wissenschaftlichen Fortschritt hervorgerufene »Unglaube gegenüber Metaerzählungen«. Es gibt demnach oft einen Bruch zwischen der zunehmend verwissenschaftlichten Geschichte der Historiker und der Kultur einer Gemeinschaft, das heißt: die durch das Gruppengedächtnis strukturierten kollektiven Praktiken. Im Judentum wird diese Abkehr von gemeinschaftlichen Arten, sich zu erinnern, nach dem Holocaust schmerzlich klar. Der Befehl *zakhor*, »Erinnere Dich!«, der in der Bibel und in der jüdischen Tradition immer wieder erklingt, bezog sich früher einmal auf die Einhaltung von Gebräuchen, die – in den Worten von Yosef Yerushalmi – »nicht die Historizität des Vergangenen, sondern seine immerwährende Aktualität« betonten. Heute dokumentiert eben dieses »Erinnere Dich!« Band für Band einen Holocaust, der den Fortbestand des Judentums gefährdet hat. An die Stelle des Erinnerns ist eine Form des Sich-Einprägens getreten, die eher am Informationsgehalt als am rituellen Charakter orientiert ist und sich deutlich unterscheidet vom liturgischen Gedächtnis, den kollektiv vorgetragenen Klageliedern, Fürbitten und Hymnen oder dem Bibelstudium, mit deren Hilfe die Juden als eine Gemeinschaft die Katastrophen der Vergangenheit heilten oder zumindest integrierten. Amos Funkenstein führt den Begriff des »Geschichtsbewußtseins« wieder ein, um aufzuzeigen, daß der Riß zwischen historischem und liturgischem Gedächtnis nicht so absolut ist, wie es Yerushalmi darstellt: vgl. »Collective Memory and Historical Consciousness«, *History and Memory* 1 (1989), 5–27.

11 Zwei weitere Beispiele aus unserer Zeit: (1) Der ostdeutsche Gründungsmythos um Ernst Thälmann, einen der kommunistischen Führer der Vorkriegszeit. Thälmann wurde gegen Ende des Krieges nach Buchenwald verschleppt und dort ermordet. Um die Bedeutung Buchenwalds als Symbol des deutschen Widerstandes gegen den Faschismus zu vergrößern, identifizierten die Regierenden in der DDR seine Todeszelle und machten daraus eine Art Schrein, einen Initiationsort für die jungen Thälmann-Pioniere [die Massenorganisation für 6–14jährige Kinder in der DDR, eine altersmäßige Vorstufe zur FDJ, Anm. d. Ü.]. Der Thälmann-Kult schloß alle anderen Blickwinkel auf die Nazizeit aus, außer den der heroischen kommunistischen Revolte, und kam so einer sterilen und selbst-entlastenden Absolution für Ostdeutschland gleich, die

seinen Bewohnern erlaubte, die Schuld am Faschismus und an den Kriegsverbrechen ausschließlich den Bürgern des *anderen* (westlichen) Deutschlands zuzuschieben. (2) Die Wiedergeburt Israels hat, wie (unter anderem) Saul Friedländer und Alan Mintz gezeigt haben, zur »Wiederentdeckung eines Paradigmas« geführt, das schon vor langer Zeit einen Zusammenhang zwischen Katastrophe und Erlösung hergestellt hatte. »Der National-Historiker«, schreibt Funkenstein, »der im 19. Jahrhundert den Status eines Hohepriesters der Kultur genoß und dessen Werke – selbst die rein fachlichen – immer noch von weiten Kreisen des Bildungsbürgertums gelesen wurden ... schuf sogar einige [von den Symbolen] selbst, manche fast aus dem Nichts, wie zum Beispiel die Legende von Hermann dem Cherusker, der aus einer frühen römisch-germanischen Begegnung siegreich und als Held hervorgegangen war«. »Collective Memory«, 21.

12 Die Geschichten ranken sich häufig um Eigennamen, vor allem um Ortsnamen (Hart-Leap Well; Beth-El; Wessex; Balbec; Paris, Texas; Ole Kentucky; Chelm; Homewood). Einige davon sind rein fiktive Orte; aber die Macht der Kunst ist so groß, daß die Namen in unserer Vorstellung ihre Entsprechungen in der Wirklichkeit überdauern, die es zudem vielleicht nie gab.

13 Pierre Nora, *Les lieux de mémoire: La République. La Nation.* (Paris: Gallimard, 1985 ff). Noras mehrbändiges Werk ist in einer gekürzten Version auf deutsch erschienen: *Zwischen Geschichte und Gedächtnis* (Berlin 1990). Vgl. a. Marc Augé, *Orte und Nicht-Orte. Vorüberlegungen zu einer Ethnologie der Einsamkeit* (Frankfurt/M. 1994). Der Begriff des *non-lieu* spielt im Französischen mit jenem juristischen Begriff, mit dessen Hilfe Gerichte sich weigern können, eine Beschwerde anzunehmen, bzw. dessen rechtliche Grundlage für nichtig erklären. Vgl. Claude Lanzmann, »Le lieu et la parole« in *Les Cahiers du Cinéma*, 37 (1985). Lanzmann beschreibt dort, wie er eine Technik entwickelt hat, um diesen »non-lieu de la mémoire« zu überwinden. Zu MacIntyre, vgl. *After Virtue: A Study in Moral Theory* (Notre Dame: Notre Dame University Press, 1984).

14 Maurice Halbwachs, *Das kollektive Gedächtnis* (Frankfurt/M. 1985) S. 66. Halbwachs' Begriff vom »kollektiven Gedächtnis« ist weiter gefaßt als der eines »gemeinschaftlichen Gedächtnisses«: nach Halbwachs (darin Durkheim und Marc Bloch folgend) ist das Gedächtnis nie etwas ausschließlich individuelles,

sondern vielmehr, um Gedächtnis sein zu können, immer abhängig von einer »affektiven Gemeinschaft« (die nicht religiöser oder ritueller Natur zu sein braucht). Edward Shils wiederum bringt in seinem Buch *Tradition* (Chicago: Chicago University Press, 1981) vor, daß es ein Gefühl für die Vergangenheit gibt, das man bereits zu einem frühen Zeitpunkt eingeimpft bekommt und das als eine generelle »Sensibilität für Vergangenes«, aber auch wegen seines spezifischen Inhalts wichtig ist.

15 »In Kommentaren zur amerikanischen Kultur wird bemerkt, daß der Sinn für Geschichtlichkeit sich langsam wegverlagert von einzigartigen Geschichten, die ewig wahr sind – weg von Erzählverläufen, die sich an einem Helden orientieren und eine Konfrontation zum Inhalt haben. Es gibt weniger authentische Momente ›katastrophischer Zeit‹ ...« Don Handelman über »Medienereignisse«, in *Models and Mirrors. Toward an Anthropology of Public Events* (Cambridge: Cambridge University Press, 1990), 266f.

16 Jacques Le Goff entzieht sich in seiner eher optimistischen Einschätzung dieser Unterscheidung zwischen öffentlichem und kollektivem Gedächtnis ein wenig, wenn er Pierre Noras Arbeit über Gedächtnis-Orte beschreibt und eine neue Geschichtsschreibung, »die den Versuch unternimmt, eine wissenschaftliche Geschichte auf der Basis des kollektiven Gedächtnisses hervorzubringen. Die ganze Evolutionsgeschichte der modernen Welt, die unter der Wirkung einer *unmittelbaren Geschichtsschreibung* steht, die meistenteils an Ort und Stelle von den Medien fabriziert wird, steuert auf die Schaffung einer gestiegenen Zahl von kollektiven Gedächtnissen zu, und die Geschichtsschreibung vollzieht sich – viel mehr noch als in früheren Tagen – unter dem Einfluß dieser kollektiven Gedächtnisse«. *History and Memory*, ins Englische übersetzt von Steven Rendall und E. Claman (New York: Columbia University Press, 1993), 95.

17 Vgl. Jan Assmanns Beschreibung eines »kulturellen Gedächtnisses«, das eine Stabilität jenseits des *Saeculums* der mündlichen Überlieferung und der Spannweite von Halbwachs' kollektivem Gedächtnis sucht. Jan Assmann, »Kollektives Gedächtnis und kulturelle Identität«, in Jan Assmann & Tonio Hölscher (Hrsg.), *Kultur und Gedächtnis* (Frankfurt/M. 1988). Funkenstein (»Collective Memory«) sieht den Unterschied zwischen einem rein liturgischen Gedächtnis und einem dynamischeren, heuristischen kollektiven Gedächtnis im mo-

dernen Geschichtsbewußtsein auftauchen. Letzteres zeigt sich ihm zufolge in den *Hidushim* (Neue Erkenntnisse) der rabbinischen (*halakhic*) Rechtsfindung, wie auch in der Literatur – freilich liefert er uns kein begrifflich gefaßtes Verständnis des Unterschiedes zwischen den »liturgischen Beschwörungen einer Dynastie von Stammesfürsten« und der »Poesie Homers oder dem Buch der Richter«.

18 Vgl. Ellen S. Fine über jüdische Schriftsteller der Nach-Holocaust-Generation (insbesondere Kinder von Überlebenden) in »The Absent Memory« aus dem Band *Writing and the Holocaust*, hrsg. v. Berel Lang (New York: Holmes & Meier, 1988). Siehe auch Nadine Fresco, »Remembering the Unknown«, *International Review of Psychoanalysis*, 11 (1984): 417–27. Zu Henri Raczymow, vgl. die Seiten 152–154 in diesem Buch.

19 Die Videoaufzeichnung fügt dieser Dimension noch etwas hinzu, indem sie erlaubt, »stilistische« und »prosodische« Elemente, wie z. B. Gesten oder durch Blicke akzentuierte Pausen, usw. festzuhalten. Wie in der Fotografie allgemein üblich geworden, kann man nun Details berücksichtigen, die früher als zufällig oder nebensächlich angesehen wurden. Dies verstärkt die Bewegung der *oral history* weg von der *histoire événementielle*.

20 Claude Lanzmann geht sogar so weit zu sagen, daß sein Film eine »Inkarnation« anstrebe: »Le souvenir me fait horreur: le souvenir est faible. Le film est l'abolition de toute distance entre le passé et le présent« (Die Erinnerung ist mir ein Greuel: sie ist so schwach. Der Film hat die Beseitigung jeglicher Distanz zwischen Vergangenheit und Gegenwart zum Ziel). Zitiert aus »Le lieu et la parole«, *Cahiers du Cinema* 37 (1985), 374.

21 Ich muß hier das durch Geschichtsforschung und Kunst wiederbelebte Thema der Gedächtnis-Orte außer acht lassen. Das Empfindungsvermögen, welches zum Beispiel Milton mit Wordsworth verbindet, was das Verständnis von Gedächtnis-Orten angeht, läßt sich anhand von Miltons *Paradise Lost*, IX, 320–29, nachvollziehen. In bezug auf die akademische Überlieferung wird der *lieu de mémoire* zum »Topos«; doch die Grenze zwischen wissenschaftlichem Diskurs einerseits und Dichtung oder gar lebendigem Vortrag andererseits ist ziemlich durchlässig, wie E. R. Curtius' maßgebliche Arbeit darüber, auf welchem Weg die klassische Tradition die moderne europäische Literatur erreicht, und wie die Forschungen von Parry und Lord zu den – sich Erzählformeln bedienenden –

Kompositionsmethoden jugoslawischer Barden zeigen. Eine interessante Behandlung des Themas »religiöser Raum« findet sich in Halbwachs' *Das kollektive Gedächtnis,* 156ff. Denkmäler sind ebenfalls *lieux de mémoire*, die, wie Geschichten, reale oder legendäre Orte betreffen.

22 Für Hegel hätte es der gesamten Weltgeschichte und einer Jahrtausende dauernden intellektuellen Odyssee bedurft, bevor der Geist zum Geist geworden wäre, sich von seiner Abhängigkeit von der Sinneswahrnehmung befreit hätte und in der Lage gewesen wäre, alle Stadien der Erinnerung in der Tätigkeit des Denkens wiederzuerlangen. Bis es soweit ist (d. h. in einer eher alltäglichen als visionären Zeitlichkeit), weiß man sich mit interessanten Übergangslösungen zu behelfen. Alexander Kluge habe ich bereits erwähnt; Claude Chabrols kürzlich erschienener Film *Das Auge von Vichy* (1993) schärft das Bewußtsein des Zuschauers, was die Abhängigkeit vom Visuellen angeht, indem er einen Film macht, der ausschließlich aus archiviertem Propagandamaterial besteht. Diesem wird lediglich ein trockener historischer Kommentar entgegengesetzt, der es in den richtigen Kontext setzt. Und Wilfried Schoeller schrieb: »Jedes Museum, jedes Denkmal, jede Gedenkstätte, die an die Nazizeit erinnert, sollte ein Moment der Verfügungsfreiheit in Reserve halten, sollte etwas offenlassen und vielleicht sogar den Status einer Ruine oder eines Artefakts für sich reklamieren, damit die Vorstellungskraft immer noch ihr gegenüber aktiv werden kann.«

23 Das Original-Zitat lautet vieldeutig so: »this shipwreck of fragments, these echoes, these shards of a huge tribal vocabulary, these partially remembered customs« (Anm. d. Übersetzers).

24 Aus Derek Walcotts Nobelpreisrede, »The Antilles: Fragments of Epic Memory«, abgedruckt in der Zeitschrift *New Republic* vom 28. 12. 1992, S. 27. Freilich müssen wir, wenn wir die performative Dimension betonen, unterscheiden zwischen einem opportunistischen, identitätspolitisch motivierten Wieder-Zusammensetzen des kollektiven Gedächtnisses und seinem schöpferisch-heuristischen Gebrauch in der Kunst. Begriffe wie Schillers »ästhetische Erziehung« mögen einen Ansatzpunkt liefern, diese Differenz theoretisch zu fassen. Die Betonung des zweckfrei Literarischen durch die Formalisten ist ebenfalls eine Reaktion auf die Notwendigkeit, eine kritische Perspektive zu entwickeln.

1 Schon 1985, in seiner Rede »Keine Normalisierung der Vergangenheit«, hatte Jürgen Habermas darauf hingewiesen: »Es ist, als wenn sich jene zwölf Jahre [der Nazizeit] unter dem Druck immer erneuter Aktualisierungen ausdehnten, statt aus immer entfernteren Retrospektiven zu schrumpfen.« (Jürgen Habermas, *Eine Art Schadensabwicklung*, Frankfurt/M. 1987, S. 11).

2 Lawrence Langer, *Holocaust Testimonies. The Ruins of Memory*, New Haven 1991.

3 Dieses Konzept ist ein Paradigma der Aufklärungszeit; vgl. Adam Smith, *Theory of Moral Sentiments*, London 1959, Kapitel 1: »On Sympathy«.

4 Theodor W. Adorno, *Gesammelte Schriften*, Frankfurt/M. 1973, Bd. VI, S. 354–358.

5 Diesen Ausdruck prägte Marianne Hirsch.

6 Vgl. Claude Lanzmann, »Hier ist kein Warum«, in: *Nouvelle Révue de Psychanalyse* 38 (1988), S. 263.

7 Dominick LaCapra, *Representing the Holocaust. History, Theory, Trauma*, Ithaca 1994, S. 198.

8 Theodor W. Adorno, *Gesammelte Schriften* [wie Anm. 4], Bd. X, 2, S. 555–573.

9 Vgl. Claude Lanzmann, »Le lieu et la parole«, in: *Les Cahiers du Cinéma* 37 (1985); vgl. auch Lanzmanns Beitrag in: Bernard Cuau u. a. (Hrsg.), *Au sujet de Shoah. Le film de Claude Lanzmann*, Paris 1990.

10 Vgl. Primo Levi, *The Drowned and the Saved*, übers. v. Raymond Rosenthal, New York 1988. Von der Literatur über die Bystander sind zwei Bücher bemerkenswert: Raul Hilberg, *Perpetrator, Victim, Bystander. The Jewish Catastrophe 1933–1945*, New York 1992, und Michael M. Marrus (Hrsg.), *Bystanders to the Holocaust*, Westport 1989.

11 Diese Bemerkung will keineswegs das sofortige, zeitgenössische Zeugnis ausschließen. Der Augenblick des Traumas erzeugt oft eine außerordentlich helle Aufmerksamkeit – vielleicht durch die Loslösung des »Ichs« durch Dissoziation. Robert Antelme notiert in *L'espèce humaine*: »Unser Schrecken, unsere Betäubung war unsere Klarheit.«

12 Tadeus Borowski, *This Way for the Gas, Ladies and Gentlemen*, übers. v. Barbara Vedder, New York 1967.

13 William Wordsworth, Bemerkung zu dem Gedicht »The Thorn«, in: ders., *Lyrical Ballads*, London 1800.

14 »Ich habe ihn [den Teich] ausgemessen, er ist drei Fuß lang und zwei Fuß breit.«
15 »Oh Elend! Oh Elend! Oh, Weh mir! Oh Elend!«
16 William Wordsworth, Bemerkung zu dem Gedicht »The Thorn« [wie Anm. 13].
17 Hannah Arendt, *On Revolution*, New York 1963, S. 84f.
18 Walter Benjamin, »Über den Begriff der Geschichte«, in: *Gesammelte Schriften*. Werkausgabe, Frankfurt/M. 1980, Bd. I, 2, S. 693.
19 Jürgen Habermas, *Eine Art Schadensabwicklung*, S. 141.
20 Walter Benjamin, »Über den Begriff der Geschichte«, S. 694.
21 Maurice Blanchot, *L'écriture du désastre*, Paris 1980.
22 Paul Celan, *Sprachgitter*, Frankfurt/M. 1959.
23 Michael Pollak, *L'expérience concentrationnaire. Essai sur le maintien de l'identité sociale*, Paris 1990.
24 Für die Übersetzung der ersten Version dieses Essays dankt der Autor Andreas Probosch. Ohne ihn wäre diese revidierte Fassung nicht möglich gewesen.

### *Neun*

1 Nur ein Beispiel: eine Frau erzählt von ihrer Ankunft in Auschwitz. Die Szene ist berüchtigt: entsetzliche Schreie, Hiebe, Hunde, die Sträflingskleidung, die Eleganz der SS. Ein Alptraum. Nach einer Reise, die für einen Teil der in die Viehwaggons verfrachteten Menschenmenge bereits tödlich gewesen war, erzählt sie uns, sei sie ab einem bestimmten Augenblick in einen »anderen Zustand« *(un second état)* übergegangen, habe gleichsam neben sich gestanden und habe nichts mehr empfunden. Aber wann genau hat sich dieses Gefühl eingestellt? Im Waggon, bei der Ankunft im Lager oder zu irgendeinem bestimmten Zeitpunkt danach? Sie zögert einen Moment, dann sagt sie, daß es in dem Augenblick passiert sei, als ihr die schönen langen Haare brutal abgeschnitten wurden. Da hätte sie einen »Schnitt« (*une coupure nette*) erlebt zwischen der Person, die sie gewesen war, und der Lagerinsassin.
2 Die Art und Weise, in der die »erinnernde Vorstellungskraft sich mit dem Willen zur Interpretation kreuzt« oder »die Erinnerung an das Grauen sich mit der traditionellen moralischen Autorität trifft und mit dieser um die Kontrolle über die Erzählung wetteifert« – beim Überlebenden, aber auch beim In-

terviewer –, ist aufs gewissenhafteste von Lawrence Langer analysiert worden. Vgl. dessen Aufsatz »Interpreting Survivor Testimony«, in *Writing and the Holocaust*, hrsg. v. Berel Lang (New York: Holmes & Meier, 1988), und, etwas ausführlicher, in *Holocaust Testimonies: The Ruins of Memory*.

3 Vgl. Paul Thompson, *The Voice of the Past: Oral History*, 2. Aufl. (New York: Oxford University Press, 1980), Kapitel 4, »Evidence«. Marc Bloch dachte Bruce M. Ross zufolge, daß »fehlerhafte Zeugenaussagen und die Unzuverlässigkeit der Erinnerung den Historiker nicht über Gebühr bekümmern müssen, weil (...) es Aufgabe des Historikers ist, die Bedeutung eines Ereignisses zu verstehen und nicht dessen Darstellung. Durch die Verwicklungen vielfältiger Ursachenzusammenhänge erschließt sich Bedeutung eher leichter als schwerer.« (*Remembering the Personal Past: Descriptions of Autobiographical Memory* [New York: Oxford University Press, 1991], 168–69.) Das Thema »Subjektivität« wird im elften Kapitel (»Zeugnisse«) des von Georges Kantin und Gilles Manceron herausgegebenen Buchs *Les échos de la mémoire: Tabous et enseignement de la seconde guerre mondiale* von Pädagogen und Zeugen sehr vernünftig diskutiert. Eines der dabei vorgebrachten Argumente ist: »Es wäre wichtig, die mündlichen und schriftlichen Zeugnisse miteinander zu verbinden und auf dieser Notwendigkeit zu bestehen – zu begreifen, daß die Zeugnisse auch zu einer Berichtigung des Geschriebenen führen können und nicht nur, daß umgekehrt das Geschriebene verwendet wird, um diese zu berichtigen.« (»Il serait important de relier le témoignage et l' écrit et d' insister sur cette nécessité de concevoir aussi les témoignages comme amenant à une réctification de ce qui est écrit, et pas seulement de rectifier les témoignages par les écrits.«) Eine nützliche Unterscheidung zwischen »Verläßlichkeit« (*reliability* – innere Folgerichtigkeit der Erzählung) und »Richtigkeit« (*validity* – die Übereinstimmung zwischen mündlichem Bericht und anderen primären Quellen) stammt von Alice Hoffman. (»Reliability and Validity in Oral History«, in Dunway/Baum (Hrsg.), *Oral History: An Interdisciplinary Anthology* [Nashville: American Association for State and Local History in Cooperation with the Oral History Association, 1988], 67–74.) Aus theoretischer Sicht gibt es immer einen Abstand zwischen Sehen und Sagen; es gäbe keinen Grund für Zeugenschaft, wenn wir ein Ereignis in seiner Unmittelbarkeit aufrufen könnten. Die Behauptung,

daß eine rein visuelle Rekonstruktion möglich sei, versündigt sich an dieser Lücke, die zeitlich ist, und filtert unter Umständen den Schock heraus, der zum Ereignis gehört und der »die monolithische Integrität der Zeugenstellung« in Frage stellt. Eine anspruchsvolle, aber interessante Abhandlung über diese theoretische Angelegenheit bietet Bruno Tackels »Ethik der Zeugenschaft«, in Jean-Pierre Dubost (Hrsg.), *Bildstörung: Gedanken zu einer Ethik der Wahrnehmung* (Leipzig 1994), 130–47.

4 Paul Fussell beschreibt in *The Great War and Modern Memory* (New York: Oxford University Press, 1975), wie Kriegsmemoiren-Schreiber darum ringen, eine Perspektive zu finden, die es ihnen ermöglicht, über Erfahrungen zu schreiben, die, während sie sich auf dem Schlachtfeld ereignen, traumatisch oder sinnlos oder beides sind. Mit einem gewissen Abstand zum Krieg bildet sich eine Art Stil heraus, den Fussell als Ironie oder »beschränkte Hoffnung« beschreibt und der dann das Schreiben allgemein beeinflußt. Die Frage, welche Art von stilistischer Kohärenz aus den mündlichen Zeugnissen oder den literarischen Memoiren aufscheint, ist für den vorliegenden Aufsatz zu ambitioniert. Aber wenn irgendeine Form von Kohärenz für die Möglichkeit des Erzählens grundlegend ist, dann muß zeitlicher Abstand nicht notwendigerweise ein Nachteil sein. Fussell zitiert eine Äußerung von Robert Kee – im Zweiten Weltkrieg Flieger für die britische Luftwaffe – zu dem Umstand, daß seine Tagebücher relativ unlesbar seien: »Es gab nichts, woran man sich bei dem Versuch, eine ordentliche Schilderung von alledem zu Papier zu bringen, hätte festhalten können. Kein Wunder, daß den richtigen Historikern das Zeug wie Quecksilber durch die Finger schlüpft. Kein Wunder, daß sie an deren Stelle Strukturen errichten müssen, die auf die eine oder andere Art ziemlich artifiziell sind. Kein Wunder, daß es diese Künstler sind, die das Leben lieber neu erschaffen als versuchen, es wieder einzufangen, und die sich in gewisser Weise letztlich als die besseren Historiker erweisen« (311).

5 Primo Levi betont in *Die Untergegangenen und die Geretteten* (München 1990), wie wenige Lagerinsassen »privilegiert« genug waren, einen Überblick von den Ereignissen erlangen zu können (siehe dazu auch S. 207f. in diesem Kapitel). In derselben Weise wird auch in *Les échos de la mémoire* zur Vorsicht gemahnt: »Il n'existe pas de témoin du fait concentrationnaire

dans sa globalité. Il n'y a que des faits quotidiens et partiels« (313).

6 Vgl. Anna Ornstein, »The Holocaust: Reconstruction and the Establishment of Psychic Continuity«, in Arnold Rothstein (Hrsg.), *The Reconstruction of Trauma: Its Significance in Clinical Work* (Madison, CT: International Universities Press, 1986), 177f.

7 Holocaust-Zeugnis der Edith P. (HVT-107), Fortunoff Video Archive for Holocaust Testimonies, Yale University Library.

8 Vgl. Jean Améry, *Jenseits von Schuld und Sühne. Bewältigungsversuche eines Überwältigten* (Stuttgart 1997 – 3. Aufl.). Die deutsche Original-Fassung ist erstmals 1966 erschienen und 1977 mit einem neuen Vorwort versehen worden.

9 op. cit., 14. – Annie Badower bemerkt aus der Perspektive einer Lehrerin an einer höheren Schule, daß es ein »Kommunikationsproblem zwischen der Welt der Deportierten und derjenigen der Lehrer gibt. (...) Wir müssen, indem wir diese Zeugnisse auf Video sammeln, Mittel finden, diese Möglichkeit einer emotionalen Unterstützung zu sichern, die bei den Schülern für ein größeres Verständnis sorgen kann.« (»Il y'a un problème de communication entre le monde de la déportation et le monde enseignant. [...] Il faut se donner les moyens, en rassemblant tous ces témoignages sur cassette vidéo, de sauvegarder cette possibilité d'un support emotionnel qui permet à l'intelligence des élèves de s'accroître.«), *Les échos de la mémoire*, 308.

10 Diese Frage, inwieweit Bilder – zumal in einem modernen Kontext – Teil einer emotional ausgerichteten Erziehung sein können – einer Erziehung, die mehr tut, als in einer kühlen und erkenntnisorientierten Weise (die natürlich auch sehr wichtig ist) auf ein traumatisches und bestimmendes Ereignis hinzuweisen –, erhält allmählich mehr Aufmerksamkeit. Vgl. James Young, *The Texture of Memory: Holocaust Memorials and Meaning* (New Haven: Yale University Press, 1993) sowie Don Handelman und Lea Shamgar Handelman, »The Presence of the Dead: Memorials of National Death in Israel«, *Suomen Antropologi* 4 (1991): 3–17.

11 David P. Boder (Hrsg.), *I Did Not Interview the Dead* (Urbana: University of Illinois Press, 1949).

12 »Je ne suis pas vivante. Je suis morte à Auschwitz et personne ne le voit.« *Le convoi du 24 janvier* (Paris: Editions de Minuit, 1965), 66. Eine Überlebende des Pol-Pot-Regimes, die ohne

klaren medizinischen Befund blind wurde, brachte ein ähnliches Gefühl zum Ausdruck: »Nun, in ihrer kleinen dunklen Wohnung fragt sie sich manchmal, ob sie wirklich am Leben ist oder nicht vielmehr doch in den Reisfeldern umgekommen; das heißt, sie hat das Gefühl, daß die Prügel, die sie erhielt, zur Folge hatten, daß ihre Seele aus ihrem Körper vertrieben wurde, und manchmal denkt sie, daß sie noch dort ist.« Alec Wilkinson, »A Changed Vision of God«, *The New Yorker*, 24. Januar 1994, 53.

13 Sie greifen als Form der Repräsentation auch in über-objektivierte historische Darstellungen ein, wie zum Beispiel die frösteln machende Dokumentation der Täter, »ein Feld, das von politischen Entscheidungen und administrativen Erlassen bestimmt ist, welche die Konkretheit von Verzweiflung und Tod neutralisieren.« Saul Friedländer, in *Holocaust Remembrance: The Shapes of Memory*, 262. Der israelische Dichter Dan Pagis, selbst ein Überlebender des Holocaust (er starb 1988), verfaßte einen »Entwurf eines Reparations-Abkommens«, der den zugleich befehlsmäßigen und falschen Trost spendenden Ton derartiger Dokumente parodiert: »Alles wird an seinen Ort zurückkehren, / Paragraph für Paragraph. / Der Schrei zurück in die Kehle. / Die Goldzähne an den Gaumen …«

14 Erzähler oder Moderator sorgen für eine künstliche und automatische Form der *Anrede*. Während Menschen, die ein traumatisches Erlebnis überstanden haben, oft den Kontakt verlieren – in ihrem Inneren kein Selbst finden, an das sie sich richten können, geschweige denn in der Außenwelt, und dabei dennoch die ganze Zeit verzweifelt nach einem Gesprächspartner suchen –, geht die Erzählerstimme, die eine Reportage begleitet, immer wie selbstverständlich von einer solchen Gegenwart aus – gerade von der Sache, die abwesend ist oder aufs schlimmste verletzt worden ist. Hie und da mag die Seelenangst in kurzen Rückblenden auftauchen, aber diese kommen ohne – oder mit einem beliebigen – Adressaten vor, und ihnen mangelt in der Regel das anhaltende Bewußtsein der Person, die sie erleidet. Bemerkenswert ist jedoch die Tatsache, daß Künstler die Befähigung besitzen, einen Adressaten oder eine »Ich-Du-Beziehung« zu *erfinden* oder *wiederherzustellen*. Vgl. Nanette C. Auerhahn und Dori Laub, »Holocaust Testimony«, in *Holocaust and Genocide Studies* 5 (1990): 447–62.

15 Vgl. zu diesem Begriff die aufschlußreichen Arbeiten von Avital Ronell über Ethik und Technologie, insbesondere »Video/

Television/Rodney King: Twelve Steps beyond *The Pleasure Principal*«, in *differences: A Journal of Feminist Cultural Studies* 4 (1992): 7–10. Unter *testimonial video* versteht sie eine Art »Wanze«, die ins Fernsehen selbst installiert wird und in der Lage ist, jenen »moralischen Aufschrei« zu produzieren, den das Fernsehen »in massiver Weise unterbrochen hat«.

16 Vgl. *Holocaust Testimonies: The Ruins of Memory*. Siehe dazu auch Charlotte Delbo, die in *La mémoire et les jours* (Paris: Fd. Berg International 1985) bemerkt, daß »nicht nur die Welt, sondern auch das Wort entzweigegangen war«.

17 Siehe dazu die Aussage von Rachel G. (HVT-139), Fortunoff Video Archive for Holocaust Testimonies, Yale University Library.

18 Vgl. dazu Kapitel 5 in Michael Pollaks *L'Expérience concentrationnaire: essai sur le maintien de l'identité sociale* (Paris: Ed. Métailié, 1990).

19 Primo Levi, *Die Untergegangenen und die Geretteten* (München 1990), 13–14.

20 *Die Untergegangenen und die Geretteten*, 19; 32.

21 Vgl. a. F. C. Bartlett, *Remembering: A Study in Experimental and Social Psychology* (London: Cambridge University Press, 1967); über das »Streben nach Bedeutung« schreiben James Fentress und Chris Wickham in *Social Memory* (Cambridge, MA: Blackwell, 1992). Die Schlußbetrachtungen zu Alice M. und Howard S. Hoffmans *Archives of Memory: A Soldier Recalls World War II* (Lexington: University of Kentucky Press, 1990), 144–54, stammen aus einer auf zehn Jahre angelegten Studie über Zuverlässigkeit und Unzuverlässigkeit der Erinnerung. Darin postulieren die Autoren das Vorhandensein einer »Unterabteilung des autobiographischen Langzeitgedächtnisses, die so dauerhaft und größtenteils unveränderbar ist, daß man sie am besten als archivalisch beschreibt«. Der Gegenstand dieser Unterabteilung wird bewußt oder unbewußt einstudiert, weil er von herausragender Bedeutung und hohem emotionalen Gehalt ist. (Durch eine Art »Blitzlicht«-Effekt können auch nachfolgende Ereignisse und ansonsten wenig bemerkenswerte Erlebnisse dauerhaft mit aufgenommen werden, wenn sie zusammen mit den früheren Erinnerungen einstudiert werden und das Gefühl besteht, daß es sich um einen Wendepunkt im Leben des Erzählers handelt.) Die Zeugnisse als *oral history* fallen möglicherweise unter das, was Jan Assmann als ein von »Rollenreziprozität« gekennzeichnetes

»kommunikatives Gedächtnis« bezeichnet hat. Aber als ein potentielles Vermächtnis, das eine starke Verpflichtung zur Bewahrung auch dieser Erinnerungen beinhaltet, versuchen diese Zeugnisse auch, in das »kulturelle Gedächtnis« Eingang zu finden. Es existiert folglich eine interessante Spannung zwischen den »kleinen« (alltäglichen) Details der Schilderungen, welche auf die Einzigartigkeit (anstelle der Austauschbarkeit) jeder einzelnen Erfahrung verweisen, und den kollektiven oder sich ähnelnden Aspekten ihrer Geschichten. Vgl. Jan Assmann und Tonio Hölscher (Hrsg.), *Kultur und Gedächtnis* (Frankfurt/M. 1988), 9ff.

22 Während dieser Zeit wurden jedoch viele Überlebende aufgrund der unsensiblen Art und Weise, in der das deutsche Entschädigungs-Gesetz von 1953 angewendet wurde, förmlich dazu gezwungen, sich zu erinnern, »was ein sehr deutliches Gefühl hinterließ, erneut Verfolgung und Verhören ausgesetzt zu sein, erneut die Erfahrung zu machen, daß den eigenen Erzählungen kein Glauben geschenkt und man selbst erniedrigt wurde.« Vgl. Martin S. Bergmann und Milton E. Jucovy (Hrsg.), *Generations of the Holocaust* (New York: Columbia University Press, 1990), 60ff.

23 Ein früherer Bericht über das *Yale Testimony*-Projekt findet sich in der ersten Ausgabe der Zeitschrift *Dimensions* (1985) und wurde in dem von M. Littel, R. Libowitz und E. B. Rosen herausgegebenen Band *The Holocaust Forty Years After* (Lewiston: Edwin Mellen Press, 1989) wiederabgedruckt.

24 Finanziell gesehen erwies sich dies als eine schwierige Entscheidung: von den Kosten einer einzelnen TV-Produktion lebte das Yale-Archiv die ganzen ersten vier Jahre. Alan Fortunoffs großzügige Spende an eine von zahlreichen Geldgebern gegründete Stiftung ermöglichten dem Archiv 1987 einen Kurator zu bestellen und einen festen Platz in der Yale Sterling Memorial Library zu erhalten. Bis dahin war die Charles-Revson-Stiftung der Haupt-Geldgeber für unsere Aktivitäten gewesen, und bis zum heutigen Tage unterstützt sie auch weiterhin einige unserer Projekte.

25 Dieses Kapitel konzentriert sich auf die Aufnahmen, die wir machen, sowie auf Fragen des Gedächtnisses und der Erziehung. Ich beschreibe nicht, wie das Yale-Archiv die Zeugnisse katalogisiert und wie man Zugang zu ihnen erhält. Dieser Aspekt wird im *Guide to Yale University Library Holocaust*

*Video Testimonies* (New Haven: Yale University Library, 1994 – 2. Aufl.) behandelt.

26 Vgl. zu dieser »gemeinschaftlichen Dimension des Traumas« und der Tatsache, daß »die traumatisierte Sicht auf die Welt eine Weisheit vermittelt, die zu ihren eigenen Bedingungen gehört werden sollte«, Kai Eriksons einfühlsamen Aufsatz »Notes on Trauma and Community« in *American Imago* 48 (1991): 455–472. Grundlegende Gedanken über jene »communité affective« (Maurice Halbwachs), die trotz der Traumatisierung des einzelnen Zeugenschaft möglich macht, finden sich in Michael Pollaks *L'Expérience concentrationnaire: essai sur le maintien de l'identité sociale.*

27 Helen K., Holocaust Testimony (HVT-58), Fortunoff Video Archive for Holocaust Testimonies, Yale University Library.

28 Weil die lebensgeschichtlichen Details in den Zeugenberichten weder unpersönliche Mikrohistorie noch *fait divers* sind, ist es schwierig, sie zu kategorisieren. Allzu leicht sind wir versucht, sie für vergleichbar mit den äußerst selektiven Details zu halten, die wir aus literarischen Konstrukten kennen. Eine wichtige Auseinandersetzung mit der Frage, welcher Art das Verhältnis zwischen den Zeugenberichten und einer *histoire non-événementielle* ist, findet sich in Yannis Thanasseikos Text »Positivisme historique et travail de mémoire. Les récits et les témoignages des survivants comme source historique«, *Bulletin de la Fondation Auschwitz* 36/37 (1993): 19–39.

29 Es haben sich mehr freiwillige Interviewer aus den Heilberufen als aus dem Bereich Geschichte oder Soziologie gemeldet. Dennoch macht die Art und Weise, in der die Interviews geführt werden, diese eher zu einer Angelegenheit für Historiker als für Therapeuten. Wie Martin Bergman bemerkt: »Die Gefahr eines Zusammenbruchs während eines per Video aufgenommenen Interviews ist geringer, als die Erfahrungswerte der therapeutischen Gespräche mit Überlebenden hätten vermuten lassen. Das mag daran liegen, daß der Überlebende, dessen Lebensgeschichte gefilmt wird, nicht um Hilfe für sich persönlich bittet; vielmehr ist er dazu aufgerufen, in den Zeugenstand zu treten. Indem er sich interviewen läßt, findet er Eingang in die Geschichte. Er übernimmt seinen Anteil an Erinnerungsarbeit. Daß solche Interviews geführt werden, weil das Subjekt mit dem Holocaust zu tun hatte, verleiht dem Interview mehr den Charakter eines sozialen und historischen

Ereignisses und weniger eines persönlichen.« *Generations of the Holocaust*, 320.

30 »… il y avait un décalage absolu entre le savoir livresque que j'avais acquis et ce que me racontaient ces gens. Je ne comprenais plus rien.« In »Le lieu et la parole«, *Cahiers du Cinéma*, 37 (1985): 374.

*Zehn*

1 Die Belege für diese Tatsache sind erdrückend. Frank Rich berichtet in der *New York Times* darüber, wie 69 Schüler einer überwiegend von Schwarzen und Hispanics besuchten High School lachend und Witze reißend die Szene in *Schindlers Liste* verfolgten, wo ein Nazi einer Jüdin einen Kopfschuß verpaßt. Er zitiert dabei den örtlichen Rabbi, der zu dem Schluß kommt, daß dieser Vorfall nichts mit Antisemitismus zu tun habe. »Er und andere jüdische Verantwortliche nahmen die Schüler beim Wort, als sie die Störung bei *Schindlers Liste* auf deren mangelnde Geschichtskenntnisse und deren Unreife und Unempfindlichkeit gegenüber Gewalt zurückführten. ›Wir sehen bei uns im Viertel jeden Tag Gewalt‹, erklärt Mirabel Corral, eine 16jährige, die zu denjenigen gehörte, die während der Filmvorführung hinausgeworfen wurden. Neben dem echten Blutvergießen sieht dasjenige in Schwarzweiß lächerlich nachgemacht aus.« (*New York Times*, 6.2.1994, IV: 17) Selbst die Rodney-King-Bänder konnten, nachdem sie immer und immer wieder gezeigt worden waren, irgendwann nicht mehr schockieren.

2 »Als wir dort neben den Körben knieten und den Verband lösen mußten, mit dem jene menschlichen Torsos eingewickelt waren, um den Vernarbungsprozeß zu überprüfen, und als wir sie dann wieder frisch verbinden mußten, da hat sich jede von uns gefragt, ob sie das vierzig Mal am Tag durchhält. Eine von meinen Mithelferinnen sagte: ›Ich werde hier den ganzen Vorrat an Mitleid aufbrauchen, den mir Gott für ein ganzes Leben mitgegeben hat.‹ Charlotte Delbo, *Days and Memory*, übersetzt von Rosette Lamont (Marlboro, Vt: Marlboro Press, 1990), 48.

3 Unsere Entwicklung, so Wordsworths etwas gesündere Auffassung, vollzieht sich von Stärke zu Stärke, »wenn wir nur einmal stark gewesen sind«.

4 Dieser Zustand kam als eine Art Mischung aus physischem und psychischem Streß. »Man war zu müde, um zu existie-

ren ... Es war einem alles egal. Man war wie ein Gemüse.« Fortunoff Video Archive for Holocaust Testimonies (HVT-35); das Zeugnis des Zoltan G., zitiert in Lawrence Langer, *Holocaust Testimonies: The Ruins of Memory* (New Haven: Yale University Press, 1991), 47.

5 Dori Laub, »Bearing Witness«, in Shoshana Felman und Dori Laub (Hrsg.), *Testimony: Crises of Witnessing in Literature, Psychoanalysis, and History* (New York: Routledge, 1991), 57.

6 Natürlich nicht auf eine naive Weise, denn ein Zuhörer, der offenkundig keine Ahnung vom Holocaust hat, würde den Anschein reiner Neugierde erwecken und somit das Vertrauensverhältnis zwischen beiden Parteien gefährden.

7 Vgl. dazu auch den Abschnitt »Les récits« in Michael Pollaks *L'Expérience concentrationnaire* (Paris: Ed. Métailié, 1990), der sich mit diesem »volonté d'écoute« beschäftigt, wie auch mit anderen Bedingungen und Motivationen der Zeugenschaft. Die Vorstellung, daß Erinnerung ohne eine »affektive Gemeinschaft« gar nicht möglich ist, geht auf Maurice Halbwachs zurück. Die Frage des Adressaten behandelt Irene Kacandes auf sehr behutsame Weise – und mit einem *close reading* eines Zeugenberichts aus dem Yale-Projekt – in ihrem Aufsatz »›You who live safe in your warm houses‹: Your Role in the Production of Holocaust Testimony«, in D. C. G. Lorenz und G. Weinberger (Hrsg.), *Insiders and Outsiders: Jewish and Gentile Culture in Germany and Austria* (Detroit: Wayne State University Press, 1994), 189–213.

8 Aus Georges Perec, *W oder die Erinnerung an die Kindheit* (Berlin 1978). Perecs Situation ist die der Zweiten Generation in ihrer extremsten Form. Während der Holocaust-Überlebende durch seinen Bericht eine vernachlässigte Geschichte innerhalb der Geschichte zum Leben erweckt –, verweist Perec, dessen Mutter in Auschwitz verschwand, als er noch ein ganz kleines Kind war, auf die Abwesenheit gerade dieser Erfahrung: die seiner Vorstellungskraft entzogen bleibt, nach der diese beständig sucht – und die überlagert wird von der Lehrbuch-Geschichte.

9 Zum Phänomen natürlicher Literatur vgl. Anna Smiths Einleitung zu ihrem Buch *Fires in the Mirror: Crown Heights, Brooklyn, and Other Identities* (New York: Anchor Doubleday, 1993).

10 Ich bin allerdings vorsichtig, was Laubs positive Einschätzung des (von mir so bezeichneten) »sekundären Traumas« angeht.

»So wird derjenige, der dem Traumatisierten zuhört, in gewisser Weise zu einem Teilhaber und Miteigentümer des traumatischen Ereignisses ...« *Testimony*, 57.

11 Im Fotojournalismus wird das Insbildsetzen des Zeugen durch eine Doppelung verstärkt (zum Beispiel, indem man zeigt, wie Bürger von Weimar das Grauen Buchenwalds betrachten), wohingegen das *Videotestimony* dem Zeugen sozusagen erlaubt, sich selbst zu stärken. Zum Thema Fotojournalismus vgl. Barbie Zelizer, »The Image, the Word, and the Holocaust« in: dies., *Covering the Body. The Kennedy Assassination, the Media, and the Shaping of Collective Memory* (Chicago: University of Chicago Press, 1992).

12 Obwohl sie die Anziehungskraft von Geschichten haben, können sie formal klar von fiktionalen Erzählungen unterschieden werden.

13 Meine Darstellung behandelt das, was ich als »sekundäres Trauma« bezeichnet habe, nicht jedoch die Frage der Übertragung des Traumas von einer Generation (die der Überlebenden) auf die nächste und nachfolgende Generationen. Ich fühle mich nicht berufen, die bedeutenden Forschungsleistungen zu evaluieren, die es auf dem Gebiet der Beziehungen zwischen den Generationen gibt, Beiträge von Martin Bergmann, Milton Jucovy, Judith Kestenberg, Anna Ornstein, Dori Laub und anderen. Das gilt auch für die suggestive These von einer »generationsübergreifenden Heimsuchung«, die Nicolas Abraham (in einem eher allgemeinen denn Holocaust-verwandten Kontext) aufgestellt hat. (»Notes on the Phantom«, in Françoise Meltzer (Hrsg.), *The Trials of Psychoanalysis* [Chicago: University of Chicago Press, 1988], 75–80.) Aber ich sehe soviel, daß es Überschneidungen nicht nur zwischen Familienthemen und dem öffentlichen Bereich gibt, sondern insbesondere auch zwischen Fragen der Repräsentation und der Pädagogik: zu einer Zeit, da die direkte Erfahrung von der Erziehung abgelöst wird, weil die Generation der Überlebenden langsam von der Bildfläche verschwindet.

14 Aharon Appelfeld, *Beyond Despair: Three Lectures and a Conversation with Philip Roth* (New York: Fromm International, 1994), ix. Alle Appelfeld-Zitate sind aus diesem Buch.

15 Vgl. Charlotte Delbo, *Days and Memory* und Lawrence Langer, *Holocaust Testimonies: The Ruins of Memory*. Im allgemeinen handelt es sich bei Erinnerungen an den Holocaust also

nicht – außer wir haben es mit sehr jungen Überlebenden zu tun – um »wiederausgegrabene« oder wiederauftauchende Erinnerungen« (*recovered memories*).

16 »Je ne suis pas vivante. Je suis morte à Auschwitz et personne ne le voit.« *Le convoi du 24 janvier* (Paris: Èditions de Minuit, 1965), 66. Eine andere Art und Weise, dieses Todes-Gefühl zu verstehen, ist, daß die Lagererfahrung eine heimtückische Tatsache über die Welt an und für sich offenbarte. Robert Lifton beginnt sein Buch *Ärzte im Dritten Reich* (Stuttgart 1988) mit einem Zitat eines Holocaust-Überlebenden, das (wenn vielleicht auch unbewußt) zutiefst gnostisch ist: »Diese Welt ist nicht diese Welt.«

17 Jorge Semprun drückt es in *Was für ein schöner Sonntag!* (Frankfurt/M. 1981) sogar noch schroffer aus. Das Gedächtnis, so sagt er, könne paradoxerweise zum besten Zufluchtsmittel gegen die Schmerzhaftigkeit des Erinnerns, gegen die Verlassenheit, gegen den unausgesprochenen, vertrauten Wahnsinn werden. Der verbrecherische Wahnsinn, das Leben eines toten Menschen zu leben. Es ist das bedeutende Verdienst Lawrence Langers, in seinem Buch *Holocaust Testimonies* die verschiedenen Typen von Erinnerung bei Überlebenden klassifiziert zu haben.

18 *Beyond Despair*, Einleitung, xiv.

19 op. cit., 22.

20 Doch auch beim Historiker kommen manchmal – in Form einer »Übertragung« (im psychoanalytischen Sinne) – die Emotionen dazwischen, wie Saul Friedländer und Dominick LaCapra herausgestellt haben. Vgl. z. B. Saul Friedländer, »Trauma, Memory, and Transference«, in *Holocaust Remembrance: The Shapes of Memory*.

21 Zu diesen »Holocaust-Ikonen« gehören auch jene Bilder, die Fotojournalisten bei der Befreiung der Konzentrationslager machten.

22 Siehe dazu die bekannten Studien von David Roskies und Alan Mintz. Vgl. a. Annette Wieviorkas Analyse früher *récits de déportation* in ihrem Beitrag »On Testimony« im bereits zitierten Band *Holocaust Remembrance.* Langers Arbeit über *mündliche* Zeugnisse mildert diese Betonung der Hartnäckigkeit von Konventionen etwas ab und zeigt auf, daß geschriebene Memoiren eher literarisch vermittelt sind.

23 Pierre Nora behauptet, daß *lieux de mémoire* immer dann entstehen, wenn das *milieu de mémoire* verlorengegangen ist. Bei

den *oral testimonies* wird letzteres jedoch in einer gewissen Weise wiedererlangt. Nicht in seiner ursprünglichen Form freilich, sondern eher in einer neuen Gestalt, wie zweitrangig diese auch immer sein mag. Obwohl der Charakter der Zeugnisse fragmentarisch und anti-monumental ist, so haben diese mit Denkmälern doch den sich wandelnden Einfluß der Zeit gemeinsam, in der sie rezipiert werden.

24 Vgl. Nanette C. Auerhahn und Dori Laub, »Holocaust Testimony«, in *Holocaust and Genocide Studies* 5 (1990): 447–62. In seinem Buch *Reading for the Plot: Design and Intention in Narrative* (Cambridge: Harvard University Press, 1992), spricht Peter Brooks von einem Vertrag, der die Erzählung erst zum Leben erweckt.

25 Es ist sogar problematisch zu behaupten, die Zeugnisse seien lehrreich. Daß wir uns von ihnen moralische Lektionen erwarten, spricht eher für ein Bedürfnis in uns selbst und legt die Vermutung nahe, daß der Vertrag, von dem wir gesprochen haben, sowie die Nachvollziehbarkeit der Lagererfahrung für diejenigen, die nicht im KZ waren, Übermittlungs-Bedingungen sind, die den Zuhörer stärker in die Pflicht nehmen als literarische Erzählverfahren. Während man einige Zeugnisse durchaus mit volkstümlichen Geschichten vergleichen kann, in denen der Überlebende unmögliche Hindernisse überwindet (in künstlerischen Erzählungen, so Brooks, »wird die spezifisch menschliche Fähigkeit zu Erfindungsreichtum und Durchtriebenheit, die Fähigkeit, sich des Verstandes zu bedienen, um Mittel und Wege gegen eine höhere Gewalt zu finden, zu einer grundlegenden Antriebskraft der Handlung«, *Reading the Plot*, 38), zeigen beinahe alle von ihnen, daß die Lagerwelt Pläne und damit auch Narration unmöglich machte. Auf den Schock, den dies dem – von Brooks so bezeichneten – »narrativen Begehren« versetzt, werde ich in meinem Schluß-Abschnitt über Paul Celan genauer eingehen. Der erzählerische Impuls ordnet sich vollständig der Notwendigkeit unter, Zeugnis abzulegen, die den Zeugen unfreiwillig am Leben erhält. Deutlich gemacht wird dies in Jankiel Wierniks Buch *The Death Camp Treblinka: A Documentary*, hrsg. v. Alexander Donat (New York: Holocaust Library, 1979), das folgendermaßen beginnt: »Lieber Leser: nur um deinetwillen klammere ich mich noch an meine jämmerliche Existenz« und in dem der Autor sich selbst als Ahasver beschreibt. »Ich bin ein Nomade. (...) Sehe ich etwa wie ein Mensch aus? Nein, ganz bestimmt nicht. Zer-

zaust, unordentlich und zerstört. Es scheint, als trüge ich die Last von hundert Jahrhunderten. Die Last ist ermüdend, sehr ermüdend, aber vorläufig muß ich sie tragen. (...) Ich, der den Untergang dreier Generationen miterlebt hat, muß um der Zukunft willen weiterleben.«

26 Ob wir wollen oder nicht: es gibt einen Wettstreit, die Grenzen eines jeden Mediums eher zu testen als zu stärken. Wir sind heute Lichtjahre entfernt von Überlegungen wie jene Lessings im achtzehnten Jahrhundert, der einen Kanon der Schönheit postulierte, welcher die Darstellung von Schmerz und Leid in Bildhauerei und Malerei bändigen sollte. Die Zukunft gehört eher Spielbergs *Schindlers Liste* als Louis Malles *Auf Wiedersehen, Kinder* oder Truffauts *Die letzte Metro*. Die Frage der Grenzen des Realismus in der Darstellung des Holocaust wird sowohl von Lawrence Langer (*The Holocaust and the Literary Imagination* [New Haven: Yale University Press, 1975] als auch von Sidra Ezrahi (*By Words Alone* [Chicago: University of Chicago Press, 1980]) und Ilan Avisar (*Screening the Holocaust* [Bloomington: Indiana University Press, 1988], v. a. Kap. 1) nachdrücklich gestellt.

27 Vergil. *Gesammelte Werke*. Aus dem Lateinischen übertragen von Dietrich Ebener (Berlin und Weimar 1983) 49.

28 Der komische Realismus von Schriftstellern wie Cynthia Ozick beruht auf dem unverdaulichen Durcheinander von realen Eindrücken, die unsere Wahrnehmungskraft foppen und unsere Gegen-Kreativität herausfordern. Das Ergebnis ist eine faktische Wiederherstellung der Verbindung zwischen Realismus und Komödie, wie im System der *genera dicendi*.

29 Vgl. Theodor W. Adorno »Engagement« in *Gesammelte Schriften,* Band XI (Frankfurt/M. 1974), S. 409ff. sowie den Abschnitt »Nach Auschwitz« in der *Negativen Dialektik* (Frankfurt/M. 1966) 352–356.

30 Diese Tatsache schließt natürlich Heuchelei oder pervertierte Sympathie nicht aus: daher sollte man stets jene Geschichte Tolstois im Hinterkopf behalten, in der von einer Gräfin erzählt wird, die im Theater Tränen vergießt, während ihr Kutscher draußen zu Tode erfriert.

31 Die Sorge um den Realismus wird nicht geringer durch den Umstand, daß der »Realismus« im Medienzeitalter noch von einem anderen Tatbestand untergraben wird. Wenn die Geschichte als Film zurückkehrt, so sagt Nancy Wood mit Blick auf die Arbeiten von Anton Kaes, beurteilen wir »die interpre-

tative Stimmigkeit von Bildern (...) nicht hinsichtlich eines historischen Bezugspunktes, sondern hinsichtlich der vorhergehenden Bilder, auf die sie sich stützen.« Zum Problem der *representational fallacy*, vgl. Nancy Wood, »The Holocaust: Historical Memories and Contemporary Identities«, in *Media, Culture and Society*, 13 (1991): 368–372.

32 Vgl. Estelle Gilsons Kommentar zu *Schindlers Liste*: »So meisterhaft und bewegend der Film ist, gab es dennoch Augenblicke, wo ich Schwierigkeiten hatte, ihm zu glauben ... während einer Tötungsszene, die im Lager spielte. Einmal mehr verwechselte ich Realität und Wahrnehmung der Realität. Ich sagte zu mir selbst, ich wünschte, es wäre bloß Fiktion ...« *Congress Monthly*, 61 (March 1994): 12.

33 In dem Aufsatz »Erziehung nach Auschwitz« (1966), siehe Bd. X der *Gesammelten Schriften* (Frankfurt/M. 1977), S. 674ff., verweist Adorno darauf, daß diese Entwicklung – die bei der Herausbildung jener Mentalität und jenes Apparates, welche zur Massenvernichtung führte, ihre Rolle spielte – mit einem Menschentyp verbunden ist, der unfähig ist zu lieben. Ich sollte hinzufügen, daß die bittere Attacke gegen die Kunst, die Adorno nach dem Holocaust vom Stapel ließ, sich auch gegen die Kultur der Vor-Holocaust-Zeit richtete. Adorno fand, daß die deutsche Gesellschaft schon verdorben war, bevor die Nazis diese Wahrheit aufs brutalste deutlich machten. Seine Erkenntnis, auf eine auch heute noch weitverbreitete marxistische Perspektive gestützt, gewinnt zusätzliches Gewicht durch jene Atmosphäre bieder-sorgloser Bürgerlichkeit, die Aharon Appelfeld in seinen Romanen *Badenheim* und *Zeit der Wunder* auf so subversive Weise porträtiert hat. Freilich verlangte Adorno keine Reinigung von allen nicht-realistischen Mitteln. Er wußte, daß »ästhetische Inkompatibilität«, wie es Marcuse – vielleicht in Anspielung auf Brecht – nennt, ein wirksames Mittel ist, dessen sich die Kunst gerne bedient, um Widerstand zu leisten, anstatt sich mit einer dominierenden und zu realistischen Darstellungsweise zu verschwören.

34 *The Complete Poems of Emily Dickinson*, hrsg. v. Thomas H. Johnson (Boston: Little & Brown, o. J.), 294, Nr. 599. Übersetzung für den vorliegenden Band von Axel Henrici.

35 Vgl. Hans Jonas, der laut Emil Fackenheim gesagt haben soll, daß in Auschwitz »mehr wirklich war als möglich«. (»Holocaust«, in: A. A. Cohen und P. Mendes-Flohr [Hrsg.], *Contemporary Jewish Religious Thought* [New York: Scribner, 1988,

402]). Vgl. auch Blanchots Formulierung vom »unmöglichen Realen« als demjenigen, »das nicht (...) vergessen werden kann, weil es bereits außerhalb des Gedächtnisses gefallen ist«. (*The Writing of Disaster*, übersetzt von Ann Smock [Lincoln: University of Nebraska Press, 1986], 29.) Die erkenntnistheoretischen Bedingungen der Möglichkeit sind im Falle der Überlebenden-Berichte weniger relevant als die soziologischen, aber sie helfen die Frage nach der Erfahrung noch allgemeiner zu stellen. Die beste soziologische Herangehensweise findet sich in Michael Pollaks Buch *L'Expérience concentrationnaire* unter der Überschrift »La formation d'une mémoire collective«, 244–247. Zum Thema Trauma und Erfahrung, vgl. auch Cathy Caruths Einleitung zur Sondernummer von *American Imago*, 48 (1991): 1–13.

36 Die sozialen oder literarischen Konventionen, die die Kunst mit dem – oft so bezeichneten – »kollektiven Gedächtnis« gemeinsam hat, besitzen häufig ebenfalls diese formale Kraft, das Erlebte verstehbar zu machen und selbst überwältigende und schreckliche Erlebnisse zu vermitteln. Vom erkenntnistheoretischen Standpunkt aus bleibt unklar, ob es sich hierbei um künstliche Ausformungen oder Ableitungen dauerhafter geistiger Strukturen handelt, deren biologischer oder geschichtlicher Ursprung nicht aufgedeckt werden kann. Konventionen und Strukturen hin oder her: sie scheinen sich mit Hilfe des vermittelten Erlebnisses erneuern zu können. Andernfalls könnte das »gefrorene Meer«, von dem Kafka schreibt, nicht durchbrochen werden, und die *Erfahrung* würde nicht mitgeteilt, sondern durch eben die Formen, die es ermöglichen, abgetötet werden.

37 Arthur Danto, *Narration and Knowledge: Including the Integral Text of Analytical Philosophy of History* (New York: Columbia University Press, 1985), 342–343.

38 Eine simple Beobachtung in Benjamins »Erzähler« legt dieselbe Umgehung nahe: »Je selbstvergessener der Lauschende, desto tiefer prägt sich ihm das Gehörte ein.« Eine derartige Empfänglichkeit wiederholt oder simuliert in einer nicht-traumatischen Weise traumatischen Streß, indem sie sich dem psychischen Schutzschild entzieht.

39 Der Wunsch, das Ereignis zu *datieren*, oder eine davon abgeleitete allgemeine Besessenheit von Zahlen kann zur gleichen Zeit das Trauma selbst widerspiegeln als auch ein Versuch sein, dieses zu begrenzen. Es gibt einen bemerkenswerten Essay von Jacques Derrida, der sich mit einem solchen Datieren bei

Paul Celan beschäftigt. (»Shibboleth«, in G. H. Hartman und S. Budick [Hrsg.], *Midrash and Literature* [New Haven: Yale University Press, 1986])

40 Diese Beschreibung wird eigentlich auf die Dichtung selbst angewandt und nicht so sehr auf das Gemüt (mind), das sie hervorbringt, aber es wird klar, daß Wordsworth beide als Entsprechungen behandelt.

41 Samuel Taylor Coleridge, »The Rime of the Ancient Mariner«, VII, 578–585, in Duncan Wu (Hrsg.), *Romanticism. An Anthology* (Oxford: Blackwell, 1994), 594. (Deutsche Übersetzung für den vorliegenden Band von Axel Henrici). Die Überwältigung durch das Trauma bzw. die Übertragung des sekundären Traumas liefert bei Coleridge die Grundlage für ein vertieftes Gemeinschaftsgefühl. Während Coleridge in seinem Verständnis dieser Tatsache zwar realistischer ist als Wordsworth, so ist er doch zugleich auch symbolischer in ihrer Darstellung als dieser. Seine Isolation scheint letztlich größer zu sein als die Wordsworths, der zwar auf der Hut vor unverarbeiteten Erinnerungen bleibt, diese aber im Rahmen eines Alltagslebens anerkennt, das eine Empfänglichkeit von Mensch und Natur füreinander andeutet, angesichts derer es keines gewalttätigen Ausbruchs der Phantasie oder entsprechend sensationeller Darstellungsweisen bedarf. Solche Unterschiede auf der Ebene der Individualpsychologie, wie wichtig sie auch sein mögen, sind allerdings weniger bedeutsam als die Unterscheidung zwischen individuellem und kollektivem Trauma, die Kai Erikson in seinem Aufsatz »Notes on Trauma and Community« (*American Imago*, 48 [1991]: 455–472) trifft. Es ist ein kollektives Trauma, dem sich der Überlebende gegenübersieht, »ein Schlag gegen die wichtigsten Fasern des sozialen Lebens, der die Bindungen zwischen den Menschen beschädigt und das bestehende Gemeinschaftsgefühl beeinträchtigt.«

42 Bei den hier entwickelten Überlegungen war mir Carol Bernsteins Aufsatz »Ethical Ellipses in Narrative« von großer Hilfe, der sich in dem von T. R. Flynn und D. Judowitz herausgegebenen Band *Dialectic and Narrative* (Albany: State University of New York Press, 1993), 225–32, befindet.

43 Der Interpretationsakt gehört mit anderen Worten selbst zu den Folgeerscheinungen eines »unbewußten« Erlebnisses und ist denselben Abwehrmechanismen unterworfen. Was diese – vom hypnotischen Charme der Kunst angestiftete – interpretative Zurückhaltung angeht, gäbe es noch einiges mehr zu sa-

gen. Wir vermeiden es, den Schleier zu zerreißen; wir schweben zwischen Aufgeklärtheit und Phantasie, wie Kinder, die etwas wissen, das sie zuvor nicht wußten, aber von diesem neuen Wissen keinen Gebrauch machen. Vgl. Sigmund Freud, »Die endliche und die unendliche Analyse« (1937), Studienausgabe, Ergänzungsband (Frankfurt/M. 1975), S. 351–392, und Nadine Fresco, »Remembering the Unknown«, *International Review of Psychoanalysis*, 11 (1984): 419.

44 Daß eine Art von Blut heilend wirkt und die andere verderblich, rückt die Idee eines homöopathischen Heilmittels nur um so mehr in den Vordergrund. Vergleiche den Speer des Achilles, der allein die Wunde, die er schlägt, auch heilen kann. »Telephism« nennt dies Jean Starobinski in seinem Buch *Le remède dans le mal* (Paris: Gallimard, 1989), 191 ff.

45 Vgl. dazu meinen Aufsatz »Words and Wounds« in *Saving the Text* (Baltimore: Johns Hopkins University Press, 1981). Der Heilungsprozeß wird in jedem Falle nicht ohne Maurice Halbwachs' »affektive Gemeinschaft« zustande kommen.

46 Avital Ronell, in *differences: A Journal of Feminist Cultural Studies*, 4 (1992): 2, 13. Dennoch wird für viele die realistische Darstellungsweise – oder wenigstens etwas so Explizites wie die Zeugenberichte – notwendig bleiben. Dies trifft auf die Kinder der Überlebenden und vielleicht auch auf die »Generation danach« als ganze zu. Deren Lage wird von Nadine Fresco wie folgt beschrieben: »[Die Überlebenden] übertrugen nur die Wunde auf ihre Kinder, denen die Erinnerungen verwehrt geblieben waren und die nun in der gedrängten Leere des Unaussprechlichen aufwuchsen.« (»Remembering the Unknown«, 419.) Vgl. ebenso Elaine Marks, »Cendres Juives«, in Lawrence D. Kritzman (Hrsg.), *Auschwitz and After: Race, Culture and »the Jewish Question« in France* (New York: Routledge, 1994). Das sowohl moralische als auch generische Problem, ein »historisches Ideal des imaginativen Schreibens« aufrechtzuerhalten, diskutiert Berel Lang – unter besonderer Berücksichtigung Celans – in seinem Buch *Act and Idea in the Nazi Genocide* (Chicago: University of Chicago Press, 1990), 138–39.

47 Vgl. a. Laub und Auerhahn, »Holocaust Testimony«, 454–457, über die »anti-dialogische Struktur der Sprache der Überlebenden«, sowie John Felstiner, »Translating Celan's Last Poem«, in *American Poetry Review* (July – August 1982). Die *Position* des Zeugen, der Person, die jenes extreme Ereignis ansprechen

könnte oder von ihm angesprochen werden könnte, die aber wegen eben jenes Ereignisses entweder nicht mehr »da« ist oder in ihm verschwunden ist, steht im Mittelpunkt von Dori Laubs Überlegungen in *Testimony*. Ohne den Holocaust-Überlebenden in eine klinische Kategorie verwandeln zu wollen: es ist wichtig zu sehen, daß der Automatismus der Anrede bei ihnen – wie beim Autisten – gestört ist und ein neues Bezugssystem aufgebaut werden muß. Dieses Anliegen ist ebenso offenkundig in der Kunst zu finden und vor allem in der Poesie mit ihrem Spannungsverhältnis zwischen Grammatik und Rhetorik, ihren sich verlagernden Grenzen zwischen Person und Sache, oder wenn sie *Gegenstände* persönlicher (weniger unpersönlich) werden läßt als *Personen*. Vgl. hierzu z. B. die bewegende Schilderung von Donna Williams, *Wenn Du mich liebst, bleibst Du mir fern* (Hamburg 1994).

48 Paul Celan, »Das Gespräch im Gebirg«, in *Paul Celan. Gesammelte Werke in fünf Bänden*, hrsg. v. Beda Allemann und Stefan Reichert, unter Mitwirkung von Rolf Bücher (Frankfurt/M. 1983), Band 3, 169.

49 Nach seinen ersten beiden Gedichtbänden, *Der Sand aus den Urnen* (1948) und *Mohn und Gedächtnis* (1952), kultiviert Celan einen frühzeitigen Spätstil, der so verdichtet ist, daß er bei erstmaliger Lektüre so gut wie unverständlich bleibt. Das »Gespräch« datiert von 1959, einem Zeitpunkt also, an dem sein Stil sich immer noch in einer Übergangsphase befand.

50 Paul Celan, *Gesammelte Werke*, Band 3 (Frankfurt/ M. 1983), 198.

51 Vgl. Blanchots Nachwort zu *Vicious Circles: Two Fictions & After the Fact* (Barrytown, N. Y.: Station Hill Press, 1985), 68. Blanchot mag sich an Adornos Einschränkung seines absoluten Verdikts gegen die Kunst erinnert haben. Der moderne *locus classicus* für die Unerschütterlichkeit des ästhetischen Mediums ist Mallarmés Spruch »Regierungen wechseln, aber die Prosodie bleibt intakt«.

52 Blanchots eigene erzählerische Kunst nach dem Krieg hat sich aus dem handlungsarmen Redefluß seiner *récits*, punktiert von leuchtenden Ausdrücken und Begebenheiten, hin zu jenem flüssigen Gestotter von Fragmenten entwickelt, die er unter dem Titel *L'Ecriture du désastre* (Paris: Gallimard, 1980) versammelt hat. Was bei dieser Zäsur zwischen vergangenen und gegenwärtigen Worten – in dieses Schreiben der Katastrophe – hineinspielt, wird um so eindrücklicher von den mündlichen

Zeugenberichten illustriert, wo sich oft eine Diskontinuität zwischen den Wörtern von damals und heute zeigt. Dies ist einer der zentralen Punkte in Langers *Holocaust Testimonies*.

53 Kein Wunder, daß er im »Meridian« verkündet, daß das Gedicht der Ort sei, wo alle Tropen und Metaphern *ad absurdum* geführt werden wollten. Diese *reductio* ändert ihre Mittel, aber nicht ihren Zweck, angefangen von der Zeit der »Todesfuge« bis hin zum extrem elliptischen späten Celan. Es wäre interessant, einen Vergleich mit dem amerikanischen Dichter Jerome Rothenberg herzustellen, für den die zerstörte jiddische Kultur ein *dibbuk* unter *dibbuks* ist, ein unbefriedigter toter Geist, der eine wirkungsmächtige Dichtkunst ihres Daseinsgrundes beraubt. Vgl. Jerome Rothenberg *Khurbn and other Poems* (New York: New Directions Publ. Co., 1989).

54 Blanchot beginnt *L'Ecriture du désastre* so: »Die Katastrophe zerstört alles, indem sie alles so läßt, wie es war.« William Wordsworth beschreibt im zweiten Buch von *The Prelude*, wie die äußere Welt auch nach dem Tod seiner Mutter nicht zusammenbrach, obwohl er durch diese mit ihr verbunden war: »und immer noch stand das Gebäude, als würde es gehalten durch seinen eigenen Geist!« (»and yet the building stood as if sustained / By its own spirit!«). In Vasily Grossmans *Forever Flowing* besucht ein Überlebender, der nach dreißig Jahren aus dem stalinistischen Gulag (Kolyma) zurückgekehrt ist, die Eremitage und hat ein Erlebnis nach Art des »Dorian Gray«: »Der Gedanke war ihm unerträglich, daß jene Gemälde während all der Lagerjahre, die ihn vorzeitig zu einem alten Mann gemacht hatten, so schön wie eh und je geblieben waren. Warum waren die Gesichter der Madonnen nicht auch alt geworden, und warum waren ihre Augen nicht blind vor Tränen geworden? Bestand ihr Versagen nicht eher in ihrer Unsterblichkeit als in ihrer Stärke? Entlarvte ihre Unveränderlichkeit nicht einen durch die Kunst begangenen Verrat an jenen Menschen, die diese erst erschaffen hatten?«

55 »Rede anläßlich der Entgegennahme des Literaturpreises der Freien Hansestadt Bremen« (*Gesammelte Werke*, Bd. 3., 185 f.). Wenn Celan sagt, er sei durch das alles »angereichert« worden (»Sie ging hindurch und gab kein Wort her für das, was geschah, aber sie ging durch dieses Geschehen. Ging hindurch und durfte wieder zutage treten, ›angereichert‹ von all dem«), so ist es leicht, seine früh entstandene »Todesfuge« zu zitieren

und die Vorwürfe, die er sich dafür zuzog, weil sie zu wohlklingend und ästhetisch stilisiert sei. Was seine Kritiker übersahen, war der subversive Aspekt seines lyrischen Stils: sie empfanden zu sehr dessen Freude anstatt der »tausend Finsternisse todbringender Rede«. Im »Gespräch im Gebirg« ist die *reductio ad absurdum* vollständig entwickelt worden.

56 Celan beschwört die Figur eines Juden, der, wie Abraham, »goles macht«, in die Verbannung geht, aber dessen Worte nirgendwohin führen. (An dieser Stelle möchte ich auf die anregenden Überlegungen meiner Kollegen Claudine Kahan und Benjamin Harshav verweisen, die in die gleiche Richtung zielen.) Zur jiddischen Form dieses Gesprächs, vgl. Ruth Wisse, »Two Jews Talking: A View of Modern Yiddish Literature«, *Prooftexts* 4 (1984): 35–48.

57 Sowohl Laub und Auerhahn als auch Felstiner vertreten die Auffassung, daß solche Momente einem Anti-Shema gleichkommen, d. h. einer Parodie jenes für das Judentum so zentralen Gebets: »Höre, Israel ...«

58 »Und vor einem Jahr, in Erinnerung an eine verpaßte Begegnung im Engadin, brachte ich eine kleine Geschichte zu Papier, in der ich einen Menschen ›wie Lenz‹ im Gebirg gehen ließ.« (»Der Meridian«, *Gesammelte Werke*, Band 3, 201). Die Anspielung bezieht sich auf Georg Büchners *Lenz.*

59 »Gespräch im Gebirg«, 173.

60 Wenn wir uns diesen Text vor Augen halten, können wir auch Celans Aussage im »Meridian« besser verstehen, daß »die Kunst der von der Dichtung zurückzulegende Weg [ist] – nicht weniger und nicht mehr«, der Weg zum »Ort, wo das Fremde war (...), wo die Person sich freizusetzen vermochte, als ein – befremdetes – Ich.« (»Der Meridian«, 194).

61 »Gespräch im Gebirg«, in Paul Celan, *Gesammelte Werke*, 3 (Frankfurt/M. 1983) 170.

62 Aus »Eingedunkelt«, in Paul Celan, *Gesammelte Werke*, Band 3 (Frankfurt/M. 1983), 142. Die Herausgeber datieren diese unveröffentlichte Folge von Gedichten auf das Jahr 1969. 1970, in Celans Todesjahr, erschien ein Band mit dem Titel *Lichtzwang*.

63 Im Mittelpunkt der hier aufgeworfenen Probleme steht die Frage, ob es möglich ist, ein Modell der Nicht-Verarbeitung zu entwickeln, das einen therapeutischen Wert für die Psychoanalyse hätte und gleichzeitig einen ebenso emanzipatorischen wie ausdruckshaften Wert für die Kunst. Dieses Modell würde,

indem es sich jeglicher Transparenz und Totalisierung widersetzt, sicher auch in der Philosophie und in der Religion Anstoß erregen. Ich will damit nicht sagen, daß alle traumatischen Erfahrungen auf einen Nenner gebracht werden können, sondern lediglich, daß eine allgemeine Theorie, die fortfährt, ihre Begriffe zu überdenken – und, noch wichtiger, diese auch ausspricht –, Levinas' Grundsatz im Kopf behalten sollte, welcher besagt: »Der räumliche Abstand, für den das Licht sorgt, wird sofort wieder vom Licht geschluckt.«

64 Vgl. Celans Gedicht »Eis, Eden«, wo er Christus als »Augenkind« charakterisiert, sowie allgemein seine Parodie auf die christliche Hymnik und deren Motive des erlösenden Lichts und der Wärme. Siehe zu diesem Thema auch Winfried Menninghaus, »Zum Problem des Zitats bei Celan und in der Celan-Philologie«, in W. Hamacher / W. Menninghaus (Hrsg.), *Paul Celan* (Frankfurt/M. 1988), 188–89 (Anm. 9). Manchmal erscheint Celans Werk als Ganzes, zumindest in seiner Kryptik, wie eine späte Antwort auf Hölderlins Lob der Inspirationskraft griechischer Kunst. »Wo, wo leuchten sie denn, die fernhintreffenden Sprüche« (aus »Brot und Wein«; Hölderlin *Sämtliche Werke und Briefe*, Band 1, Berlin, 2. Aufl. 1995, S. 413) – anders gesagt: seine Gegnerschaft zu einer Metaphorik des Lichts, der Erleuchtung, wurzelt unter Umständen tiefer als es irgendeine ideologische Ursache zum Vorschein bringen könnte.

65 Vgl. Shoshana Felman über Celan (in Felman/Laub, *Testimony*, 25–40).

66 Vgl. »Der Meridian«, 200: »Die Kunst erweitern? Nein, sondern geh mit der Kunst in deine allerengste Enge. Und setze dich frei.«

67 »Gespräch im Gebirg«, 171. Ich stimme Françoise Meltzer darin zu, daß Gadamers Sicht auf Celan, die die Möglichkeit eines Gesprächs, eines »apriorischen Du und ›Ich‹« präsupponiert, an Celans Dilemma vorbeigeht. Vgl. den Abschnitt »Paul Celan and the Death of the Book« in ihrem Buch *Hot Property: The Stakes and Claims of Literary Originality* (Chicago: University of Chicago Press, 1994).

68 »Zeitgehöft«, *Gesammelte Werke*, Band 3, S. 123.

69 Zunächst ist man versucht, sich den »Unsichtbaren« als Gott oder Inspirationsquelle zu denken. Aber hat Celan diese bittere Formel mittels einer gewagten Doppeldeutigkeit am Ende auf sich selbst angewandt: »Niemand / Zeugt für den /

Zeugen«? (Aus dem Gedicht »Aschenglorie«, in *Atemwende* [1967].) Wenn »Niemand« die Bedeutung eines Eigennamens hat, dann könnte ein sich selbst auslöschender Celan uns damit sagen wollen: »Ich bin Niemand, und doch muß ich der Idee der Zeugenschaft mit Hilfe meiner Gedichte Geltung verschaffen.«

ISBN 3-351-02488-6

1. Auflage 1999

Einbandgestaltung Henkel/Lemme
Druck und Binden Clausen & Bosse, Leck
Printed in Germany